Werte-Bildung interdisziplinär

Band 10

Herausgegeben von
Martina Blasberg-Kuhnke, Eva Gläser, Reinhold Mokrosch,
Susanne Müller-Using und Elisabeth Naurath

Die Bände dieser Reihe sind peer-reviewed.

Jennifer Jakob

Nun sag', wie hast du's mit der Nachhaltigkeit?

Eine qualitativ-empirische Studie zu Einstellungen
evangelischer Religionslehrer*innen

V&R unipress

Universitätsverlag Osnabrück

Bibliografische Information der Deutschen Nationalbibliothek
Die Deutsche Nationalbibliothek verzeichnet diese Publikation in der Deutschen
Nationalbibliografie; detaillierte bibliografische Daten sind im Internet über
https://dnb.de abrufbar.

**Veröffentlichungen des Universitätsverlags Osnabrück
erscheinen bei V&R unipress.**

© 2024 Brill | V&R unipress, Robert-Bosch-Breite 10, D-37079 Göttingen, ein Imprint der Brill-Gruppe
(Koninklijke Brill NV, Leiden, Niederlande; Brill USA Inc., Boston MA, USA; Brill Asia Pte Ltd,
Singapore; Brill Deutschland GmbH, Paderborn, Deutschland; Brill Österreich GmbH, Wien,
Österreich)
Koninklijke Brill NV umfasst die Imprints Brill, Brill Nijhoff, Brill Schöningh, Brill Fink, Brill mentis,
Brill Wageningen Academic, Vandenhoeck & Ruprecht, Böhlau und V&R unipress.
Alle Rechte vorbehalten. Das Werk und seine Teile sind urheberrechtlich geschützt.
Jede Verwertung in anderen als den gesetzlich zugelassenen Fällen bedarf der vorherigen
schriftlichen Einwilligung des Verlages.

Umschlagabbildung: iStock, ID: 641991280, Creativemarc
Druck und Bindung: CPI books GmbH, Birkstraße 10, D-25917 Leck
Printed in the EU.

Vandenhoeck & Ruprecht Verlage | www.vandenhoeck-ruprecht-verlage.com

ISSN 2198-1523
ISBN 978-3-8471-1660-8

An dieser Stelle möchte ich meinen großen Dank an die engagierten Religionslehrer*innen aussprechen, die sich bereit erklärt haben, an diesem Forschungsprojekt mitzuwirken, indem sie sich von mir interviewen haben lassen. Danke für eure Offenheit, das Teilen eurer spannenden Ideen und kritischen Gedanken mit mir. Euch ist diese Arbeit gewidmet, weil ihr unermüdlich daran arbeitet, dass diese Welt ein Stückchen besser wird.

Inhalt

Abkürzungsverzeichnis 11

1 Einleitung 13
  1.1 Thematische Hinführung 14
      1.1.1 Gesellschaftliche / Politische Perspektiven 14
      1.1.2 Kirchliche / (Religions-)Pädagogische Entwicklungen 20
  1.2 Forschungs- und Literaturüberblick 26
      1.2.1 Forschungsliteratur zu Nachhaltigkeit – Zeitlicher Überblick. 27
      1.2.2 Nachhaltigkeit in der Religionspädagogik 28
      1.2.3 Nachhaltigkeit in der pädagogischen Forschung 36
      1.2.4 Zwischenfazit 40
  1.3 Forschungsfrage und -ziel, Theorie und Vorgangsweise 40

2 Theoretische Grundlegungen 43
  2.1 Nachhaltigkeit 44
      2.1.1 Notwendigkeit der Begriffsbestimmung 44
      2.1.2 Geschichte des Nachhaltigkeitsbegriffes und der Nachhaltigkeitsidee 44
      2.1.3 Systematik 49
      2.1.4 Nachhaltigkeit im Bildungskontext: Bildung für nachhaltige Entwicklung 52
      2.1.5 Kritische Perspektiven 56
      2.1.6 Zwischenfazit 60
  2.2 Theologische Kontextualisierung 61
      2.2.1 Schlüsselbegriff Schöpfung 61
      2.2.2 Theologisch-Ethische Perspektive auf Nachhaltigkeit 65
      2.2.3 Zwischenfazit 70
  2.3 Religionspädagogische Ansätze und Diskurse 71
      2.3.1 Kirchlich-ökologische Bildung 71
      2.3.2 Religiöse Bildung für Nachhaltige Entwicklung 72

2.3.3 Politische religiöse Bildung für nachhaltige Entwicklung ... 74
　　　2.3.4 Religionspädagogik und externalisierender Lebensstil 76
　　　2.3.5 Zwischenfazit 78
　2.4 Einstellungen 79
　　　2.4.1 Definition und Modelle von Einstellungen 79
　　　2.4.2 Entstehung und Stabilität/Veränderbarkeit von
　　　　　　Einstellungen 80
　　　2.4.3 Messung von Einstellungen 81
　　　2.4.4 Einstellungen und Verhalten 81
　　　2.4.5 Lehrerkompetenz 82
　　　2.4.6 Einstellungsforschung in der Religionspädagogik 83
　　　2.4.7 Zwischenfazit 84

3 Methodik, Daten, Forschungsprozess 85
　3.1 Erhebungsmethode 85
　3.2 Erhebungsinstrument 88
　3.3 Beschreibung der Datenerhebung 89
　3.4 Sample 89
　3.5 Umfang und Charakteristika der Daten 90
　3.6 Auswertungsmethode 90
　　　3.6.1 Qualitative Inhaltsanalyse 90
　　　3.6.2 Ergänzende Auszählung von Häufigkeiten 92
　3.7 Exkurs zum Kontext: Evangelischer Religionsunterricht in
　　　Österreich 93
　　　3.7.1 Organisation 93
　　　3.7.2 Lehrplan 94
　3.8 Zwischenfazit 95

4 Ergebnisse 97
　4.1 Persönliche Zugänge und Beschreibungen 98
　　　4.1.1 Nachhaltigkeit bedeutet, an die Zukunft zu denken 98
　　　4.1.2 Nachhaltigkeit hat mit Ressourcen, Umwelt, Mobilität,
　　　　　　Konsum zu tun 99
　　　4.1.3 Nachhaltigkeit im Alltag ist wichtig 101
　　　4.1.4 Nachhaltigkeit ist herausfordernd 101
　　　4.1.5 Nachhaltigkeit weckt ambivalente Gefühle 103
　　　4.1.6 Religionslehrer*innen beeinflussen andere und werden
　　　　　　beeinflusst 107

4.2	Beobachtungen im Schulalltag	109
	4.2.1 Es gibt (keinen) bewussten Umgang mit Ressourcen in der Schule	109
	4.2.2 Vorbildwirkung der Lehrer*innen/der Schule fehlt	110
	4.2.3 Religionslehrer*innen haben keinen Einfluss vor Ort	110
	4.2.4 Nachhaltigkeit ist (kein) Thema in den Schulen	110
	4.2.5 Nachhaltigkeit bedeutet fächerübergreifendes und vernetztes Denken	111
	4.2.6 Eigener Umgang mit Ressourcen im Schulalltag wird reflektiert	112
4.3	Nachhaltigkeit als Thema im Religionsunterricht	113
	4.3.1 Nachhaltigkeit hat mit Schöpfung zu tun	113
	4.3.2 Nachhaltigkeit hat mit sozialen Themen zu tun	114
	4.3.3 Nachhaltigkeit und Achtsamkeit gehören zusammen	115
	4.3.4 Nachhaltigkeit ist ein wichtiges Unterrichtsthema im Religionsunterricht	116
	4.3.5 Nachhaltigkeit ist ein interessantes Unterrichtsthema	116
	4.3.6 Nachhaltigkeit gehört zum täglichen Unterrichtsgeschehen	117
	4.3.7 Nachhaltigkeit ist Teil des Lehrplans und persönliches Anliegen	118
	4.3.8 Nachhaltigkeit gehört zur Lebenswelt von Schüler*innen	118
4.4	Aufgabe von Religionslehrer*innen und Funktion des Religionsunterrichts	119
	4.4.1 Im Religionsunterricht geht es um die persönliche Beziehung	119
	4.4.2 Religionslehrer*innen haben Vermittler- und Vorbildrolle	121
	4.4.3 Nachhaltigkeit ist Auftrag und Verantwortung	123
	4.4.4 Sorgsamer und respektvoller Umgang wird vermittelt	124
	4.4.5 Kleine Veränderungen werden bei Schüler*innen angestoßen	125
	4.4.6 Kritische Haltung und Kommunikations-Kompetenz werden vermittelt	127
4.5	Reflexion von Chancen und Herausforderungen	127
	4.5.1 Kleine Schritte werden gesetzt und Grenzen wahrgenommen	127
	4.5.2 Nachhaltigkeit wird als Pflicht ohne Zwang verstanden	128
	4.5.3 Eigene Selbstwirksamkeit wird spürbar	129
4.6	Ergebnisse im Überblick	130
	4.6.1 Übersicht aller Kategorien	130
	4.6.2 Einordnung in Einstellungs-Dimensionen	132
	4.6.3 Häufigkeiten der Kategorien	133

4.7 Zwischenfazit 135

5 Diskussion der Ergebnisse 137
    5.1 Die Ergebnisse vor dem Hintergrund früherer (Einstellungs-)
        Studien 137
    5.2 Verständnis von Nachhaltigkeit 139
    5.3 Verantwortung und Auftrag 141
    5.4 Reflexionsebene 142
    5.5 Schöpfung und Beziehung 143
    5.6 Macht, Ohnmacht und Schuld 145
    5.7 Achtsamkeit und Wertschätzung 147
    5.8 Kompetenzen 148
    5.9 Chancen und Hindernisse 149
    5.10 Spannungsfelder einer religiösen Bildung für nachhaltige
         Entwicklung 152
    5.11 Didaktische Prinzipien und Umsetzung 153
    5.12 Religionsunterricht und Bildung für nachhaltige Entwicklung ... 157
    5.13 Zwischenfazit 159

6 Fazit und Ausblick 163
    6.1 Fazit zu den Forschungsfragen 163
        6.1.1 Einstellungen von Religionslehrer*innen in Bezug auf
              Nachhaltigkeit 163
        6.1.2 Rolle von Religionslehrer*innen in Bezug auf Bildung für
              nachhaltige Entwicklung 164
    6.2 Ausblick und Empfehlungen 165
        6.2.1 Ausblick auf und Vorschläge für Folgeprojekte 165
        6.2.2 Resümee zur Praxis des Religionsunterrichts 167
        6.2.3 Anregungen für die Aus- und Fortbildung von
              Religionslehrer*innen 168
    6.3 Perspektive: Hoffnung 169

Literaturverzeichnis 171

Anhang: Interviewleitfaden 183

Abkürzungsverzeichnis

APS   Allgemeinbildende Pflichtschulen
BNE   Bildung für nachhaltige Entwicklung
IPCC   Intergovernmental Panel for Climate Change, Weltklimarat
SDGs   Sustainable Development Goals, Ziele für nachhaltige Entwicklung
UNESCO United Nations Educational, Scientific and Cultural Organisation
UNO   United Nations Organisation, Vereinte Nationen

1 Einleitung

Es ist Anfang 2023. Hinter uns liegt eines der drei wärmsten Jahre der Messgeschichte in Österreich (vgl. Zentralanstalt für Meteorologie und Geodynamik, 2022). Seit fast einem ganzen Jahr ist Krieg in einem europäischen Land, globale Zusammenhänge werden spürbar, wenn Energiekosten steigen oder einzelne Produkte vorübergehend für längere Zeit nicht verfügbar sind. Die Auswirkungen der Klimakrise sind in den letzten Jahren immer deutlicher geworden – ausgetrocknete Gewässer, Brände, extreme Kälte, Unwetter, Überflutungen, um nur ein paar Beispiele zu nennen.

Der persönliche Umgang mit der Klimakrise, manche sprechen sogar von einer Klimakatastrophe, kann vielfältig sein – von Ignoranz und Leugnung bis hin zu Aktivismus. Die Forderung nach einem nachhaltigen Lebensstil und der Versuch, Strukturen zu schaffen, die diesen auch ermöglichen, sind kaum mehr zu überhören und übersehen.[1] Die Frage »Nun sag', wie hast du's mit der Nachhaltigkeit?« kann eine zentrale Gretchenfrage dieser Zeit sein, denn sie entscheidet nichts Geringeres als die Zukunft der Menschen, ihrer Mitwelt und die des Planeten.

Bevor der Frage »Nun sag', wie hast du's mit der Nachhaltigkeit?« im vorliegenden Forschungsprojekt intensiv nachgegangen wird, wird diese Einleitung zunächst thematisch hinführen – aus gesellschaftlicher und politischer Perspektive sowie aus kirchlicher und (religions-)pädagogischer Perspektive. Anschließend wird ein Forschungs- und Literaturüberblick gegeben, der bisherige Erkenntnisse und Beschäftigungen mit dem Thema Nachhaltigkeit in der Religionspädagogik, sowie auch in der Pädagogik, aufzeigt, um dann Forschungsziel und Forschungsfrage für das vorliegende Forschungsprojekt abzustecken.

---

1 Als Beispiel sei hier die Einführung des Klimatickets in Österreich im Jahr 2021 genannt, das die Nutzung öffentlicher Verkehrsmittel attraktiver machen sollte. Ein prominentes globales Beispiel sind die mittlerweile regelmäßigen Klimastreiks und -proteste der *Fridays for Future*-Bewegung.

1.1 Thematische Hinführung

Nachhaltigkeit ist komplex, die Lage der Welt ist komplex. Deswegen ist es auch notwendig, mit dem Thema an verschiedenen Stellen zu beginnen. Auf der einen Seite steht die gesellschaftliche und politische Perspektive auf das Thema Nachhaltigkeit. Auf der anderen Seite gibt es die theologische und (religions-) pädagogische Perspektive. Die Perspektiven konkurrieren nicht und sind nicht entgegengesetzt. Sie blicken aus ihrer Sicht auf das Thema. Im Religionsunterricht treffen sich die Perspektiven – die Lebenswelt von Schüler*innen spielt sich in der Gesellschaft unter politischen Bedingungen ab (so wie das Leben von Religionslehrer*innen auch), als kompetente Fachpersonen bringen Religionslehrer*innen ihre theologische und pädagogische fachwissenschaftliche Sicht mit in den Religionsunterricht, wo die Perspektiven miteinander ins Gespräch kommen. Was im Folgenden unter gesellschaftlicher und politischer Perspektive aufgespannt wird, bekommen die Schüler*innen in ihrem Alltag mit – zum Beispiel über Nachrichten oder andere Personen.

1.1.1 Gesellschaftliche / Politische Perspektiven

Für unseren Planeten ist die Lage ernst. Die Klimakrise ist in weiten Teilen des Planeten spürbar, der menschengemachte Klimawandel ist wissenschaftlich nachgewiesen (vgl. IPCC, 2022), soziale Ungleichheiten nehmen zu, Biodiversitätsverlust und das Artensterben sind große Herausforderungen für Mensch und Umwelt, einige der planetaren Grenzen wurden bereits überschritten (vgl. Rockström et al., 2009; Steffen et al., 2015).

Dass der Mensch Anteil an all diesen Entwicklungen hat, zeigt die nicht unumstrittene Bezeichnung des aktuellen Zeitalters: das Anthropozän, das sogenannte Menschen-Zeitalter. Dieses beginnt nach wissenschaftlichen Erkenntnissen mit dem Jahr 1950 (vgl. Steffen et al., 2011). Dieses Jahr wurde gewählt, weil sich ab dem Zeitpunkt nachweisen lässt, dass viele Faktoren, wie zum Beispiel Bevölkerungswachstum, Abholzung von Wäldern oder Ausstoß von CO_2, rasant gestiegen sind. Bezeichnet wird dieses Phänomen bzw. der Beginn des Anthropozän als *Great Acceleration*, also große Beschleunigung (vgl. Ellis, 2018, S. 52 ff.).

Vor allem der Ausstoß von CO_2 ist problematisch, denn der CO_2-Kreislauf gehört zu den Prozessen, für die planetare Grenzen, die oben bereits erwähnt wurden, festgelegt wurden (vgl. Rockström et al., 2009; Steffen et al., 2015). Diese planetaren Grenzen »define the safe operating space for humanity« (Rockström et al., 2009, S. 472). Sie geben also an, in welchem Rahmen sich die Menschheit sicher bewegen kann. Von den neun Prozessen, für die planetare Grenzen festgelegt wurden, haben bereits drei die Grenzen überschritten: Klimawandel, Verlust von Artenvielfalt, CO_2- und Phosphor-Kreislauf (vgl. Rockström et al., 2009, S. 473). Aus diesem Grund ist es dringend notwendig, die Prozesse innerhalb der Grenzen zu halten, damit das Erdsystem nicht irgendwann kippt (vgl. Rockström et al., 2009; Steffen et al., 2015).

Auch der für die wissenschaftliche Auseinandersetzung mit den Fakten zum Klimawandel gegründete *Weltklimarat* (Intergovernmental Panel for Climate Change, IPCC) veröffentlicht in unregelmäßigen Abständen seit 1990 Sachstandsberichte. Für diese Berichte werden sämtliche wissenschaftliche Forschungen, die im Zusammenhang mit Klimawandel stehen, analysiert und bewertet. Im zuletzt erschienen Sechsten Sachstandsbericht (2021–2022) halten die Wissenschaftler*innen der Arbeitsgruppen unter anderem fest, dass der Mensch Anteil am Klimawandel hat (vgl. IPCC, 2021).

Die Vereinten Nationen versuchen auf globaler Ebene Lösungen für diese drängenden Probleme zu finden. Zuletzt haben sich die Mitgliedsstaaten im Jahr 2015 in Paris auf die sogenannten *17 Ziele für nachhaltige Entwicklung* (Sustainable Development Goals, SDGs) geeinigt und die Agenda 2030 (*Transformation unserer Welt: die Agenda 2030 für nachhaltige Entwicklung*) beschlossen. Bis 2030 sollen die Ziele erreicht werden, die unterzeichnenden Staaten sollen die Ziele auf ihren nationalen Ebenen umsetzen. Die Entwicklungsziele beinhalten nicht nur ökologische Ziele, wie die Eindämmung des Klimawandels, sondern auch soziale und ökonomische Ziele (vgl. Vereinte Nationen, 2015).[2]

In einer europaweiten Studie wurde untersucht, *Wie Europas Jugend die Zusammenhänge zwischen Klimawandel und Migration wahrnimmt* (Südwind, 2021). Dazu wurden in mehreren europäischen Ländern – auch in Österreich – Menschen im Alter von 15 bis 35 Jahren befragt. Die Studie ist eingebettet in die Kampagne #ClimateOfChange, die sich dafür einsetzt, dass junge Menschen die komplexen Zusammenhänge von Klimakrise und Migration besser verstehen können.[3] Aus den Ergebnissen lassen sich interessante Informationen zu den Meinungen junger Menschen zur Klimakrise ableiten. Im Länderbericht für Österreich finden sich unter anderem folgende Punkte in der Zusammenfassung (in Auswahl):

- Mehr als die Hälfte der jungen Menschen in Österreich (55 %) sieht den Klimawandel als größtes Problem, mit dem die Welt konfrontiert ist. Migration hingegen wird nicht als sehr großes Problem wahrgenommen.
- Mehr als sieben von zehn jungen Bürger*innen Österreichs (75 %) halten unsere Konsumgewohnheiten für »nicht nachhaltig, wenn wir die Umwelt schützen wollen«.

---

[2] Darauf wird in Kapitel 2 noch näher eingegangen.
[3] Nähere Informationen zur Kampagne finden sich hier: https://climateofchange.info/ (zuletzt abgerufen am 05.01.2023).

Sieben von zehn Befragten (70 %) glauben, dass die österreichische Wirtschaft »so manipuliert ist, dass die Reichen und Mächtigen davon profitieren«. Gleichzeitig stimmen 53 Prozent darin überein, dass das »Wirtschaftswachstum Allen zugutekommt, auch Menschen in armen Ländern«.
– Sieben von zehn jungen Menschen in Österreich (70 %) halten es für »unverantwortlich und gefährlich«, wenn Regierungsprogramme Umweltverschmutzung und die Klimakrise nicht in Angriff nehmen. 73 % der Befragten sind der Meinung, dass es ein Zeichen dafür ist, dass die Regierung die falschen Prioritäten setzt, wenn sie Umweltverschmutzung und Klimawandel nicht bekämpft. Zwei Drittel der österreichischen Jugend (67 %) denken, dass es schlecht für die Wirtschaft wäre, wenn die Pläne der Regierung zur wirtschaftlichen Erholung nach der Corona-Krise nicht zur Bekämpfung der Umweltverschmutzung und des Klimawandels beitragen würden.
– Zwei Drittel junger Menschen in Österreich (66 %) denken, dass in erster Linie die Wirtschaft für die Bekämpfung des Klimawandels verantwortlich ist. Ein beträchtlicher Anteil der der [sic!] Befragten (50 %) fühlt sich für die Bewältigung von Klimawandel und Migration verantwortlich und möchte selbst einen Beitrag zu einem nachhaltigeren Lebensstil leisten. (Südwind, 2021, 2f.)

Damit wird deutlich, dass die befragten jungen Menschen erkennen, dass Klimawandel ein drängendes Problem ist und sie sehen vor allem Politik und Wirtschaft in der Pflicht, Maßnahmen dagegen zu setzen. Interessant ist auch die große Bereitschaft, Verantwortung zu übernehmen und einen nachhaltigen Lebensstil führen zu wollen.

Ein bekanntes Tool, um in Zahlen auszudrücken, wie nachhaltig der eigene Lebensstil ist, ist der sogenannte *ökologische Fußabdruck*. Er wurde in den 1990er Jahren erfunden und wird heute oft gleichbedeutend verwendet als Ausdruck für den Einfluss menschlichen Verhaltens auf den Planeten. Berechnet werden kann damit sowohl der individuelle ökologische Fußabdruck als auch der Fußabdruck von Firmen, Gemeinden, Städten, Ländern oder der gesamten Menschheit.[4] Bekannt wurde der ökologische Fußabdruck vor allem durch eine Kampagne eines Ölkonzerns, der die Menschen im Jahr 2004 dazu aufforderte, den eigenen Fußabdruck zu berechnen und diesen zu reduzieren. Damit geriet aber auch die Ölindustrie in Kritik, weil sie eine der Industrien ist, die massiv Anteil an der Klimakrise hat und damit versucht, die Verantwortung auf den Einzelnen und die Einzelne abzuschieben (vgl. Pramer, 2022). An diesem Vorgehen zeigt sich, dass die Frage nach der Verantwortung eine sehr wichtige Frage ist, wenn es um das Thema Nachhaltigkeit geht – nicht nur beim Thema Klimaschutz und Klimakrise.

Durch den ökologischen Fußabdruck wird sehr gut deutlich, dass die natürlichen Ressourcen des Planeten nicht unendlich sind. Hier kommt eine weitere wichtige mathematische Größe ins Spiel: der *Welterschöpfungstag* (engl. Earth

---

4 Siehe dazu: https://www.footprintnetwork.org/ (zuletzt abgerufen am 05.01.2023).

Overshoot Day). Dieser Tag zeigt an, dass alle natürlichen Ressourcen für das jeweilige Jahr verbraucht sind und ab diesem Tag Ressourcen von der Zukunft geborgt werden beziehungsweise die Menschheit mehr als einen Planeten bräuchte. Erschreckend ist, dass dieser Tag jedes Jahr früher ist. War der Welterschöpfungstag im Jahr 1971 noch im Dezember, lag er im Jahr 2001 bereits im September. Im Jahr 2022 hatte die Menschheit schon am 28. Juli die natürlichen Ressourcen für das ganze Jahr verbraucht.[5] Noch beunruhigender ist die Situation mit Blick auf Österreich – hier war der Overshootday im Jahr 2022 schon am 6. April.[6] Diese Daten zeigen eindrücklich, dass die Menschheit mehr natürliche Ressourcen des Planeten verbraucht, als zur Verfügung stehen. Mit dem jetzigen Lebensstil würde die Menschheit mehr als einen Planeten brauchen, um nachhaltig zu leben. Doch muss auch darauf hingewiesen werden, dass es Länder gibt, in denen der Overshootday nicht so dramatisch früh ist und die aus verschiedenen Gründen nicht so viele Ressourcen beanspruchen (können) – die einzelnen Länder und die Bedingungen, darin zu leben, sind nicht gleich.

Denn global gesehen, gibt es Ungleichheiten, nicht nur zwischen den Ländern, sondern auch innerhalb von Ländern. Daten zu Ungleichheiten werden in der World Inequality Database gesammelt. Mehr als 100 Forscher*innen haben über vier Jahre lang an dieser Datenbank gearbeitet und im Jahr 2021 den Bericht zur weltweiten Ungleichheit vorgelegt (vgl. Chancel et al., 2021).[7] In der deutschen Kurzzusammenfassung des Berichtes wird dargelegt, wie groß die Einkommens- und Vermögensungleichheiten global gesehen sind:

> Eine durchschnittliche erwachsene Person verdient im Jahr 2021 KKP 16.700 € (KKP 23.380 USD), und besitzt ein Vermögen von 72.900 € (102.600 USD). Hinter diesen Durchschnittswerten verbergen sich große Unterschiede sowohl zwischen als auch innerhalb von Ländern. Die reichsten 10 % der Weltbevölkerung beziehen derzeit 52 % des weltweiten Einkommens, während die ärmste Hälfte der Bevölkerung 8,5 % davon erhält. Im Durchschnitt verdient eine Person aus den obersten 10 % der weltweiten Einkommensverteilung 87.200 € (122.100 USD) pro Jahr, während eine Person aus der ärmsten Hälfte der globalen Einkommensverteilung 2.800 € (3.920 USD) pro Jahr verdient [...]. Die globalen Vermögensungleichheiten sind noch ausgeprägter als die Einkommensungleichheiten. Die ärmste Hälfte der Weltbevölkerung besitzt, mit nur 2 % des Gesamtvermögens, kaum Vermögen. Im Gegensatz dazu besitzen die reichsten 10 % der Weltbevölkerung 76 % des gesamten Vermögens. Im Durchschnitt besitzt die ärmste Hälfte der Bevölkerung 2.900 € pro Erwachsenen, d.h. 4.100 USD, während die

---

5 Diese Daten und weitere Informationen dazu finden sich hier: https://www.footprintnetwork.org/our-work/earth-overshoot-day/ (zuletzt abgerufen am 05.01.2023).
6 Vgl. dazu: https://www.global2000.at/welterschoepfungstag (zuletzt abgerufen am 05.01.2023).
7 Eine Kurzzusammenfassung auf Deutsch ist verfügbar unter: https://wir2022.wid.world/www-site/uploads/2021/12/Summary_WorldInequalityReport2022_German.pdf (zuletzt abgerufen am 05.01.2023).

obersten 10 % über durchschnittlich 550.900 € (oder 771.300 USD) verfügen. (Chancel et al., 2021)

Diese Beschreibung zeigt eindrücklich, wie ungleich Vermögen und Einkommen verteilt sind. Die zentralen Aussagen des Berichts sind außerdem:

- **MENA is the most unequal region in the world,** Europe has the lowest inequality levels.
- **Nations have become richer, but governments have become poor,** when we take a look at the gap between the net wealth of governments and net wealth of the private and public sectors.
- **Wealth inequalities** have increased at the very top of the distribution. The rise in private wealth has also been unequal within countries and at the world level. Global multimillionaires have captured a disproportionate share of global wealth growth over the past several decades: the top 1% took 38% of all additional wealth accumulated since the mid-1990s, whereas the bottom 50% captured just 2% of it.
- **Gender inequalities** remain considerable at the global level, and progress within countries is too slow
- **Ecological inequality:** our data shows that these inequalities are not just a rich vs. poor country issue, but rather a high emitters vs low emitters issue within all countries. (World Inequality Database)[8]

Allein diese zentralen Aussagen zeigen deutlich auf, in welchen Bereichen Ungleichheiten zu finden sind. Interessant ist die Tatsache, dass es bei ökologischen Ungleichheiten nicht nur um das Thema Wohlstand geht, sondern hier vor allem eine Rolle spielt, wie hoch die jeweiligen Emissionen in den Ländern sind. Das heißt, auch hier spielt der ökologische Fußabdruck eine wesentliche Rolle.

Diese Daten zeigen, dass, obwohl die Klimakrise eine der drängendsten Krisen unserer Zeit ist, es doch multiple Krisen sind, vor denen die Menschheit steht. Dazu gehören nicht nur ökologische Krisen, sondern auch ökonomische und soziale Krisen. Diese drei Bereiche sind klassische Bestandteile des Nachhaltigkeitsbegriffes und die 17 Ziele für nachhaltige Entwicklungen zeigen sehr gut, dass all diese Bereiche abgedeckt werden müssen, damit ein gutes Leben für alle in Zukunft möglich sein kann. Um einen sicheren und gerechten Raum zum Leben zu haben, beschreibt die Ökonomin Kate Raworth das Bild eines Donuts: die innere Begrenzung des Donuts (der innere Ring) ist das soziale Fundament, das notwendig ist für ein gutes Leben. Die äußere Begrenzung des Donuts sind die planetaren Grenzen, die zuvor schon erwähnt wurden. Werden die planetaren Grenzen nicht überschritten und das soziale Fundament nicht unterschritten, ist ein sicheres und gerechtes Leben für alle Menschen möglich (vgl. Raworth, 2017).

---

[8] Vgl. https://wid.world/news-article/world-inequality-report-2022/ (zuletzt abgerufen am 05.01.2023).

Doch wie kommen wir dahin, dass alle Menschen innerhalb des Donuts leben? Sind die Anstrengungen genug, die derzeit von Politik und Gesellschaft unternommen werden? Sind die Vereinbarungen, die auf globalen Konferenzen getroffen werden, ausreichend und halten sich alle Staaten daran?

Für viele Menschen geschieht politisch viel zu wenig, um diese ernste Lage abzuwenden. Deswegen gehen seit einigen Jahren immer wieder vor allem auch junge Menschen auf die Straße, um zu protestieren und Forderungen zu stellen – einer der zentralen Demoslogans lautet: »Wir sind hier, wir sind laut, weil ihr uns die Zukunft klaut!« Was vor allem als eine Bewegung von Schüler*innen begonnen hat – ausgelöst durch Schulstreiks der schwedischen Schülerin Greta Thunberg – hat mittlerweile viele Generationen und Gruppen von Menschen erreicht. So gibt es neben *Fridays for Future* mittlerweile auch viele andere Gruppierungen, wie die *Teachers for future*, *Scientists for Future* oder auch *Religions for Future*. Die monatelange Besetzung der Lobau 2021/22 zur Verhinderung des Baus einer Autobahn war ein wesentlicher Teil des Protests, der in der Öffentlichkeit für viel Aufmerksamkeit gesorgt hat und wohl manche Menschen an die Besetzung der Hainburger Au in den 1980er Jahren zur Verhinderung des Baus eines Donaukraftwerkes erinnert hat. Studierende besetzten Ende 2022 Hörsäle von Universitäten, um auf die Dringlichkeit der Klimakrise hinzuweisen. Im Jahr 2022 entwickelten sich schließlich durch die sogenannte *Letzte Generation* auch wesentlich radikalere Formen des Protests, wie das Ankleben Protestierender an Gegenstände oder das Anschütten von Kunstobjekten. Das zeigt die große Unzufriedenheit damit, dass auf politischer Seite noch viel zu wenig aktiv gegen die Klimakrise, aber auch den damit zusammenhängenden weiteren Krisen, getan wird.

Gibt es also eine Lösung? Fünfzig Jahre nach Erscheinen des Berichts *Grenzen des Wachstums*[9] legt der *Club of Rome* im Jahr 2022 erneut einen Bericht vor (vgl. Dixson-Declève et al., 2022). Unter dem Titel *Earth for all* werden zwei mögliche Zukunftsszenarien für den Planeten vorgestellt. In dem einen Szenario (*Too little too late*) gehen die Wissenschaftler*innen der Frage nach, was geschieht, wenn wir so weiter machen wie bisher (vgl. Dixson-Declève et al., 2022, S. 54ff.). Dagegen werden im zweiten Szenario (*Giant Leap*) fünf Kehrtwenden umgesetzt, um einen anderen Weg einzuschlagen (vgl. Dixson-Declève et al., 2022, S. 66ff.). Die fünf Kehrtwenden sind: Armutsbekämpfung, Ungleichheit verringern (Dividenden teilen), Ermächtigung von Geschlechtergerechtigkeit, gesunde Ernährung für Mensch und Planet und Energiekehrtwende. Für die Autor*innen ist

---

9 In der 1972 erschienen Computersimulation wurden verschiedene Szenarien für die Zukunft berechnet. In den Szenarien werden die Zusammenhänge von Wirtschaftswachstum, Bevölkerungszunahme und Auswirkungen auf die Umwelt deutlich. Damit zeigen die Wissenschaftler*innen, die im Auftrag des *Club of Rome* diese Studie durchgeführt haben, auf, dass uneingeschränktes Wachstum zu Katastrophen führen kann (vgl. Meadows, 2000).

klar, dass es hauptsächlich darum geht, die »Flüsse innerhalb der heutigen Wirtschaftssysteme« (Dixson-Declève et al., 2022, S. 212) neu auszurichten. Denn dieses muss letztlich verändert werden, damit ein gutes Leben für alle möglich ist.

> Richtig eingesetzt und in Verbindung mit einem erneuerten und neu konzipierten Fokus auf die Gemeingüter, könnten diese Instrumente und die daraus erwachsenden radikalen Veränderungen den Kreislauf eines extraktiven Wirtschaftssystems schließen, sodass es nicht nur zirkulär, sondern auch regenerativ wird. Auf diese Weise könnten wir unseren materiellen Fußabdruck verkleinern und den Menschen dabei helfen, die Erde, die sie ernährt, zu schützen und zu bewahren. Und die Wirtschaft könnte wieder in den Dienst des Menschen gestellt werden. Wir nennen das eine transformatorische Wohlergehensökonomie. *Earth for all.* Eine Erde für alle. (Dixson-Declève et al., 2022, S. 214)

Wenn wir es schaffen, die genannten Kehrtwenden umzusetzen, ist es möglich, zu einer »transformatorischen Wohlergehensökonomie« zu kommen.

Ein wichtiger Schritt auf dem Weg zu einer Lösung der Krise, der in Österreich verfolgt wurde und noch immer wird, ist die Etablierung eines Klimarates. Dieser setzt sich aus 100 Österreicher*innen zusammen, die zufällig ausgewählt wurden und den Querschnitt der Bevölkerung abbilden sollen. Der Klimarat erarbeitete 2022 mit wissenschaftlicher Begleitung Maßnahmen, um die Zukunft aktiv mitzugestalten. Die Bundesregierung ist nun gefordert, die Empfehlungen des Klimarates umzusetzen, damit Österreich bis zum Jahr 2040 klimaneutral werden kann.[10] Es wird sich zeigen, welche Empfehlungen umgesetzt werden und ob Klimaneutralität damit tatsächlich erreich werden kann.

Wissenschaftliche Forschungen zu den multiplen Krisen liegen auf dem Tisch, ebenso wissenschaftlich fundierte Lösungsansätze. Eine zentrale Frage ist, welcher Weg eingeschlagen wird, welches Szenario eintreffen wird. Eine andere spannende Frage ist, wie nun Theologie und Kirche, und vor allem die Religionspädagogik, auf die wachsenden Herausforderungen und multiplen Krisen reagieren?

1.1.2 Kirchliche / (Religions-)Pädagogische Entwicklungen

Das Jahr 2022 war für die Evangelische Kirche A. u. H.B. in Österreich das *Jahr der Schöpfung*. Anlass dafür waren die aktuellen Krisen und vor allem das Thema Klimaschutz, dem man sich intensiv widmen wollte, wie auf der Homepage beschrieben wird:

---

10 Für Details zu den Maßnahmen siehe https://klimarat.org/ (zuletzt abgerufen am 02.01.2023).

> **Es ist höchste Zeit.**
> Wir Menschen bringen die Schöpfung gerade kräftig aus dem Gleichgewicht.
> Wir Menschen müssen uns dem entgegenstellen.
> Das ist eine riesige Aufgabe. Die **evangelische Freiheit** ermutigt dazu, sie anzugehen.
> Viele Evangelische sind schon aktiv im Klimaschutz. Das Schöpfungsjahr soll sie – soll uns – bestärken und soll weiteren Schwung für den Klimaschutz in unserer Kirche und darüber hinaus bringen.
> Das Jahr der Schöpfung beginnt mit dem 1. Advent 2021. Es ist ein besonderes Jahr unter den Themenjahren: Das Jahr der **Schöpfung 2022** ist ein **Zukunftsjahr** und ein Aktivjahr. Es geht um unsere Zukunft und um die Zukunft unserer Kinder und Enkelkinder. Es geht um Aufbruch und neue Gewohnheiten, die dem Klima guttun. (Evangelische Kirche in Österreich, o. J.)

Im Zentrum stehen dabei die evangelische Freiheit und der Gedanke, aktiv für eine gute Zukunft zu werden. Österreichweit fanden Aktionen rund um Bewahrung der Schöpfung und Klimaschutz statt. Pfarrgemeinden und Werke waren dazu aufgerufen, sich aktiv einzubringen. Jede Diözese ernannte Schöpfungsbotschafter*innen, die aus unterschiedlichen Bereichen kommen und sich für Klimaschutz einsetzen. In einer Tagung zur Schöpfungstheologie wurden zentrale theologische Erkenntnisse gebündelt und diskutiert. Dieses Themenjahr hat bewusst gemacht, dass sich auch Theologie und Kirchen aktiv einbringen sollen, wenn es um die Bekämpfung der Klimakrise geht (vgl. Evangelische Kirche in Österreich). Dazu hat der Theologische Ausschuss der Generalsynode Ende 2022 ein Grundsatzpapier zum Beschluss durch die Generalsynode vorgelegt. Es trägt den Titel »Schöpfungsglaube in der Klimakrise« und beschreibt einerseits, wie es möglich ist, »sich der Klimakrise aus dem Glauben an Gott als Schöpfer und aus der Deutung der Welt als Schöpfung Gottes [zu] stellen« (Evangelische Kirche A. u. H.B. in Österreich, 2022, S. 1). Andererseits geht das Papier darauf ein, was konkret getan werden kann, um zum Klimaschutz beizutragen und wofür sich die Evangelische Kirche A. u. H.B. konkret einsetzen möchte. Das beinhaltet, den Schöpfungsglauben innerhalb von Kirche und Gesellschaft und lokal und global als Gemeinschaft solidarisch zu leben (vgl. Evangelische Kirche A. u. H.B. in Österreich, 2022). In der Einleitung des Schöpfungspapiers wurde festgehalten:

> Dies ist die Zeit für Schöpfungsglauben. In der schwierigen Zeit der Klimakrise suchen wir als Evangelische Kirche A. und H.B. Orientierung und Kraft in unserem Glauben. Wir verstehen uns aus dem Auftrag, Gottes Frohe Botschaft für unsere Zeit – also angesichts der Klimakrise – richtig und kräftig zu bezeugen. (Evangelische Kirche A. u. H.B. in Österreich, 2022, S. 1)

Weiter wird festgestellt, dass sich Kirchen weltweit dafür einsetzen, dass Klimaschutz und damit Schöpfungsbewahrung umgesetzt werden. Dieses Grundsatzpapier wurde im Dezember 2022 von der Generalsynode der Evangelischen Kirche A. u. H.B beschlossen.

Sich für die Schöpfung einzusetzen klingt auch an, wenn sich in einem Interview im Jahr 2019 der evangelische Theologe Jürgen Moltmann für eine »grüne Reformation« ausspricht und meint: »Wir sollten das biblische Doppelgebot der Liebe erweitern. Es sollte heißen: Liebe Gott, deinen Nächsten und diese Erde wie dich selbst« (Kubitschek, 2019).

Es ist allerdings kein neues Thema für die Theologie, denn schon im Jahr 1985 stellte Moltmann (1985, S. 11) im Vorwort seines Werkes *Gott in der Schöpfung* die Frage: »Was bedeutet der Glaube an Gott den Schöpfer und an diese Welt als seine Schöpfung angesichts der fortschreitenden industriellen Ausbeutung und der nicht wieder gutzumachenden Zerstörung der Natur?« Laut Meireis gehört dieses Werk Moltmanns neben Liedkes (1979) *Im Bauch des Fisches* und Altners (1989) *Ökologische Theologie* zu den »großen ökotheologischen Entwürfen« (Meireis, 2016, S. 16) der protestantischen Theologie. Diese Werke stammen allerdings alle aus den 1970er und 1980er Jahren. Wobei das Thema bei Moltmann immer wieder zu finden ist (vgl. u. a. Moltmann, 2014). Um die Jahrtausendwende lag ein weiterer starker Akzent auf dem Thema Schöpfung in der protestantischen Theologie und es erschienen evangelische umwelt- und naturethische Konzepte u. a. von Körtner (1997), Stückelberger (1997), Huppenbauer (2000) und aus der Au (2003). In all diesen Werken liegt der Fokus vor allem auf den Themen Schöpfung, Umwelt und Natur und bezieht sich damit hauptsächlich auf die ökologische Dimension von Nachhaltigkeit.

Nicht nur die protestantische Theologie beschäftigt sich mit den Fragen von Schöpfungstheologie und Nachhaltigkeit. Nachhaltige Entwicklung als ökumenisches Anliegen hat ihre Wurzeln im sogenannten *Konziliaren Prozess für Frieden, Gerechtigkeit und Bewahrung der Schöpfung*. Hier geht es nicht mehr nur um Schöpfung, auch Gerechtigkeit und Frieden gehören zu einer nachhaltigen Entwicklung. Auch der konziliare Prozess hat seine Wurzeln in den 1980er Jahren und ist vor allem gekennzeichnet von ökumenischen Versammlungen auf globaler und europäischer Ebene, die dem Austausch und der Beschlussfassung dienten.

Ebenso beschäftigt sich der ökumenische Prozess in Deutschland *Umkehr zum Leben – den Wandel gestalten* mit christlichen Perspektiven für eine Kultur der Nachhaltigkeit (vgl. Bertelmann & Heidel, 2018). Das breite Thema Schöpfung bzw. die Verbindung von Religion und Nachhaltigkeit wird in Theologie und Kirchen nicht nur ökumenisch, sondern auch international diskutiert (vgl. u. a. Bergman, 2013; Gottlieb, 2010).

Im Jahr 2022 gab der Ökumenische Rat der Kirchen eine Erklärung nach seiner 11.Vollversammlung ab, die sich ebefalls mit der Zukunft des Planeten auseinandersetzt (vgl. World Council of Churches, 2022). In der deutschen Übersetzung lautet die Überschrift der Erklärung: *Der lebendige Planet: Streben nach einer gerechten und zukunftsfähigen weltweiten Gemeinschaft* (engl. *The Living Planet: Seeking a Just and Sustainable Global Community*).[11] Die gemeinsame Erklärung der Kirchen hält einleitend fest:

> Die Erde ist des Herrn und was darinnen ist. Die Menschen, die nach dem Bilde Gottes geschaffen sind, sind aufgerufen, Gottes kostbarer und einzigartiger Schöpfung als treue und verantwortungsbewusste Haushälterinnen und Haushälter zu dienen; gleichzeitig sind wir ein inhärenter Teil dieser Schöpfung und unauflösbar abhängig von dem Wohlergehen der gesamten natürlichen Welt. Ein enges anthropozentrisches Verständnis von unserer Beziehung mit der Schöpfung muss überarbeitet werden und zu einem Verständnis des gesamten Lebens werden, wenn wir ein zukunftsfähiges, nachhaltiges globales Ökosystem verwirklichen wollen. Wir alle sind in Gottes ganzer Schöpfung voneinander abhängig. Weil die Liebe Christi die Welt bewegt, versöhnt und eint, sind wird zu *metanoia* und einer erneuerten und gerechten Beziehung mit der Schöpfung aufgerufen, die in unserem Handeln zum Ausdruck kommt. (World Council of Churches, 2022)

Gefordert wird in der Erklärung, dass Klima- und Umweltgerechtigkeit dringend umgesetzt werden müssen. Dazu sollen auch Kirchen beitragen und aktiv handeln. Der Ökumenische Rat der Kirchen sieht sich dabei selbst als Vorbild und hat eine *Ökumenische Dekade der Buße und des praktischen Eintretens für einen gerechten und blühenden Planeten* ausgerufen (vgl. World Council of Churches, 2022).

Große Aufmerksamkeit hat in den letzten Jahren vor allem die päpstliche Umweltenzyklika *Laudato si'* (Franziskus, 2015) auf sich gezogen, die das Thema bzw. die Verbindung von Nachhaltigkeit und Theologie der breiten Öffentlichkeit zugänglich gemacht hat. Damit hat Papst Franziskus die Themenfelder Umweltschutz und Nachhaltigkeit auch zu religiösen Themen für die Öffentlichkeit gemacht und gezeigt, dass auch Theologie und Kirche etwas beitragen können und wollen, um die Krisen der Zeit zu bewältigen. Dabei finden sich in der katholischen Theologie schon lange vor Erscheinen der Enzyklika Beschäftigungen mit dem Thema Nachhaltigkeit (u. a. Lienkamp, 2009; Reis, 2003; Vogt, 2008, 2009a, 2009b, 2014).

Nicht nur in der wissenschaftlichen Theologie, für den Papst oder den Ökumenischen Rat der Kirchen sind Schöpfung und Nachhaltigkeit wichtige Themen. Viele Religionsgemeinschaften und Kirchen setzen sich in den letzten Jahren und Jahrzehnten damit auseinander (vgl. Littig, 2004b). Auch aus muslimischer, jüdischer und buddhistischer Perspektive gibt es Annäherungen und

---

11 Die deutsche Übersetzung der Erklärung ist abrufbar unter https://www.oikoumene.org/de/resources/documents/the-living-planet-seeking-a-just-and-sustainable-global-community (zuletzt abgerufen am 02.01.2023). Der Link zur englischsprachigen Originalversion findet sich im Literaturverzeichnis.

Auseinandersetzungen mit Fragen der Nachhaltigkeit (vgl. Littig, 2004b). Eine von vielen Fragen dabei ist: »Welche Rolle spielen Religion und Religionsgemeinschaften heute bei der Handlungsorientierung ihrer Anhänger, insbesondere in Bezug auf Nachhaltigkeit?« (Littig, 2004a, S. 36)

Kirchen und Religionsgemeinschaften stellen sich dem Thema Nachhaltigkeit. Das wurde aus den bereits erwähnten Zugängen, Aktionen und Erklärungen deutlich. Ergänzend soll noch angeführt werden, dass sich die Evangelische Kirche in Deutschland in kirchlichen Schriften dem Themenbereich Nachhaltigkeit mit unterschiedlichen Schwerpunktsetzungen widmet, wie zum Beispiel *Umkehr zum Leben* (Kirchenamt der EKD, 2009) oder *Nutztier und Mitgeschöpf* (Evangelische Kirche in Deutschland, 2019). Die Evangelische Kirche A. u. H.B. in Österreich hat im Jahr 2018 einen Nachhaltigkeitsleitfaden für Pfarrgemeinden vorgelegt, der sich mit dem Thema auseinander setzt (Evangelische Kirche A. u. H.B. in Österreich, 2018). Einen markanten Punkt stellt hier sicher das eingangs erwähnte *Jahr der Schöpfung* 2022 dar und das weiter oben bereits erwähnte Schöpfungspapier der Generalsynode. Das Thema Nachhaltigkeit aus protestantischer Perspektive wurde auch anlässlich des Reformationsjubiläums in den Mittelpunkt gerückt. Hübner (2016) beschäftigt sich dabei mit der Frage nach den Gemeinsamkeiten der heutigen Nachhaltigkeitsdebatte und Luthers Ansichten zur Schöpfungslehre.

Es zeigt sich, dass angesichts der immer ernsteren Fragen bezüglich Klimawandel und globaler Gerechtigkeit, sich die Frage aufdrängt, wie die Kirchen und Religionsgemeinschaften mit Nachhaltigkeit umgehen (vgl. z. B. Bederna & Gärtner, 2020; Evangelische Kirche in Deutschland, 2019; Herms, 2018; Schneidewind, 2019).

Warum aber sollten sich Theologie und Kirche überhaupt mit dem Thema Nachhaltigkeit auseinandersetzen? Meireis (2016, 18 ff.) plädiert dafür, sich auch aus protestantischer Sicht intensiv mit dem Thema Nachhaltigkeit zu beschäftigen. Dafür nennt er vier Gründe:

> Denn *erstens* ist zu bedenken, dass das Nachhaltigkeitskonzept als dasjenige gelten muss, das ein ökologisches Problembewusstsein in vorher ungekanntem Maß auf die Agenda der globalen Politik gesetzt hat, weiterhin lässt sich schon wirkungsgeschichtlich nur schwer bestreiten, dass einerseits die Umweltbewegung zur Binnengeschichte des Protestantismus zählt und diesem also keineswegs äußerlich ist, dass aber andererseits die Nachhaltigkeits- und Umweltbewegung – mindestens im deutschsprachigen Raum – ohne ökumenische und protestantische Impulse kaum denkbar und ohne die religiöse Dimension kaum verstehbar ist. Gerade Letzteres gilt *zweitens* auch für den systematischen Zusammenhang von Natur- und Kulturverständnis, wie er in der westlichen Moderne leitend ist. Dieser erzeugt eine Spannung, die sich im Nachhaltigkeitskontext als Wechselwirkung von ökologischen und systematisch-theologischen Fragestellungen nach Glauben und Wissen oder Erkenntnismöglichkeiten und

-grenzen zeigt, die schon aus wissenschaftstheoretischen Gründen einer Selbstverständigung der Moderne bearbeitet werden müssen. *Drittens* lassen sich ethisch und moralisch Affinitäten zwischen zentralen systematischen Motiven evangelischen Glaubens und dem Bemühen um Nachhaltigkeit darlegen, die einerseits als Begründungs-, andererseits als Wahrnehmungszusammenhänge expliziert werden können. Schließlich sind *viertens* aus der so perspektivierten Position auch konkrete Erwägungen zu umwelt- und nachhaltigkeitspolitischen Fragen anzustellen, weil Glaube in protestantischer Perspektive nicht anders als immer auch zum Handeln inspirierende, transformative Größe zu denken ist. (Meireis, 2016, 18f.)

Das heißt, ökumenische und protestantische Impulse haben zumindest im deutschsprachigen Raum Einfluss auf die Nachhaltigkeits- und Umweltbewegung. Es ist wissenschaftlich notwendig, die genannte Spannung zu untersuchen. Außerdem lässt sich ein ethischer Zusammenhang herstellen zwischen evangelischem Glauben und Bemühen um Nachhaltigkeit. Glaube will in dieser Perspektive immer auch zum Handeln inspirieren (vgl. Meireis, 2016, S. 18f.). Genau diese Handlungsperspektive oder -inspiration kann für den Religionsunterricht eine wesentliche Perspektive sein.

Dennoch gibt es zur Verankerung von Nachhaltigkeit in der evangelischen Theologie noch viele Lücken zu füllen, wie Beringer (2018) aufzeigt. Sie resümiert:

Eine evangelische (Praktische) (Schöpfungs-)Theologie starker Nachhaltigkeit sinnt einer grundsätzlichen Frage nach: Wie erschließt sich Nachhaltigkeit – biblisch-theologisch, wissenschaftlich-theoretisch und existentiell-praktisch – aus dem evangelischen Credo der gerechtfertigten, geliebten Schöpfung, inklusive des gerechtfertigten, geliebten Gotteskindes, welche aus der von Gott durch den Sohn Jesus Christus geschenkten bedingungslosen Fülle des Lebens lebt? (Beringer, 2018, S. 87)

Der Religionspädagogik schreibt sie dabei die Aufgabe zu, »(…) die Beziehung zwischen Bibeltexten und Nachhaltigkeit transparent [zu] machen« (Beringer, 2018, S. 78).

Aber welche Rolle spielt der Religionsunterricht überhaupt, wenn es um Nachhaltigkeit im Bildungsbereich geht? Im Bildungsbereich wurde mit dem Konzept der Bildung für nachhaltige Entwicklung (BNE)[12] auf die multiplen Krisen und Herausforderungen reagiert. Dabei spielt im bildungspolitischen Diskurs der Religionsunterricht kaum eine Rolle, im Diskurs mit Bildung für nachhaltige Entwicklung stehen vor allem Biologie-, Geografie- oder Politikdidaktik (vgl. Bederna, 2020b, S. 31). Allerdings kann argumentiert werden, dass gerade der Religionsunterricht großes Potential hat, sich diesen Fragen und Anliegen der nachhaltigen Entwicklung zu stellen. Denn die Themen in den Lehrplänen für evangelischen Religionsunterricht an allgemeinbildenden Pflichtschulen reichen vom

---

12 Dieses hauptsächlich von der UNESCO geprägte Konzept wird in Kapitel 2 näher beschrieben.

Umgang mit der Natur bis zum sozialen Umgang miteinander. Aus den religiösen Narrativen lassen sich nachhaltige Verhaltensweisen ableiten, die ganz selbstverständlich in vielen biblischen Geschichten mitklingen, die im evangelischen Religionsunterricht erzählt werden. Damit kann der Religionsunterricht schon aufgrund seiner Themenvielfalt, die er laut Lehrplan behandelt, einen wertvollen Beitrag zur Erfüllung der Agenda 2030 leisten, deren Entwicklungsziel 4.7 zum Beispiel lautet:

> Bis 2030 sicherstellen, dass alle Lernenden die notwendigen Kenntnisse und Qualifikationen zur Förderung nachhaltiger Entwicklung erwerben, unter anderem durch Bildung für nachhaltige Entwicklung und nachhaltige Lebensweisen, Menschenrechte, Geschlechtergleichstellung, eine Kultur des Friedens und der Gewaltlosigkeit, Weltbürgerschaft und die Wertschätzung kultureller Vielfalt und des Beitrags der Kultur zu nachhaltiger Entwicklung. (Vereinte Nationen, 2015, S. 18)

Der These, dass der Religionsunterricht einen wertvollen Beitrag zu einer Bildung für nachhaltige Entwicklung und dem breiten Themenfeld Nachhaltigkeit leisten kann, wird in dem vorliegenden Forschungsprojekt nachgegangen. Es setzt sich deshalb mit den Schnittstellen zwischen evangelischem Religionsunterricht an allgemeinbildenden Pflichtschulen (APS) und Nachhaltigkeit auseinander und nimmt dabei eine bestimmte Perspektive ein: nämlich die von Religionslehrer*innen und fragt ebendiese: »Nun sag', wie hast du's mit der Nachhaltigkeit?«, um herauszufinden, wie evangelische Religionslehrer*innen zu dem breiten Themenfeld Nachhaltigkeit stehen.

1.2 Forschungs- und Literaturüberblick

In diesem Kapitel wird vor allem die Religionspädagogik, aber auch die Pädagogik in den Blick genommen und ein Überblick darüber gegeben, welche Themen und Forschungsprojekte in (religions-)pädagogischer Fachliteratur und Forschung zum Themenfeld Nachhaltigkeit und (Religions-)Pädagogik bereits behandelt wurden.

Zunächst wird dargestellt, in welchem zeitlichen Ablauf die Publikationen entstanden sind und welche Ereignisse darauf Einfluss hatten, da das gerade bei diesem Thema spannende Einblicke bietet. Im Folgenden werden pädagogische Forschung und Religionspädagogik auf für das vorliegende Forschungsprojekt relevante Fachliteratur und Forschungsprojekte untersucht. In diesem Kapitel wird diesbezüglich ein Überblick dazu gegeben, eine nähere inhaltliche Beschäftigung erfolgt in Kapitel 2 bei den theoretischen Grundlegungen zum Forschungsprojekt.

1.2.1 Forschungsliteratur zu Nachhaltigkeit – Zeitlicher Überblick

Für die Darstellung des Forschungs- und Literaturüberblickes werden hier zwei Datenbanken zur Hilfe genommen. Für die Bearbeitung des Themas in der Religionspädagogik wurde die RKE-Datenbank befragt, die Literatur und Forschung zu Religionspädagogik, Kirchlicher Bildungsarbeit und Erziehungswissenschaft sammelt und abbildet. Für die pädagogische Forschung wurde eine Abfrage in der FIS-Datenbank, die Datensätze zu Literatur aus allen Bereichen des Bildungswesens beinhaltet, durchgeführt. Bevor auf die Ergebnisse im Detail eingegangen wird, soll hier zunächst eine zeitliche Übersicht gegeben werden, um einen Einblick zu geben, wie sich die *Dekade für Bildung für nachhaltige Entwicklung* (2005–2014) auf die Forschungen und Publikationen ausgewirkt hat. Dazu wurde in beiden Datenbanken nach *Bildung für nachhaltige Entwicklung* gesucht. Aufgrund des Bezugs zur BNE-Dekade wurde dieser Begriff anstatt *Nachhaltigkeit* gewählt.

In der Religionspädagogik finden sich vor 2005 vereinzelte Beiträge zur Bildung für nachhaltige Entwicklung. Während der BNE-Dekade (2005–2014) sind durchschnittlich 33 Publikationen im Jahr zu dem Thema erschienen; in den Jahren 2015–2022 waren es durchschnittlich 55 Publikationen im Jahr.[13] Damit wird deutlich, dass das Thema in der Religionspädagogik zwar auch in der BNE-Dekade präsent war, danach stieg die Anzahl der Publikationen aber.

In der pädagogischen Forschung wurden während der BNE-Dekade rund 150 Publikationen pro Jahr veröffentlicht; von 2015–2022 waren es ebenfalls rund 150 Publikationen im Jahr.[14] Hier ist der Trend also gleichbleibend.

Die weltpolitischen Ereignisse spiegeln sich in den religionspädagogischen Publikationen und Forschungen wider. Es zeichnet sich ab, dass religionspädagogische und theologische Publikationen zu Nachhaltigkeit und nachhaltiger Entwicklung ab den Jahren 2015/2016 zunehmen. Davor gibt es vereinzelte Auseinandersetzungen damit. Das kann vermutlich damit zusammenhängen, dass 2015 die Enzyklika *Laudato si'* von Papst Franziskus erschien, die sich mit Umwelt und Entwicklung auseinandersetzt (Franziskus, 2015). Damit wurde dieser Themenkomplex von der Theologie und im Weiteren auch der Religionspädagogik aufgenommen und rezipiert. Andererseits wurde 2015 das Klimaabkommen von Paris unterzeichnet, am 01.01.2016 trat die Agenda 2030 in

---

13 Vgl. https://smartbib1.comenius.de/Search/Results?lookfor=bildung+f%C3%BCr+nachhalt ige+entwicklung&type=AllFields&daterange%5B%5D=publishDate&publishDatefrom=201 5&publishDateto=2022 (zuletzt abgerufen am 29.12.2022).

14 Vgl. https://www.fachportal-paedagogik.de/suche/trefferliste.html?ckd=no&mtz=20&facet s=y&maxg=12&fisPlus=y&trefferFIS=2835&db=fis&tab=1&searchIn[]=fis&searchIn[]=fd z&suche=einfach&feldname1=Freitext&feldinhalt1=bildung+f%C3%BCr+nachhaltige+ent wicklung&bool1=and (zuletzt abgerufen am 29.12.2022).

Kraft (vgl. Vereinte Nationen, 2015). Damit traten die Themen Umweltschutz und nachhaltige Entwicklung vermehrt in den Vordergrund und wurden von den verschiedenen Wissenschaftsdisziplinen aufgenommen, rezipiert und beforscht.

Eine Suche in der RKE-Datenbank nach *Nachhaltigkeit* liefert derzeit (Stand: Jänner 2023) rund 3.100 Treffer.[15] Die meisten davon sind Artikel in Fachzeitschriften, beachtlich ist, dass unter den Treffern 350 Monografien zu finden sind. Auffällig ist, dass Nachhaltigkeit oft im Sinne von »nachhaltige Wirkung des Religionsunterrichts« verstanden wird[16] und nicht als Nachhaltigkeit im Sinne von ökologischer, sozialer und ökonomischer Nachhaltigkeit. Daran wird bereits die Schwierigkeit im Umgang mit dem Begriff *Nachhaltigkeit* deutlich. Daher sind sehr viele Suchergebnisse vernachlässigbar, weil sie thematisch aus dem Rahmen fallen. Ausgeschlossen wurden ebenfalls Berichte über Initiativen in Pfarrgemeinden und allgemeine Einführungen zum Thema, die keinen Zusammenhang mit Religionsunterricht oder Theologie haben. Auffällig ist bei der Suche, dass es eine beachtliche Anzahl an Beiträgen zu Bildung für nachhaltige Entwicklung und inklusive Bildung gibt, ebenso zu Bildung für nachhaltige Entwicklung im elementarpädagogischen Bereich und in der außerschulischen kirchlichen Arbeit[17]. Diese Treffer werden auch nicht im Detail diskutiert, da sie für das vorliegende Forschungsprojekt nicht von Relevanz sind.

1.2.2 Nachhaltigkeit in der Religionspädagogik

Der religionspädagogische Literatur- und Forschungsüberblick wird in vier Themenfelder eingeteilt, die sich durch die Ergebnisse der Recherche ergeben. In den Bereich *Religiöse Bildung für nachhaltige Entwicklung* fallen konzeptionelle und hermeneutische Arbeiten zur Verbindung von Religionspädagogik und Bildung für nachhaltige Entwicklung[18]. Unter *Verbindung von Leitbildern und Konzepten* finden sich Arbeiten, die Bildung für nachhaltige Entwicklung mit anderen religionspädagogischen Leitbildern und Konzepten in Verbindung bringen. *Empirische Zugänge* beschreiben relevante empirische Forschungsarbeiten zum Themenfeld. Bei den *Didaktischen Umsetzungsmöglichkeiten* werden exemplarische Beispiele von Veröffentlichungen zu Praxismaterial genannt.

---

15 Vgl. https://smartbib1.comenius.de/Search/Results?lookfor=Nachhaltigkeit&type=AllFields (zuletzt abgerufen am 02.01.2023).
16 Exemplarisch sei dazu der gleichnamige Sammelband von Brieden et al. (2022) genannt, der eben dieser Frage nach der nachhaltigen Wirkung des Religionsunterrichts nachgeht.
17 Hier ist exemplarisch Böhme et al. (2022) zu nennen, als kürzlich erschienener Sammelband zu Nachhaltigkeit als gemeindepädagogisches Handlungsfeld.
18 In diesem Bereich werden einige Arbeiten genannt, die später bei den theoretischen Grundlegungen in Kapitel 2 wieder aufgegriffen und ausführlicher behandelt werden.

Religiöse Bildung für nachhaltige Entwicklung

Die katholische Religionspädagogin Simone Birkel bezeichnet »Bildungsprozesse im Kontext von Schöpfungsverantwortung und Bildung für nachhaltige Entwicklung« als einen ihrer Arbeitsschwerpunkte.[19] Sie hat sich in ihrer Dissertation mit kirchlich-ökologischer Bildungsarbeit auseinandergesetzt und fragt darin nach Leitbildern für eine zukunftsfähige Religionspädagogik, die den christlichen und gesellschaftlichen Anforderungen unserer Zeit gerecht wird (vgl. Birkel, 2002).

Eine zentrale Frage, die vor allem die Theologin und Religionspädagogin Bederna (2019) stellt, ist, wie religiöse Bildung bzw. Religionsunterricht und Bildung für nachhaltige Entwicklung zusammenhängen. Zu diesem Thema finden sich grundsätzliche Reflexionen (vgl. u. a. Bederna, 2019, 2021; Espelage & Schober, 2020; Gärtner, 2020; Schlag, 2018), in denen zum Beispiel Bederna (2019) eine *religiöse Bildung für nachhaltige Entwicklung* entwirft. Schlag (2018) nutzt den Aspekt der Nachhaltigkeit, um die Beziehung Jugendlicher zur Kirche und deren Bildungsangeboten zu reflektieren. Espelage & Schober (2020) zeigen auf, welche Chancen darin liegen, dass sich religiöse Bildung mit Bildung für nachhaltige Entwicklung auseinandersetzt. Ein zentraler Punkt dabei ist, Verantwortung zu übernehmen (Espelage & Schober, 2020, S. 55) und »Schülerinnen und Schüler zur Reflexion ihrer Lebensstile anzuleiten und sie letztlich zu nachhaltigem Handeln zu motivieren, sollte daher die vornehmlichste Zielsetzung einer religiösen Bildung für nachhaltige Entwicklung sein« (Espelage & Schober, 2020, S. 55).

Die Theologin Claudia Gärtner (2020) entwirft eine politische religiöse Bildung für nachhaltige Entwicklung, da sich die Religionspädagogik der multiplen Krise dieser Zeit stellen muss. Und das kann sie nur, wenn sie auch politisch ist. Bederna (2019) dagegen entwirft didaktische Prinzipien einer religiösen Bildung für nachhaltige Entwicklung, auf die später noch näher eingegangen wird. Spahn-Skrotzki (2021) fragt nach Positionierung und angemessenen Reaktionen der Religionspädagogik angesichts der aktuellen multiplen Krisen.[20]

Gemeinsam stellen Bederna und Gärtner (2022) fünf Thesen zu einer religiösen Bildung für nachhaltige Entwicklung (rBNE)[21] auf:

These 1: Die ökologische Situation ist dramatisch. Sie verlangt nicht nur technische Neurungen, sondern eine kulturelle und spirituelle Neuorientierung im Verhältnis zu Natur und Zukunft. Deshalb ist sie auch eine Frage religiöser Bildung.

---

19 Siehe https://www.ku.de/rpf/mitarbeitende/lehrpersonal-und-fachgebiete/simone-birkel (zuletzt abgerufen am 02.10.2022).
20 Die Ansätze von Bederna (2019), Gärtner (2020) und Spahn-Skrotzki (2021) werden in Kapitel 2 ausführlich beschrieben und an dieser Stelle nur angedeutet.
21 Auf die konzeptionellen Überlegungen zur religiösen Bildung für nachhaltige Entwicklung wird in Kapitel 2 noch näher eingegangen.

These 2: In der zeitgenössisch fragmentierten und disruptiven religiösen Situation besitzen religiöse Weltdeutungen für Jugendliche wenig Relevanz.
These 3: Die ökologischen Fragen der Kinder und Jugendlichen nach Sinn, Hoffnung und Verantwortung in der Krise sind letztlich religiöse Fragen. Von ihnen kann eine unterrichtliche religiöse Suchbewegung ausgehen, die neues Licht auf Glaubensinhalte wie Gottebenbildlichkeit, Reich Gottes, Erlösung und Vollendung wirft.
These 4: Kontextuelles Theologisieren zu ökologischen-religiösen Fragen der Schüler*innen wird in rBNE ergänzt durch anamnetisch-antizipative, ästhetisch-leibliche, gemeinschaftsbezogene und liturgisch-sakramentale Lernformen.
These 5: rBNE hat zwei, einander ergänzende Zielrichtungen: erstens konsensorientierte und gemeinschaftsförderliche, zweitens ideologiekritische und emanzipatorische Ziele.
(Bederna & Gärtner, 2022, S. 18 ff.)

Die Thesen greifen Gedanken der vorher genannten Publikationen auf – wie etwa die Feststellung, dass die ökologische Situation auch eine Frage von religiöser Bildung ist –, bringen aber auch neue Impulse in den Diskurs ein, wie zum Beispiel das explizite Einbringen der Sicht von Kindern und Jugendlichen auf ökologische Fragen, aber auch auf religiöse Fragen. Die Verbindung von beidem wird hier deutlich.

Die beschriebenen Publikationen zeigen, dass der Diskurs zur Verbindung von religiösem Lernen und Bildung für nachhaltige Entwicklung aktuell ist. Gerade auf der konzeptionellen Ebene sind viele offene Fragestellungen zu finden, die aus verschiedenen Perspektiven bearbeitet werden. Weil einige der hier genannten Arbeiten grundlegend auch für das vorliegende Forschungsprojekt sind, werden sie in Kapitel 2 bei den theoretischen Grundlagen aufgegriffen und ausführlicher behandelt.

Verbindung von Leitbildern und Konzepten

In den theoretischen Überlegungen zum Themenfeld Nachhaltigkeit im Religionsunterricht lassen sich Verbindungen zum Leitbild des *globalen Lernens* ziehen (vgl. u. a. Benk, 2019; Ziegler, 2020, 2021). Daraus lassen sich fruchtbare Komplexe für den Religionsunterricht ableiten (vgl. Ziegler, 2021). Ziegler (2021, S. 161) identifiziert drei Komplexe:

> Der erste Komplex betrifft die Ausbalancierung der Normativität moralischer Leitbilder mit dem Anspruch mündiger Schüler*innen auf eine eigene Entscheidung. Didaktisch arrangierte Reflexionsangebote zu globalen sozioökonomischen Verteilungsfragen und einem nachhaltigen Lebensstil unter dem religiös fundierten Imperativ einer Identifikation mit den Leidtragenden der Globalisierung könnten hier eine sinnvolle Option für den Religionsunterricht zu sein. Der zweite Komplex mahnt an, westliche Gerechtigkeits- und Nachhaltigkeitsvorstellungen nicht illegitim zum globalen Standard zu erheben. Ein ideologiekritisch konturierter religiöser Bildungsprozess,

der Perspektiven aus Süd und Nord gleichberechtigt zu integrieren versucht, stellt eine mögliche Reaktion auf diese Herausforderung dar. Drittens scheint die soziale Komplexität weltweiter Missstände eine verstärkte Förderung von politischen Kompetenzen im Religionsunterricht zu erfordern. Schließlich ist die kollektive Handlungsebene zentral für die Veränderung globaler Probleme.

Impulse für den Religionsunterricht können ebenso aufgenommen werden aus der Frage nach dem Umgang mit Normativität und sozialer Komplexität im globalen Lernen (vgl. Ziegler, 2020). Ziegler (2020, S. 81) zeigt auch auf, dass noch einige Fragen und Reflexionen notwendig sind, denen sich die Religionspädagogik hinsichtlich globaler Zusammenhänge stellen muss. Mit dem Blick auf »globale Verwobenheiten« lässt sich als didaktische Anregung für den Religionsunterricht ableiten, dass es wichtig ist, Selbstreflexion zu lernen, den Umgang mit sozialer Komplexität einzuüben und das Überwältigungsverbot zu achten (vgl. Scheunpflug, 2022).

Aus einem Vergleich zwischen *Grüner Pädagogik*[22] und konstruktivistischer Religionspädagogik lassen sich ebenfalls Impulse für den Religionsunterricht ableiten, die von der Grünen Pädagogik gegeben werden. Dabei lassen sich gemeinsame Themenfelder der beiden Konzepte finden, wie etwa die Wertebildung (vgl. Holzwieser, 2020). »Im Vergleich beider Ansätze kann die Grüne Pädagogik die Mehrperspektivität und die Methode der Irritation innovativ beitragen« (Holzwieser, 2020, S. 116).

Auch die christliche Apokalyptik kann Impulse für eine Bearbeitung von Nachhaltigkeits-Themen im Religionsunterricht geben, indem sie als Gegenwartsbewältigung verstanden wird (Pemsel-Maier, 2021, S. 104). Das bringt Pemsel-Maier (2021, S. 104) folgendermaßen auf den Punkt: »Kann die Deutung der Gegenwart als Zeit, die bleibt, im Sinne der Nachhaltigkeitsbildung zu einer ökologischen und sozialen Transformation der Gesellschaft motivieren? Eine Didaktik der Apokalyptik muss diese Deutungszuweisung jedenfalls anbieten.«

In der Auseinandersetzung mit Kolonialismus sehen Winkler und Carroll (2021) eine Chance für den Religionsunterricht, sich mit indigenen Narrativen auseinanderzusetzen. Dabei steht vor allem der Aspekt der Hoffnung im Fokus:

> Embodied practices of hope in the Anthropocene will require not only, but in particular also from religious education a new story or narrative that values our interdependent interconnectedness with the whole of life (the human and non-human creation). The old story powered by colonialism, capitalism justified by Christian narratives of dominion, domination and power have not served humankind well and has led to the degradation of both the environment and the fabric of human relationships. The future

---

22 Die Grüne Pädagogik versteht sich als eine Konkretisierung von Bildung für nachhaltige Entwicklung, indem sie ein didaktisches Konzept auf Grundlage konstruktivistischer Theorien vorlegt (siehe https://www.gruene-paedagogik.at/gruene-paedagogik/).

and history are written and shaped by the imaginations of those in the present fuelled by their values and vision of what the world could be in the future. In this context, religious education processes can be crucial in creating intentional spaces and platforms for such new imaginings of the future to be imagined and realized. (Winkler & Carroll, 2021, S. 54)

Teilhaben kann der Religionsunterricht ebenso am sogenannten *Whole-Institution-Approach*.[23] Grundlage dafür ist die grundsätzliche ganzheitliche Ausrichtung des Religionsunterrichts (vgl. Birkel, 2021, S. 124). Der Religionsunterricht kann sich zum Beispiel durch das vernetzte Arbeiten und durch diakonische Projekte beteiligen (vgl. Birkel, 2021, S. 124). Es lassen sich ebenso Zusammenhänge zwischen diakonischem Lernen und Bildung für nachhaltige Entwicklung herstellen (vgl. Jakob, 2020). Beide Konzepte sind zukunfts- und handlungsorientiert und haben thematische Überschneidungen, wie zum Beispiel das Thema Gerechtigkeit (vgl. Jakob, 2020, S. 13f.).

Die Thematisierung von Klimawandel stößt nicht immer auf Begeisterung bei Schüler*innen. Wie geht man mit Widerständen, die sich hier auftun können, um? Dieser Frage gehen Schimmel & Krahn (2021) nach. Wichtig ist, die Bedenken und Einwände von Schüler*innen ernst zu nehmen und sich fachspezifisch damit auseinanderzusetzen, immer mit Blick auf Selbstbestimmung als Ziel von religiöser Bildung (vgl. Schimmel & Krahn, 2021).

Eine Verbindung bzw. Rezeption von öffentlichen Dokumenten, wie der päpstlichen Enzyklika und der Agenda 2030 der Vereinten Nationen, lässt sich auch in der Religionspädagogik finden. Unmittelbar nach Erscheinen der päpstlichen Enzyklika *Laudato si'* (Franziskus, 2015) wurde diese innerhalb von Theologie und Religionspädagogik rezipiert (vgl. u. a. Birkel, 2016; Dierksmeier, 2015; Kruip, 2015). Während Kruip (2015) eine grundsätzliche theologische Einordnung der Enzyklika vornimmt, steht für Dierksmeier (2015) im Zentrum, dass es sich bei der Enzyklika nicht nur um eine umweltpolitische Enzyklika handelt, sondern noch viel mehr Facetten darin vorkommen, wie etwa theologische Prinzipien oder die Themen Freiheit und soziale Gerechtigkeit. Damit schöpft die Enzyklika »aus dem gesamten Farbspektrum katholischer Soziallehre« (Dierksmeier, 2015, S. 51) und entspricht der Vielfalt von Lebensrealitäten. Birkel (2016) reflektiert die päpstliche Enzyklika aus religionspädagogischer Perspektive. Ihr fällt auf, dass die Enzyklika sehr stark eine Änderung des Lebensstils einfordert. Daher fragt sie, inwieweit Bildung dazu beitragen kann (vgl. Birkel, 2016, S. 10). Sie benennt in diesem Zusammenhang Faktoren, »die für die

---

23 Dieser Ansatz ist ein wichtiger Bestandteil der Bildung für nachhaltige Entwicklung, da hier davon ausgegangen wird, dass eine Transformation in allen Bereichen einer Institution (im Schulbereich: die ganze Schule) geschehen muss. Eine feste Verankerung von Bildung für nachhaltige Entwicklung an der gesamten Institution geht über Unterrichtsinhalte hinaus und muss alle Stakeholder miteinbeziehen.

Ausbildung eines ganzheitlichen und ökologischen Lebensstils von Bedeutung sind und die die Religionspädagogik wiederum in die pädagogische Diskussion erhellend einbringen kann« (Birkel, 2016, S. 10). Diese Faktoren sind (Birkel, 2016, S. 10ff.):
- Wahrnehmen, Staunen und Warten lernen – ästhetische Bildung als Grundlage
- eigenes schöpferisches Tätigwerden – Aktivierung von Konkretisierung
- Kognitive Kompetenzen ausprägen – Zusammenhänge erkennen
- Gemeinschaft und Kommunikation – Bestätigung und Bestärkung.

Schließlich appelliert Birkel (2016, S. 13) an Religionspädagogik und Theologie, sich am Prozess auf der Suche nach dem guten Leben zu beteiligen.

Die *Sustainable Development Goals* der globalen Agenda 2030[24] wurden unter anderem von Richter (2015) aufgegriffen und in Bezug zu evangelischer Bildungsverantwortung gesetzt. Sie stellt fest, dass im Religionsunterricht und darüber hinaus das Leitbild Nachhaltigkeit in der Evangelischen Kirche präsent ist, dabei liegt der Fokus auf dem globalen Lernen. Weitere Auseinandersetzungen mit den SDGs finden sich vor allem in den praktischen Umsetzungsbeispielen.

Nicht unerwähnt bleiben soll an dieser Stelle das Konzept der PILGRIM-Schulen, das während der BNE-Weltdekade entstand und das klassische Nachhaltigkeitsdreieck (Ökologie, Ökonomie und Soziales) erweitert um die Dimension der Spiritualität (vgl. u. a. Hisch, 2005, 2011a, 2011b). Bildungsinstitutionen auf der ganzen Welt, die sich mit der Verbindung von Nachhaltigkeit und Spiritualität auseinandersetzen, können Mitglied im Bildungsnetzwerk PILGRIM werden. Diese Mitgliedschaft zeigt den Einsatz der Bildungsinstitution für eine nachhaltige Entwicklung in Verbindung mit Spiritualität (vgl. Hisch, 2020).

Empirische Zugänge

Empirische Forschung ist im Themenfeld Religionspädagogik und Nachhaltigkeit noch wenig vorhanden. Es werden zunächst exemplarische Forschungen genannt und kurz vorgestellt. Auf eine Forschungsarbeit (Lavery, 2015) wird ausführlicher eingegangen, da sie für das vorliegende Projekt am relevantesten ist, da Lavery (2015) auch Religionslehrer*innen zu einem Aspekt von Nachhaltigkeit befragt hat.

Leewe (2010) begleitete eine evangelische Schule in ihrem Schulentwicklungsprozess zum Globalen Lernen und dokumentierte diese empirische Studie. Das Gymnasium setzte sich durch Begleitung der Autorin mit Globalem Lernen

---
24 Eine nähere Erläuterung jener Agenda folgt in Kapitel 2.

auseinander, eine Arbeitsgruppe und schließlich das gesamte Kollegium arbeiteten an einem schulinternen Lehrplan, der auf struktureller Ebene und inhaltlich Schwerpunkte auf das Globale Lernen legt (vgl. Leewe, 2010). Dagegen beschäftigte sich ein Projekt von Wild (2013) mit außerschulischer kirchlicher Arbeit. Dabei wurde ein Fernkurs entwickelt, der dazu beitragen sollte, den Teilnehmer*innen das notwendige Werkzeug in die Hand zu geben, um Bildung für nachhaltige Entwicklung in ihren Gemeinden umsetzen und verankern zu können. Die Projektverantwortlichen ziehen am Ende das Fazit, dass kirchliche Gemeinden »sich als besonders geeigneter Ort zur Umsetzung und Etablierung nachhaltiger Praxis herausstellt. Wie die Praxisprojekte der Teilnehmenden verdeutlichen, wirkt die Gemeinde als zivilgesellschaftlicher Akteur zudem als Antrieb für nachhaltige Praxis im kommunalen Raum« (Wild, 2013, S. 15).

Einen weiteren empirischen Zugang zur Frage nach der Verbindung von Religionsunterricht und Nachhaltigkeit bringt eine Studie, in der untersucht wurde, wie Schüler*innen der Sekundarstufe II auf ein ethisches Dilemma reagieren und welche Rolle dabei ihre religiöse Orientierung spielt (vgl. Altmeyer, 2021). Dabei zeigt sich, dass die religiöse Orientierung von Schüler*innen keinen direkten Einfluss auf deren Entscheidung hat. Dennoch stellt sich heraus, dass für Schüler*innen ökologische Themen zum Religionsunterricht gehören. Vor allem das Konzept der »religiösen Haushalterschaft« spricht Schüler*innen an und kann ein vielversprechender Zugang sein für die Bearbeitung ökologischer Themen im Religionsunterricht (vgl. Altmeyer, 2021).

Lavery (2015) beforschte, wie katholische Religionslehrer*innen in Australien ihren Schüler*innen nachhaltiges Leben näher bringen wollen. Befragt wurden 37 Religionslehrer*innen an katholischen Schulen mittels anonymer Umfrage, die sowohl offene als auch geschlossene Fragen enthält. Lavery fand heraus, dass die meisten der befragten Religionslehrer*innen es als ihre Verantwortung sahen, bei Schüler*innen ein Gefühl für nachhltiges Leben anzuregen. Sie nannten vier Themenfelder des Religionsunterrichts, die sich dafür besonders gut eignen: Schöpfungsgeschichten, die Vorstellung von Haushalterschaft[25], das Staunen über Gott und seine Schöpfung und soziale Gerechtigkeit (vgl. Lavery, 2015, S. 120). Zur Umsetzung nannten die Teilnehmer*innen verschiedene Methoden, u. a. service learning und weitere praktische Aktivitäten (vgl. Lavery, 2015, S. 122). Sie erwähnten aber auch, was sie als Lehrer*innen in den Schulen tun können, wie zum Beispiel Licht ausschalten, ihren Weg zur Schule reflektieren (Mobilität) oder ihrer Mitwelt und anderen Menschen mit Respekt beggnen (vgl. Lavery, 2015, S. 122). Interessant ist auch, dass der Großteil der befragten Religions-

---

25 Im Original heißt es »the notion of stewardship« (Lavery, 2015, S.120). *Stewardship* als religiöser Begriff kann als *Haushalterschaft* übersetzt werden, kann aber auch *Führung* oder *Verwalteramt* bedeuten.

lehrer*innen angab, dass sie glauben, durch die Anregung zum nachhaltigen Leben werde auch spirituelle Achtsamkeit für Nachhaltigkeit in Schüler*innen geweckt. Die befragten Lehrer*innen nannten da vor allem das Gefühl der Verantwortung als entscheidenden Faktor (vgl. Lavery, 2015, S. 123).

Didaktische Umsetzungsmöglichkeiten

In facheinschlägigen religionspädagogischen Zeitschriften der letzten Jahre finden sich einige Vorschläge für die Umsetzung einzelner Aspekte aus dem breiten Themenfeld Nachhaltigkeit. Dies zeigt einerseits die Verbindung von Themen und Methoden des Religionsunterrichts, andererseits zeigt es, welche konkreten Themen im Religionsunterricht im Zusammenhang mit Nachhaltigkeit behandelt werden (können). Deswegen soll auch zu den didaktischen Umsetzungsmöglichkeiten exemplarisch Einblick gegeben werden.

So entwirft etwa Tacke (2020) einen Unterrichtsvorschlag zum Themenbereich Prophetie / Einsatz für Gerechtigkeit. Darin kommt die Idee der alttestamentlichen Propheten ins Gespräch mit neuzeitlichem Einsatz für Gerechtigkeit. Damit wird für Tacke (2020) deutlich, dass auch der Religionsunterricht Teil von Bildung für nachhaltige Entwicklung ist. Behr (2022) gibt als praktischen Impuls die Bearbeitung von Psalm 104 im Licht der *Sustainable Development Goals*, während Harder (2022) sich mit einem Planspiel zur Energiewende unter dem Horizont der Verantwortungsethik von Hans Jonas widmet. Ein spannender praktischer Zugang für alle Schulstufen ist das Philosophieren zu Nachhaltigkeits-Themen, das für Michalik (2021) eng mit der ethischen Urteilsbildung zusammenhängt. Dazu hält sie fest:

> Die Diskussionen zu den inhärenten Problemen und Widersprüchen einer Nachhaltigkeitsbildung für eine ungewisse und offene Zukunft unterstreichen die Bedeutung und die Potenziale des Philosophierens mit Kindern und Jugendlichen als ein Unterrichtsprinzip und eine Pädagogik, in der Ungewissheit in verschiedener Hinsicht eine wichtige Rolle spielt. Das Philosophieren mit Kindern kann als ein Modell einer kritischen und demokratischen Pädagogik betrachtet werden, weil es einen demokratischen Denk- und Erfahrungsraum bietet, dessen Ergebnisse nicht vorbestimmt sind, und der darauf abzielt, bestehende Machtverhältnisse sowohl im gesellschaftlichen Leben als auch zwischen den Generationen in Frage zu stellen. (Michalik, 2021, S. 149)

Philosophieren eröffnet gute Möglichkeiten vor allem mit Ungewissheit umzugehen und die Fragen nach der offenen Zukunft aufzugreifen und ernst zu nehmen. Als didaktisches Werkzeug kann es gut im Religionsunterricht aller Schulstufen eingesetzt werden. Wichtig für eine religiöse Bildung für nachhaltige Entwicklung ist, dass Schüler*innen Selbstwirksamkeits-Erfahrungen machen können und sich Komplexitätskompetenz aneignen. Dies kann zum Beispiel durch *BNE service learning* geschehen. Bei dieser Form des Projektunterrichts können Schüler*innen selbst tätig werden und sich einen Wirkungsbereich suchen, in dem ihr Einsatz gebraucht wird. Der religionspädagogische Fokus liegt in der Einübung von Perspektivenwechsel, Hoffnung und Imaginationsfähigkeit (vgl. Bederna, 2020b).

Insgesamt kann festgehalten werden, dass das breite Themenfeld Nachhaltigkeit in der Religionspädagogik angekommen ist und immer stärker diskutiert wird (vgl. Birkel, 2021). Das zeigt sich nicht zuletzt auch an den verschiedenen thematischen Ausgaben namhafter religionspädagogischer Zeitschriften in den letzten Jahren (vgl. u. a. Katechetische Blätter 3/2019, ÖRF 2/2020, Praxis Gemeindepädagogik 1/2020, Diakonia 4/2020, Religionspädagogische Beiträge Bd. 44 Nr. 2/2021, Loccumer Pelikan 2/2022, Das Wort 4/2022).[26] Nachhaltigkeits-Themen wurden in der Religionspädagogik in den letzten Jahren vermehrt reflektiert und in den Diskurs aufgenommen. Dabei sind vor allem konzeptionelle Überlegungen im Fokus, wie Vergleiche und Verbindungen mit anderen Leitbildern wie globales Lernen, Grüne Pädagogik und Bildung für nachhaltige Entwicklung. Darüber hinaus werden laufend Praxisbeispiele für die konkrete Umsetzung im Religionsunterricht publiziert und reflektiert. Ebenfalls lässt sich feststellen, dass in diesem Bereich noch wenig empirische Forschung vorhanden ist.

1.2.3 Nachhaltigkeit in der pädagogischen Forschung

Zur späteren Einordnung der Ergebnisse des vorliegenden Forschungsprojektes werden an dieser Stelle unter anderem Einstellungs-Studien vorgestellt, die sich mit den Einstellungen von Lehrer*innen und Lehramtsstudent*innen zu Nachhaltigkeit bzw. Bildung für nachhaltige Entwicklung auseinandersetzen. Zunächst werden aber exemplarische Beispiele für pädagogische Forschungsprojekte aus dem Themenbereich Nachhaltigkeit vorgestellt.

Ein Weg, sich mit Nachhaltigkeit in der Pädagogik auseinanderzusetzen, ist, Beispiele zu beschreiben und Situationsanalysen durchzuführen. So werden Beispiele für die Verankerung von Bildung für nachhaltige Entwicklung in der Schule (vgl. Barth & Bürgener, 2020) oder auch in der Jugendarbeit (vgl. Schafhauser & Görtler, 2020) dargestellt und anhand dieser Beispiele werden zum Beispiel didaktische und methodische Zugänge zu einer Bildung für nachhaltige Entwicklung aufgezeigt. Auch im Hochschulbereich gibt es solche Beispiele und Situationsanalysen für Bildung für nachhaltige Entwicklung und Nachhaltigkeit (vgl. u. a. Helmers & Schlaak, 2020; Schmitz & Schmidpeter, 2020). Eine Dis-

---

26 Einzelne Beiträge aus den genannten Fachzeitschriften wurden in diesem Kapitel vorgestellt und diskutiert.

kursanalyse zu *Buen Vivir* aus nachhaltigkeitstheoretischer Perspektive nimmt Recknagel (2019) vor.

Das Verständnis von Nachhaltigkeit von Schüler*innen und Student*innen ist von großem Interesse. So beforschen Richardson et al. (2019) mit Hilfe von Fragebögen das Verständnis von Nachhaltigkeit von Krankenpflege- und Hebammenstudierenden. In der Biologie-Didaktik wurden die Vorstellungen von Schüler*innen und Wissenschaftler*innen zu Stabilität und Instabilität der Erdsysteme von Lampert und Niebert (2019) untersucht und die jeweiligen Vorstellungen verglichen. Hanisch et al. (2015) untersuchten Curricula der Primarstufe in fünf europäischen Ländern mit Hilfe der qualitativen Inhaltsanalyse, um zu zeigen, wie Bildung für nachhaltige Entwicklung thematisiert wird. Dabei haben sie festgestellt, dass Umweltbildung in allen untersuchten Curricula verankert ist.

Studien zu Einstellungen von Lehrer*innen und Lehramtsstudierenden

In der internationalen Bildungsforschung finden sich mehrere Studien zu Einstellungen von Lehrer*innen und Lehramtsstudierenden zu Nachhaltigkeit und Bildung für nachhaltige Entwicklung.

Die Einstellungen von Lehramtsstudierenden oder Lehrer*innen werden häufig in Zusammenhang mit Kursen zu Bildung für nachhaltige Entwicklung bzw. Nachhaltigkeit erforscht. Die Teilnehmer*innen werden dabei jeweils am Beginn und am Ende des Kurses nach ihren Einstellungen befragt (vgl. Andersson et al., 2013; Fox et al., 2019; Kyridis et al., 2005; Taylor et al., 2006; Tomas et al., 2017). Damit wurde deutlich, wie sich die Einstellungen der Personen durch die Teilnahme am Kurs verändert haben.

In den Ergebnissen der Studien wurde festgestellt, dass sich schon der Besuch eines einzelnen Kurses zu Bildung für nachhaltige Entwicklung bzw. Nachhaltigkeit positiv auf Lehramtsstudierende auswirkt (vgl. Kyridis et al., 2005; Shaukat, 2016). Das zeigt sich vor allem auch im Vergleich mit Studierenden, die keinen solchen Kurs besucht haben (vgl. Andersson et al., 2013). Es erhöht sich die Offenheit der Studierenden, sich mit Bildung für nachhaltige Entwicklung auseinanderzusetzen (vgl. Tomas et al., 2017) und bei den Studierenden verändert sich nicht nur die Einstellung, sondern sie erweitern auch ihr Wissen in Bezug auf Nachhaltigkeit und Bildung für nachhaltige Entwicklung (vgl. Taylor et al., 2006). In der Studie von Taylor et al. (2006) konnte unter den Lehramtsstudierenden ein *concern shift* festgestellt werden. Vor dem Kurs sorgten sich die Studierenden hauptsächlich um populäre Sozialthemen, die über die Medien verbreitet wurden. Nach dem Kurs waren ihre größten Sorgen die Probleme der ökologischen Nachhaltigkeit. Die Lehramtsstudierenden hatten ein geschärftes Bewusstsein für diese Probleme, aber auch erhöhte Sorge darum.

Interessanterweise stiegen aber nicht Pessimismus und Hilflosigkeit der Studierenden. Sie wurden ermutigt durch das breite Angebot an Lehrstrategien (vgl. Taylor et al., 2006).

Im Unterschied zu den bereits genannten Studien, die vor allem mit Fragebögen gearbeitet haben, untersuchten Fox et al. (2019) Lerntagebücher von Lehrer*innen, die diese geschrieben haben, während sie einen 15-wöchigen blended learning Kurs zu Nachhaltigkeit absolvierten. Dabei konnten sie feststellen, dass durch den Kurs ein Bewusstsein für Nachhaltigkeit geschaffen wurde und die Lehrer*innen die Inhalte in Verbindung mit Nachhaltigkeit gebracht haben.

In einer Studie an der Kirchlichen Pädagogischen Hochschule Wien/Krems (vgl. Jakob, 2021) konnte festgestellt werden, dass die befragten Lehramtsstudierenden überzeugt davon sind, dass Lehrer*innen eine wichtige Rolle in der Bildung für nachhaltige Entwicklung zu kommt. Sie sprechen von Bildung für nachhaltige Entwicklung als Verantwortung, als Notwendigkeit und sogar als Pflicht oder Bildungsauftrag. Denn für sie ist Bildung ein wichtiges Instrument zur Bewältigung von nachhaltigkeits-orientierten Problemen. Aus der Studie wurde der Schluss gezogen, dass es nicht allein an den Einstellungen von Lehrer*innen liegen sollte, ob und wie stark Nachhaltigkeits-Themen im Unterricht verankert werden. Es braucht (politische) Rahmenbedingungen und verpflichtende BNE-Inhalte in der Lehrer*innen-Ausbildung, die auch eine kritische Auseinandersetzung mit dem Konzept erlauben. Damit kann einer Überforderung von (angehenden) Lehrer*innen entgegengewirkt werden (vgl. Jakob, 2021).

Spiropoulou et al. (2007) halten fest, dass Lehrer*innen in Bezug auf Bildung für nachhaltige Entwicklung eingeschränktes Wissen haben, auch zu didaktischen Umsetzungen. In ihrer Studie wurde außerdem deutlich, dass unter Lehrer*innen Missverständnisse hinsichtlich des Begriffes Nachhaltigkeit bestehen. In der Beschreibung des Begriffes durch Lehrer*innen waren häufig lokale und nationale Probleme Bezugspunkte, globale Probleme wurden kaum berücksichtigt (vgl. Spiropoulou et al, 2007, S. 448).

Der Mangel an Wissen zu didaktischen Umsetzungsmöglichkeiten kann bei den Lehrer*innen zu Hilflosigkeit führen (vgl. Spiropoulou et al., 2007), dagegen kann Wissen darüber bestärken (vgl. Taylor et al., 2006).

Zum Verständnis bzw. einer Definition von Bildung für Nachhaltigkeit[27] haben Evans et al. (2012) Lehramtsstudierende befragt. Diese definieren Bildung für nachhaltige Entwicklung mit folgenden Merkmalen: BNE ist Bildung, die kontinuierlich ist; Bildung über Ökosysteme und Umweltprobleme; Bildung, die aktiv, praktisch, lokal und relevant ist; Bildung für die Zukunft (vgl. Evans et al., 2012, S. 5).

---

27 In diesem Fall wurden die Lehramtsstudierenden zu *Education for Sustainability* befragt.

Cebrián und Junyent (2015) befragten Lehramtsstudierende welche Kompetenzen sie in Bezug auf Bildung für nachhaltige Entwicklung priorisieren. Dabei steht für die angehenden Lehrer*innen die Aneignung von Wissen weit oben, genauso wie praktische Fähigkeiten vor allem in Bezug auf Umweltbildung. Hinsichtlich der Rolle von Lehrer*innen in Bezug auf Bildung für nachhaltige Entwicklung nennen Lehramtsstudierende die Schlüsselbegriffe Verantwortung übernehmen und Verantwortung haben (vgl. Nikel, 2007). Damit ist Verantwortung zentraler Begriff und zentrale Aufgabe in der Rolle der Lehrer*innen.

In einer schottischen Studie wurden die Ansichten von Aktivist*innen und Lehrer*innen in Bezug auf *climate justice education* untersucht (vgl. McGregor & Christie, 2021). Die Studie ist Teil eines größeren Projektes, in dem Begegnungen und Möglichkeiten für Aktivist*innen und Lehrer*innen geschaffen werden sollen, um gemeinsam daran zu arbeiten, das Thema Klimagerechtigkeit im Bildungsbereich zu verankern. McGregor und Christie (2021) fanden in der Studie heraus, dass Lehrer*innen im Vergleich zu Aktivist*innen weniger gut informiert sind über das Thema Klimagerechtigkeit, weshalb sie vorschlagen, schon in der Lehrer*innen-Ausbildung anzusetzen und dort die Beschäftigung mit dem Thema und die Begegnung mit Aktivist*innen zu ermöglichen.

Hochschullehrende an einer Universität in Neuseeland wurden zu ihren Ansichten bezüglich Bildung für Nachhaltigkeit befragt (vgl. Shephard & Furnari, 2013). Dabei sollten sie 50 vorgegebene Aussagen bewerten. Das Forscherteam konnte so vier Gruppen mit unterschiedlichen Ansichten unter den Hochschullehrenden herausfiltern:
- Hochschullehrende, die sich für Nachhaltigkeit und für die Integration von Nachhaltigkeit im Hochschulbereich einsetzen
- Hochschullehrende, die sich den liberalen Idealen der Hochschulbildung in interdisziplinären Zusammenhängen verschrieben haben
- Hochschullehrende, die sich an Nachhaltigkeit orientieren und zu Interdisziplinarität neigen, aber nicht zu Bildung für Nachhaltigkeit
- anthropozentrische Hochschullehrende, die sich ihrer akademischen Freiheit und Verantwortung, Kritiker und Gewissen der Gesellschaft zu sein, bewusst sind

Die Gruppen spiegeln die breite Vielfalt an vorhandenen Meinungen unter den Hochschullehrenden wider (vgl. Shephard & Furnari, 2013).

Italienische Lehrer*innen an Pflichtschulen wurden nach ihrem Wissen und ihren Einstellungen zu den Sustainable Development Goals (SDGs) befragt (vgl. Smaniotto et al., 2022). Dabei hat sich gezeigt, dass die befragten Lehrer*innen vor allem zu jenen Themen großes Wissen haben, die medial stark verbreitet und diskutiert werden. Smaniotto et al. (2022) stellen fest, dass dringender Bedarf an tiefergehender Beschäftigung mit den SDGs besteht, so dass Lehrer*innen ihre Rolle hinsichtlich der kollektiven Verantwortung wahrnehmen können.

Die oben genannten Beispiele sollen zeigen, wie Nachhaltigkeit in der Pädagogik erforscht wird und geben auch Anregung für das vorliegende Forschungsprojekt. Zudem sind die genannten Studien zu Einstellungen von (angehenden) Lehrer*innen in Bezug auf Nachhaltigkeit ein Anhalts- und Bezugspunkt in der Diskussion der Ergebnisse des vorliegenden Forschungsprojektes.

1.2.4 Zwischenfazit

Theologie, Kirchen und (Religions-)Pädagogik haben sich in den letzten Jahrzehnten auf unterschiedliche Weise mit Nachhaltigkeit auseinandergesetzt. Dabei war im Bildungsbereich die *Weltdekade Bildung für nachhaltige Entwicklung* prägend, in der Theologie und Religionspädagogik hat die päpstliche Enzyklika *Laudato si'* Resonanz hervorgerufen. Vor allem in den letzten Jahren entstand auch in der Religionspädagogik ein Diskurs darüber, wie Nachhaltigkeit und religiöse Bildung zusammenkommen, da die Frage nach angemessenen Reaktionen der Religionspädagogik auf die multiplen Krisen der heutigen Zeit immer drängender wird. Im pädagogischen Bereich gibt es zahlreiche Forschungsprojekte, die sich mit Fragen von Nachhaltigkeit und Bildung auseinandersetzen. In der Religionspädagogik findet der Diskurs aktuell vor allem auf konzeptioneller und theoretischer Ebene statt. Empirische Forschungen dazu sind noch wenige vorhanden. Es finden sich in der Fachliteratur einige Überlegungen zur Verbindung von verschiedenen Konzepten wie Grüner Pädagogik oder Globalem Lernen mit Religionsunterricht, aber auch zahlreiche didaktische Vorschläge zu dem Themenbereich Nachhaltigkeit im Religionsunterricht wurden bereits veröffentlicht. Gerade zu dieser Diskussion will auch das vorliegende Forschungsprojekt einen Teil beitragen, indem eine bestimmte Perspektive betrachtet und indem ein empirisches Forschungsprojekt durchgeführt wird.

1.3 Forschungsfrage und -ziel, Theorie und Vorgangsweise

Das Ziel dieses Forschungsprojektes ist, aus Sicht von Religionslehrer*innen die Beziehung zwischen Nachhaltigkeit und evangelischem Religionsunterricht an allgemeinbildenden Pflichtschulen darzustellen und damit auch die Rolle des evangelischen Religionsunterrichts in Bezug auf Nachhaltigkeit aufzuzeigen. Außerdem soll mit diesem Projekt die religionspädagogische Perspektive auf das Thema Nachhaltigkeit erweitert werden, indem Nachhaltigkeit aus der Sicht von Religionslehrer*innen betrachtet wird.

Die zu Grunde liegenden Forschungsfragen für dieses Forschungsprojekt lauten:
a) Welche Einstellungen haben evangelische Religionslehrer*innen an allgemeinbildenden Pflichtschulen in Österreich gegenüber Nachhaltigkeit?
b) Wie sehen sie ihre Rolle als Religionslehrer*innen in Bezug auf Bildung für nachhaltige Entwicklung?

Den theoretischen Rahmen für die Bearbeitung der Forschungsfrage bilden eine Begriffsbestimmung von Nachhaltigkeit, die sich mit der Vielschichtigkeit des Begriffes auseinandersetzt, eine theologische Kontextualisierung, die sich mit dem Schlüsselbegriff Schöpfung auseinandersetzt und mit der theologisch-ethischen Perspektive auf Nachhaltigkeit, aktuelle religionspädagogische Ansätze und Diskurse, sowie das sozialpsychologische Konstrukt der Einstellungen (Kapitel 2).

Die Erhebung der Daten erfolgt mittels qualitativer Leitfadeninterviews, für die ein Interviewleitfaden erstellt wird und die anschließend mit Hilfe der qualitativen Inhaltsanalyse nach Mayring ausgewertet werden (Kapitel 3). Die Ergebnisse der empirischen Studie werden nach ihrer Auswertung vorgestellt und lassen die befragten Religionslehrer*innen selbst zu Wort kommen (Kapitel 4). Anschließend werden sie diskutiert und schließlich in einen Deutungszusammenhang mit dem theoretischen Rahmen der Arbeit gebracht, wobei sich vielfältige Diskussionsthemen ergeben (Kapitel 5). Abschließend werden Konsequenzen für den Religionsunterricht gezogen und die Forschungsfragen beantwortet (Kapitel 6).

2 Theoretische Grundlegungen

Zu den theoretischen Grundlegungen des vorliegenden Forschungsprojektes gehören verschiedene Bereiche, die in diesem Kapitel näher ausgeführt werden. Zu Beginn steht der zentrale Begriff des Forschungsprojekts: Nachhaltigkeit. Diese wird geschichtlich und systematisch versucht zu beschreiben und schließlich auch die Verbindung zum Bildungsbereich dargelegt, indem das Konzept *Bildung für nachhaltige Entwicklung* beschrieben wird.

Den zweiten wichtigen Bereich bildet die theologische Kontextualisierung, die sich vor allem auf den Schlüsselbegriff Schöpfung in seinen vielen Facetten und die theologisch-ethische Perspektive auf Nachhaltigkeit konzentriert.

Die anschließenden religionspädagogischen Ansätze zeigen auf, wie sich die Religionspädagogik bisher mit dem Thema Nachhaltigkeit beziehungsweise Bildung für nachhaltige Entwicklung beschäftigt hat und welche Ideen und Konzepte dazu von einzelnen Religionspädagoginnen[28] entwickelt wurden.

Schließlich gehört zu den theoretischen Grundlegungen auch eine Auseinandersetzung mit Einstellungen. Dieses Konstrukt der Sozialpsychologie wird im abschließenden Teil des Kapitels näher beschrieben und damit wichtige Grundlagen gelegt, für den Übergang zur Methodik des vorliegenden Forschungsprojektes.

Da diese Themenbereiche zwar zusammenhängen, aber auch für sich stehen, erfolgt nach jedem Teil ein eigenes Zwischenfazit anstelle eines Gesamtfazits am Ende des Kapitels.

---

28 Es handelt sich in diesem Fall ausschließlich um Religionspädagoginnen.

2.1 Nachhaltigkeit

2.1.1 Notwendigkeit der Begriffsbestimmung

Wenngleich in der vorliegenden Arbeit Nachhaltigkeit aus religionspädagogischer Perspektive betrachtet werden soll, ist eine vorangehende allgemeine Bestimmung des Begriffes sinnvoll, um die religionspädagogische Perspektive in Relation setzen zu können.

Nachhaltigkeit besitzt viele Dimensionen und kann aus verschiedenen Perspektiven betrachtet werden. Obwohl der Begriff in den letzten Jahren sehr populär wurde, gibt es keine klare und eindeutige Definition von Nachhaltigkeit. Auch wenn er »zunächst positiv besetzt [ist], da mit Langfristigem, Dauerhaftem assoziiert, klingt er aber auch abstrakt und verschwommen« (Pufé, 2017, S. 23).

Zur näheren Begriffsbestimmung sollen daher hier sowohl ein Überblick gegeben werden wie sich der Begriff *Nachhaltigkeit* und die Nachhaltigkeitsidee geschichtlich entwickelt haben, als auch mögliche Systematiken von Nachhaltigkeit erörtert werden. Ebenso wird das Konzept von *Bildung für nachhaltige Entwicklung* beschrieben, das für das vorliegende im Bildungsbereich angesiedelte Forschungsprojekt von Bedeutung ist. Außerdem werden auch kritische Perspektiven auf das Thema Nachhaltigkeit aufgezeigt. Im entsprechenden Zwischenfazit wird eine Positionierung vorgenommen, damit deutlich gemacht wird, wie der Begriff Nachhaltigkeit in der vorliegenden Arbeit verwendet wird und zu verstehen ist.

2.1.2 Geschichte des Nachhaltigkeitsbegriffes und der Nachhaltigkeitsidee

Laut Grober (2013) lassen sich die Spuren der Nachhaltigkeitsidee bis zu Urtexten, wie dem *Sonnengesang* von Franz von Assisi, zurückverfolgen. Zwar ist im Sonnengesang nicht ausdrücklich die Rede von Nachhaltigkeit – das Lob der Schöpfung steht im Vordergrund – er »enthält aber auch das begriffliche Grundgerüst der Nachhaltigkeit« (Grober, 2013, S. 43). Es lassen sich aus dem Text des Sonnengesanges Gedanken von Einheit und Ganzheit der Schöpfung ableiten, außerdem die Idee, dass Elemente der Natur Schwestern und Brüder des Menschen sind. Darin spiegelt sich die Verbundenheit des Menschen und er »feiert seine eigene Naturzugehörigkeit« (Grober, 2013, S. 45). Im Originaltext taucht außerdem das Wort *sustentamento* auf, das als Ursprungswort der heutigen *Nachhaltigkeit (sustainability)* bezeichnet werden kann. Dazu führt Grober (2013) aus:

Franziskus lobt Gott für die Phänomene der Atmosphäre, *durch welche Du Deinen Geschöpfen ›sustentamento‹ gibst (per lo quale a le tue creature dai sustentamento)*, also Halt, Unterhalt, Nachhalt. Wobei *sustentamento* (im modernen Italienisch: sostentamento) all das bezeichnet, was zur Erhaltung und zum Fortbestehen von Lebewesen und Dingen notwendig ist: Lebensunterhalt, Existenzgrundlagen. Ihre dauerhafte Sicherung ist eine Gabe Gottes. (Grober, 2013, S. 46)

Im Originaltext kommt der Begriff ein zweites Mal vor, wenn Franz von Assisi von der Mutter Erde spricht, die trägt und regiert. Sie ist das, was uns Halt gibt (vgl. Grober, 2013, S. 47).

Grober (2013, 49 ff.) stellt außerdem die These auf, dass sich das Vokabular des heutigen Nachhaltigkeits-Diskurses auch auf die mittelalterliche, theologische Providentia-Lehre stützt, die davon ausgeht, dass durch Gottes Vorsehung (lat. *providentia dei*) die Schöpfung bewahrt wird. Einige zentrale Begriffe der Providentia-Lehre finden sich im heutigen Nachhaltigkeits-Diskurs wieder: so etwa der Begriff *conservatio*, der eine Bewahrung meint und damit das Gegenteil von Raubbau darstellt. Auch die Idee der *gubernatio*, Lenkung, findet sich im heutigen Diskurs, wenn etwas über *global governance* diskutiert wird. Ebenso wird über Grenzen – Grenzen des Wachstums, Grenzen des Bösen – heute intensiv diskutiert, darin spiegelt sich der Begriff der *terminatio* (Begrenzung) wider. Und schließlich besteht immer noch die Angst vor einer Apokalypse, der *annihilatio*. All diese Begriffe gehen auf die Providentia-Lehre zurück und spannen einen Bogen vom Mittelalter zum heutigen Nachhaltigkeits-Diskurs (vgl. Grober, 2013, S. 55).

Der eigentliche Schöpfer des Nachhaltigkeitsbegriffes ist Hans Carl von Carlowitz. In seinem 1713 erschienen Werk *Sylvicultura oeconomica* oder *Anweisung zur wilden Baumzucht* taucht der Begriff Nachhaltigkeit in seiner heutigen Bedeutung zum ersten Mal auf. Carlowitz fordert in diesem Werk, dass der Wald beständig und nachhaltend genutzt werden soll. Es sollen also nur so viele Bäume gefällt werden, wie durch Aufforstung nachwachsen. Der Ursprung des Begriffes liegt also in der Forstwirtschaft (vgl. Grober, 2013, S. 112 ff.).

Definiert wird *der Nachhalt* das erste Mal im *Wörterbuch der deutschen Sprache*, das ab 1807 von Joachim Heinrich Campe herausgegeben wird. Die Definition lautet: »Ein Halt, den man nach oder außer Andern hat und woran man sich hält, wenn alles andere nicht mehr hält« (Campe, 1809, zitiert nach Grober, 2010, S. 167). Nachhaltig bedeutet demnach »einen Nachhalt haben, später noch anhaltend, dauernd« (Campe, 1809, zitiert nach Grober, 2010, S. 167).

Pufé fasst den Ursprung des Nachhaltigkeitsbegriffes folgendermaßen zusammen: »Ihrem Ursprung nach ist Nachhaltigkeit ein ressourcenökonomisches Prinzip, das ermöglichte, eine Ressource dauerhaft ertragbringend zu nutzen.« (Pufé, 2017, S. 38).

Lange Zeit gilt Nachhaltigkeit auch als dieses ressourcenökonomische Prinzip und der Begriff in seiner modernen Bedeutung taucht erst viele Jahre später auf. Im 20. Jahrhundert schreiten Technologie, Globalisierung, Wirtschaftswachstum voran, ebenso ist aber auch ein steigendes Umweltbewusstsein erkennbar. Als Geburtsstunde der Umweltbewegung gilt das 1962 erschienene Werk *Silent Spring* von Rachel Carson. Die Biologin Carson (1962) setzt sich darin mit den Folgen von Pestiziden auf Menschen und Umwelt auseinander und macht deutlich, wie gefährdet die Natur ist. Auch die Weltgemeinschaft wird auf Umweltprobleme und deren Zusammenhang mit ökonomischen Aspekten aufmerksam. Damit verbunden bahnt sich der Begriff Nachhaltigkeit seinen Weg in die Öffentlichkeit.

Das Wort *nachhaltig* taucht in seiner modernen und erweiterten Bedeutung im 1972 erschienenen Bericht *Grenzen des Wachstums* des *Club of Rome* auf (vgl. Meadows, 2000). In dem Bericht stellen Dennis Meadows und ein Forscherteam Zukunftsszenarien vor, die mit Hilfe von Computersimulationen erstellt wurden. Sie plädieren dafür, den bevorstehenden Kollaps zu verhindern und »einen dauerhaften, weltweiten Gleichgewichtszustand (Homöostase)« (Pufé, 2017, S. 40) herbeizuführen. Meadows und sein Team führen deutlich vor Augen, was auf dem Spiel steht: »Wenn die gegenwärtige Zunahme der Weltbevölkerung, der Industrialisierung, der Umweltverschmutzung, der Nahrungsmittelproduktion und der Ausbeutung von natürlichen Rohstoffen unverändert anhält, werden die absoluten Wachstumsgrenzen auf der Erde im Laufe der nächsten hundert Jahre erreicht« (Meadows, 2000, S. 17). In ihrer Studie berücksichtigen sie nicht nur ökologische und ökonomische Aspekte von Nachhaltigkeit, sondern bringen auch soziale Aspekte von Nachhaltigkeit mit ein.

Im selben Jahr – 1972 – fand auch die erste internationale *Konferenz der Vereinten Nationen über die Umwelt des Menschen* in Stockholm statt. Mit dieser Konferenz begannen die Vereinten Nationen das Augenmerk auf nachhaltige Entwicklung zu legen, weil hier dringender Handlungsbedarf erkannt wurde. Die Konferenz markiert damit auch den Beginn der globalen Umweltpolitik und ist ein wichtiger Meilenstein in der internationalen Zusammenarbeit bezüglich Umweltpolitik und Nachhaltigkeit.

An dieser Stelle soll auch darauf hingewiesen werden, dass sich zur selben Zeit, in der sich die Vereinten Nationen verstärkt mit den Themen Nachhaltigkeit und Umwelt auseinandersetzen, auch der Ökumenische Rat der Kirchen mit den Themen beschäftigt ist. Auf verschiedenen Tagungen wird über die Zukunft der Menschen aus Perspektive der Kirchen diskutiert (vgl. Grober, 2013).

Die Vereinten Nationen beauftragten 1983 die norwegische Politikerin Gro Harlem Brundtland mit der Bildung der *Weltkommission für Umwelt und Entwicklung* (World Commission on Environment and Development, WCED). Die Kommission sollte sich mit der Frage nach der Zukunft »angesichts steigenden

Drucks auf die globale Umwelt« (Grober, 2013, S. 263) auseinandersetzen. Im Jahr 1987 wurde schließlich der Bericht der Kommission vorgelegt. Sein Titel lautet *Our common future*, bekannt wurde er aber vor allem als *Brundtland-Bericht*.

Im Brundtland-Bericht wird nachhaltige Entwicklung beschrieben als »development that meets the needs of the present without compromising the ability of future generations« (World Commission on Environment and Development, 1987, S. 41). Um unsere heutigen Bedürfnisse befriedigen zu können, sollen wir also nicht die Bedürfnisse von zukünftigen Generationen beschneiden. Damit bietet der Brundtland-Bericht eine der prägendsten Definitionen für Nachhaltigkeit. Die Rede ist im Brundtland-Bericht von unterschiedlichen Bedürfnissen und Problemen, nämlich sozialen, ökologischen und ökonomischen. Diese unterschiedlichen Aspekte von Nachhaltigkeit werden im Bericht angesprochen und aufgezeigt, wie sie zusammenhängen.

Um wissenschaftliche Fakten zur Erderwärmung zu sammeln, wurde 1988 der *Weltklimarat* (Intergovernmental Panel on Climate Change, IPCC) durch das *Umweltprogramm der Vereinten Nationen* (UNEP) und die *Weltorganisation für Meteorologie* (WMO) gegründet. Der Weltklimarat untersucht »welche Gefährdung von der Erderwärmung ausgeht und ob gehandelt werden muss« (IPCC). Seit seiner Gründung präsentiert der Weltklimarat in unregelmäßigen Abständen Berichte zum aktuellen Stand hinsichtlich des Klimawandels und liefert damit die wissenschaftlichen Fakten zur Debatte. Der zuletzt vorgelegte Sechste Sachstandbericht (2022) warnt sehr eindrücklich vor den möglichen Szenarien einer weiteren Erwärmung der Erde.

Den nächsten Meilenstein in der Geschichte der Nachhaltigkeit markiert der sogenannte Erd-Gipfel 1992 in Rio de Janeiro (Konferenz der Vereinten Nationen über Umwelt und Entwicklung, UNCED). Insgesamt wurden auf der Konferenz sechs Abkommen unterzeichnet, das bekannteste davon ist die *Agenda 21* (Vereinte Nationen, 1992). In Rio haben sich die Konflikte deutlich gezeigt, die sich bis zur Kopenhagener Klimakonferenz 2009 kaum verändert haben: »Nord gegen Süd, Regierungsdelegationen gegen Nichtregierungsorganisationen, die USA gegen den Rest der Welt« (Grober, 2013, S. 269). Dennoch misst Grober (2013, S. 270) dem Gipfel große Bedeutung zu: »Das epochale Ereignis des Erdgipfels war die Etablierung von *sustainable development* – Nachhaltigkeit – als globales Leitbild für das 21. Jahrhundert.«

Im Jahr 2015 setzten sich die Mitgliedsstaaten der Vereinten Nationen neue Ziele, die das Herzstück der *Agenda 2030*[29] bilden (Vereinte Nationen, 2015). Die *17 Ziele für nachhaltige Entwicklung* (Sustainable Development Goals, SDGs)

---

29 Der volle Titel der Agenda lautet: *Transformation unserer Welt: die Agenda 2030 für nachhaltige Entwicklung.*

gelten für alle Staaten und sollen bis zum Jahr 2030 erreicht werden. Die Ziele greifen im Wesentlichen die Themen und Probleme auf, die auch schon im Brundtland-Bericht genannt wurden und umfassen soziale, ökonomische und ökologische Aspekte von nachhaltiger Entwicklung. Auffallend ist, dass die Ziele sehr umfassend formuliert sind, gleichzeitig ist gut erkennbar, dass die einzelnen Ziele nur bedingt für sich allein stehen. Sie hängen miteinander zusammen und eine zentrale Rolle nimmt hier Bildung (SDG 4) als Schlüssel zum Erreichen der anderen Ziele ein.[30] Die 17 Ziele bestehen jeweils noch aus Unterzielen, so dass es insgesamt 169 Ziele sind. An dieser Stelle werden zur Veranschaulichung die 17 Ziele für nachhaltige Entwicklung ohne ihre Unterziele aufgelistet (Vereinte Nationen, 2015, S. 15):

- Ziel 1: Keine Armut
  Armut in allen ihren Formen und überall beenden
- Ziel 2: Kein Hunger
  Den Hunger beenden, Ernährungssicherheit und eine bessere Ernährung erreichen und eine nachhaltige Landwirtschaft fördern
- Ziel 3: Gesundheit und Wohlergehen
  Ein gesundes Leben für alle Menschen jeden Alters gewährleisten und ihr Wohlergehen fördern
- Ziel 4: Hochwertige Bildung
  Inklusive, gleichberechtigte und hochwertige Bildung gewährleisten und Möglichkeiten lebenslangen Lernens für alle fördern
- Ziel 5: Geschlechtergleichheit
  Geschlechtergleichstellung erreichen und alle Frauen und Mädchen zur Selbstbestimmung befähigen
- Ziel 6: Sauberes Wasser und Sanitäreinrichtungen
  Verfügbarkeit und nachhaltige Bewirtschaftung von Wasser und Sanitärversorgung für alle gewährleisten
- Ziel 7: Bezahlbare und saubere Energie
  Zugang zu bezahlbarer, verlässlicher, nachhaltiger und moderner Energie für alle sichern
- Ziel 8: Menschenwürdige Arbeit und Wirtschaftswachstum
  Dauerhaftes, breitenwirksames und nachhaltiges Wirtschaftswachstum, produktive Vollbeschäftigung und menschenwürdige Arbeit für alle fördern
- Ziel 9: Industrie, Innovation und Infrastruktur
  Eine widerstandsfähige Infrastruktur aufbauen, breitenwirksame und nachhaltige Industrialisierung fördern und Innovationen unterstützen
- Ziel 10: Weniger Ungleichheiten
  Ungleichheit in und zwischen Ländern verringern

---

30 Darauf wird im Kapitel zu Bildung für nachhaltige Entwicklung noch näher eingegangen.

- Ziel 11: Nachhaltige Städte und Gemeinden
  Städte und Siedlungen inklusiv, sicher, widerstandsfähig und nach-haltig gestalten
- Ziel 12: Nachhaltige/r Konsum und Produktion
  Nachhaltige Konsum- und Produktionsmuster sicherstellen
- Ziel 13: Maßnahmen zum Klimaschutz
  Umgehend Maßnahmen zur Bekämpfung des Klimawandels und seiner Auswirkungen ergreifen
- Ziel 14: Leben unter Wasser
  Ozeane, Meere und Meeresressourcen im Sinne nachhaltiger Entwicklung erhalten und nachhaltig nutzen
- Ziel 15: Leben an Land
  Landökosysteme schützen, wiederherstellen und ihre nachhaltige Nutzung fördern, Wälder nachhaltig bewirtschaften, Wüstenbildung bekämpfen, Bodendegradation beenden und umkehren und dem Verlust der biologischen Vielfalt ein Ende setzen
- Ziel 16: Frieden, Gerechtigkeit und starke Institutionen
  Friedliche und inklusive Gesellschaften für eine nachhaltige Entwicklung fördern, allen Menschen Zugang zur Justiz ermöglichen und leistungsfähige, rechenschaftspflichtige und inklusive Institutionen auf allen Ebenen aufbauen
- Ziel 17: Partnerschaften zur Erreichung der Ziele
  Umsetzungsmittel stärken und die Globale Partnerschaft für nach-haltige Entwicklung mit neuem Leben erfüllen

Mit dieser Auflistung wird deutlich, dass die Ziele sehr umfassend sind und nahezu alle Bereiche des Lebens miteinschließen. Die Umsetzung der Ziele erfolgt auf nationaler, regionaler und globaler Ebene (vgl. Vereinte Nationen, 2015). Die unterzeichnenden Länder arbeiten daran, die Ziele bis zum Jahr 2030 zu erreichen.

Nach ihrer Darstellung der Geschichte der Nachhaltigkeit stellt Pufé (2017, S. 64) fest: »Bis heute sind die Aktivitäten umfangreich und unübersichtlich geworden. Das Prinzip Nachhaltigkeit ist dabei, sich seinen Weg zu bahnen. Leicht hat es das Thema dabei aber nicht.«

2.1.3 Systematik

Nachhaltigkeit kann auf verschiedene Arten systematisiert werden. Zunächst kann zwischen den Dimensionen unterschieden werden und zwischen starker und schwacher Nachhaltigkeit. Außerdem haben sich im Laufe der Zeit verschiedene Modelle von Nachhaltigkeit herausgebildet und schließlich lassen sich auch Prinzipien von Nachhaltigkeit feststellen.

Dimensionen von Nachhaltigkeit

Die Tatsache, dass Nachhaltigkeit in drei Bereiche eingeteilt werden kann, nämlich ökologische, ökonomische und soziale Nachhaltigkeit, und sich diese Bereiche zum Konzept der Nachhaltigkeitsdimensionen zusammensetzen, findet heute breite Zustimmung. Wesentlich dabei ist, dass die drei Bereiche im Zusammenhang zu sehen sind und sie nicht isoliert voneinander betrachtet werden sollen. Dadurch wird deutlich, wie sie zusammenhängen und sich gegenseitig ergänzen (vgl. Pufé, 2017, S. 99ff.).

Starke und schwache Nachhaltigkeit

Nachhaltigkeit lässt sich in starke und schwache Nachhaltigkeit einteilen. Wobei zwischen den beiden Polen eine Skala mit Abstufungen möglich ist. Das Kennzeichen schwacher Nachhaltigkeit ist seine anthropozentrische Sichtweise. Dabei stehen Wirtschaftswachstum und die Befriedigung menschlicher Bedürfnisse im Einklang mit der Umwelt. Die vorherrschende Prämisse lautet, dass Naturkapital durch Sachkapital ersetzt werden könne. Starke Nachhaltigkeit dagegen geht von einer ökozentrischen Sichtweise aus. Ihre Vertreter meinen, dass Naturkapital nicht ersetzt werden kann. Sie kritisieren das unendliche Wirtschaftswachstum. Bei diesen beiden Gegenpolen kann auch von neoklassischer Ökonomie und ökologischer Ökonomie gesprochen werden (vgl. Pufé, 2017, S. 105ff.).

Modelle von Nachhaltigkeit

Die Komplexität von Nachhaltigkeit und die Wechselwirkung ihrer Dimensionen können mit Hilfe von Modellen dargestellt werden.

Das Drei-Säulen-Modell stellt die drei Nachhaltigkeitsdimensionen als Säulen nebeneinander. Dieses Modell ist zwar sehr klar und einfach, es wird aber kritisiert, dass es »nur schwer operationalisierbar ist und sich kaum praktische Konsequenzen ableiten lassen« (Pufé, 2017, S. 112).

Das Schnittmengenmodell zeigt Kreise, die ineinandergreifen. Damit stehen die Dimensionen von Nachhaltigkeit nicht mehr starr nebeneinander, sondern es wird deutlich, dass sie sich überlappen und es keine strikten Grenzen gibt (vgl. Pufé, 2017, S. 112).

Im Nachhaltigkeitsdreieck werden die drei Nachhaltigkeitsdimensionen als ein gemeinsames Ganzes gezeigt. »Das *gleichschenkelige Dreieck* veranschaulicht, dass allen drei Seiten die gleiche Bedeutung zukommt, auch wenn in der Praxis oft eine Schwerpunktverlagerung in den einen oder anderen Bereich (meist den ökonomischen) geschieht« (Pufé, 2017, S. 113). In der Innenfläche des Dreiecks können die Dimensionen inhaltlich differenziert werden, womit deutlich wird, »dass die einzelnen Bereiche operativ abtrennbar, aber logisch zwingend miteinander verbunden sind« (Pufé, 2017, S. 113).

Prinzipien

Um auf einfachem Weg überprüfen zu können, ob eine Strategie oder Maßnahme nachhaltig ist, können folgende Prinzipien zu Hilfe gezogen werden (vgl. Pufé, 2017, S. 116):
- Prinzip der intergenerationellen Gerechtigkeit
- Prinzip der intragenerationellen Gerechtigkeit
- Prinzip der Ganzheitlichkeit und Integration
- Prinzip der Glokalität
- Prinzip der Partizipation, Verantwortung und Stakeholder-Beteiligung
- Prinzip der präventiven Langfristorientierung
- Charakter eines normativen Leitbildes.

Ökologischer Fußabdruck und Lebensqualität

Grober (2013, S. 273) schlägt zur Messung von Nachhaltigkeit folgende Fragen vor:
- Reduziert sich der ökologische Fußabdruck?
- Steigt – für jeden frei zugänglich – die Lebensqualität?

Grober (2013, S. 273) hat diese beiden Fragen gewählt, weil der Kollaps, auf den die Erde zusteuert, abgewendet werden muss. Das heißt, wir müssen nicht nur unsere Lebensweise ändern, sondern auch Wirtschaftskreisläufe überdenken. Diese müssen in Zusammenhang mit der Natur und deren Kreisläufen gedacht werden. Außerdem strebt der Menschen nach Glück und möchte ein gutes Leben für alle, das unabhängig von einer Anhäufung an Waren ist. Persönliches und kollektives Wachstum stehen im Fokus.

Dieser Vorschlag verbindet nicht nur alle drei Dimensionen von Nachhaltigkeit, sondern kann auch in vielen Lebensbereichen angewandt werden.

Themen

Geprägt von seinem interdisziplinären Charakter ist Nachhaltigkeit ein Querschnittsthema. Es herrscht daher eine breite Vielfalt an Nachhaltigkeitsthemen. Das zeigt sich unter anderem auch an den umfassenden Entwicklungszielen der Vereinten Nationen, wie sie oben beschrieben wurden. Die wichtigsten Themen laut Pufé (2017) werden in der folgenden Tabelle (siehe Tabelle 1) dargestellt.

Es zeigt sich, dass sich hier Überschneidungen mit den in den Entwicklungszielen genannten Themen finden, wie zum Beispiel Bildung (Ziel 4), nachhaltige Produktion und Konsum (Ziel 12) oder erneuerbare / saubere Energie (Ziel 7).

Tabelle 1: Nachhaltigkeitsthemen (Pufé, 2017, S. 119)

ökologisch	ökonomisch	sozial
- Optimierung der Öko-Effizienz - Reduzierung des ökologischen Fußabdruckes - Reduzierung von Abfall, Emissionen, toxischen Stoffen - Abwassermanagement - Recycling - Steigerung der Energieeffizienz - Energieeinsparung, z. B. Null-, Plusenergiehäuser, energetische Sanierung - Erneuerbare Energien - Gesundheit - Cradle-to-Cradle - Biodiversität	- Korruptionsbekämpfung - (r)evolutionäre Geschäftsmodelle - Verbraucherschutz - Förderung von F&E und Innovation - Förderung von nachhaltiger Produktion und Konsum - Bewertung von Non-Financial Performance - Sozialverantwortliche Investitionen (SRI) - Nachhaltiges Marketing, Cause-Related-Marketing - Nachhaltigkeitsausrichtung der Wertschöpfungskette - Produktverantwortlichkeit	- Menschenrecht, Verbot von Kinderarbeit - Steigerung der kulturellen Diversität - Gleichstellung, Antidiskriminierung - Wohlbefinden, gesunder Arbeitsplatz, z. B. Gesundheit und Sicherheit - Work-Life-Balance - Stakeholder-Dialog - demografischer Wandel - Qualifizierung, Bildung, Fortbildung - Partnerschaften zwischen Unternehmen, Organisationen und (Hoch-)Schulen

2.1.4 Nachhaltigkeit im Bildungskontext: Bildung für nachhaltige Entwicklung

Eine Schlüsselrolle in der Nachhaltigkeitsdebatte nimmt die Bildung ein. Auch in diesem Diskurs spielen die Vereinten Nationen eine zentrale Rolle, da die wesentlichen Dokumente und Initiativen zum Konzept *Bildung für nachhaltige Entwicklung* (BNE) von der UNESCO stammen. Die Jahre 2005 bis 2014 kennzeichnen die *Weltdekade Bildung für nachhaltige Entwicklung,* deren Ziel es war, nachhaltige Entwicklung als Leitbild in sämtlichen Bildungsbereichen zu verankern. Für die Umsetzung der Weltdekade wurde die UNESCO mit einer führenden Rolle betraut. Die Weltdekade sollte Aufmerksamkeit für Bildung für nachhaltige Entwicklung erzeugen. Die *Österreichische Bildungsstrategie für Nachhaltige Entwicklung* wurde 2008 vorgelegt. Diese sollte das Thema nachhaltige Entwicklung bewusst machen, aber auch die Akteur*innen miteinander vernetzen.

Im Anschluss an die Weltdekade startete 2015 das *Weltaktionsprogramm für Bildung für nachhaltige Entwicklung*, das 2019 abgeschlossen wurde. Das Weltaktionsprogramm reagiert auf die Evaluation der Weltdekade, in der festgestellt wurde, dass es vor allem strukturelle Unterstützung braucht, damit Bildung für nachhaltige Entwicklung in Bildungssysteme verankert und umgesetzt werden kann. Die *Roadmap* des Programms beinhaltet fünf Aktionsfelder, in denen entsprechende Maßnahmen gesetzt werden sollten: Politische Unterstützung, Ganzheitliche Transformation von Lern- und Lehrumgebungen, Kompetenzentwicklung bei Lehrenden und Multiplikatoren, Stärkung und Mobilisierung der Jugend, Förderung nachhaltiger Entwicklung auf lokaler Ebene (vgl. Bundesministerium für Bildung, Wissenschaft und Forschung).

Das aktuell seit 2021 laufende Nachfolgeprogramm des Weltaktionsprogramms heißt *Bildung für nachhaltige Entwicklung: die globalen Nachhaltigkeitsziele verwirklichen (BNE 2030)*. Dabei stehen die *17 Ziele für nachhaltige Entwicklung* (Sustainable Development Goals, SDGs) der Agenda 2030 im Mittelpunkt. Die zentralen Schlüsselbegriffe von *BNE 2030* lauten: transformative Handlung, strukturelle Veränderungen und die technologische Zukunft. Transformationsprozesse, die Reflexion nicht-nachhaltiger Strukturen und der kritisch hinterfragte Einsatz von grünen Technologien stehen damit im Fokus und unterstützen die Erreichung der SDGs bis zum Jahr 2030 mit Hilfe einer Bildung für nachhaltige Entwicklung. Dadurch stehen die SDGs selbst im Fokus des Programmes *BNE 2030*.

Das Entwicklungsziel vier der Agenda 2030 setzt sich mit hochwertiger Bildung auseinander und lautet: »Inklusive, gleichberechtigte und hochwertige Bildung gewährleisten und Möglichkeiten lebenslangen Lernens für alle fördern« (Vereinte Nationen, 2015, S. 18). Dabei geht es aber nicht nur darum, für alle Menschen Zugang zu Bildung zu schaffen, sondern auch Bildung für nachhaltige Entwicklung in die (nationalen) Bildungssysteme zu implementieren:

> 4.7 Bis 2030 sicherstellen, dass alle Lernenden die notwendigen Kenntnisse und Qualifikationen zur Förderung nachhaltiger Entwicklung erwerben, unter anderem durch Bildung für nachhaltige Entwicklung und nachhaltige Lebensweisen, Menschenrechte, Geschlechtergleichstellung, eine Kultur des Friedens und der Gewaltlosigkeit, Weltbürgerschaft und die Wertschätzung kultureller Vielfalt und des Beitrags der Kultur zu nachhaltiger Entwicklung. (Vereinte Nationen, 2015, S. 18)

Dabei ist Bildung für nachhaltige Entwicklung aber nicht nur Teil der Entwicklungsziele, sondern auch ein wesentlicher Schlüsselfaktor, um diese zu erreichen. Durch Bildung sollen Lernende ermutigt werden, zu einer nachhaltigen Entwicklung beizutragen. So kann durch Bildung unter anderem vermittelt werden, wie ein gesunder Lebensstil aussehen kann und damit Gesundheit und Wohlergehen steigern. Durch Bildung können Ungleichheiten sichtbar gemacht und dadurch Strategien zur Bekämpfung von Ungleichheiten erarbeitet werden. Wenn Menschen lernen, wie sie sich selbst mit Lebensmitteln versorgen können, werden Hunger und Armut bekämpft. Durch Bildungsmaßnahmen zum Thema Klimaschutz kann ein Bewusstsein für dessen Notwendigkeit geschaffen werden. All das sind nur ein paar Beispiele dafür, wie Bildung dazu beitragen kann, an den verschiedenen und umfassenden Entwicklungszielen der Vereinten Nationen zu arbeiten. Für viele Bereiche ist Bildung ein wichtiger und zentraler Schlüssel. Deswegen sind die SDGs auch im Fokus des Programmes *BNE 2030*.

Zur zentralen Rolle von Bildung hinsichtlich der Umsetzung von Nachhaltigkeit, wird außerdem auf dem deutschen bne-portal erklärt:

> Das Konzept Bildung für nachhaltige Entwicklung beschreibt eine ganzheitliche und transformative Bildung, die die Lerninhalte und -ergebnisse, die Pädagogik und die Lernumgebung berücksichtigt. Lehren und Lernen soll auf interaktive Weise gestaltet werden, um forschendes, aktionsorientiertes und transformatives Lernen zu ermöglichen. Lernende jeden Alters sollen in die Lage versetzt werden, sich selbst und die Gesellschaft, in der sie leben, zu verändern.
> BNE dient entsprechend nicht nur dazu, Nachhaltigkeitsthemen, wie Klimaschutz und Biodiversität zu thematisieren sondern partizipative Methoden zu verwenden, um kritisches Denken, Teamfähigkeit und weitere Fähigkeiten zu vermitteln. Hinzu kommt ein internationaler Blick, der es uns ermöglicht, uns als Weltbürger zu verhalten, dessen Denken und Handeln nicht an der eigenen Landesgrenze aufhört. Dazu braucht es politische umfassende Bildung. Denn jeder Einzelne muss täglich Entscheidungen treffen. Und nicht immer liegt auf der Hand, was die beste Entscheidung ist. (Deutsche UNESCO-Kommission)

Laut Lenglet (2015, S. 58) besteht Bildung für nachhaltige Entwicklung im Wesentlichen aus drei Komponenten: Bildung/Lernen, Nachhaltigkeit und Entwicklung. Bildung für nachhaltige Entwicklung verknüpft nachhaltige Entwicklung mit den Methoden von Bildung und Lernen. In der Bildung für nachhaltige Entwicklung wird Bildung immer als formelle und informelle Bildung verstanden, der Bildungsbegriff schließt das Konzept vom lebenslangen Lernen mit ein. Der transformative und der ganzheitliche Aspekt sind wesentliche Merkmale einer Bildung für nachhaltige Entwicklung, die alle Bereiche des Lehrens und Lernens berücksichtigen und damit weit über Unterrichtsthemen hinausgehen. Dies spiegelt sich auch im Ansatz des whole-school-approach bzw. whole-institution-approach wider.

Im aktuellen Bildungsdiskurs ist die Frage nach der Kompetenzorientierung aktuell. Daher werden auch für Bildung für nachhaltige Entwicklung Schlüsselkompetenzen formuliert. Eine breit angelegte Literaturrecherche identifiziert fünf Schlüsselkompetenzen für Nachhaltigkeit (vgl. Wiek et al., 2011, 207 ff.):
- Systemdenkende Kompetenz: komplexe Systeme sollen analysiert werden können. Das setzt entsprechendes Wissen über Systeme und deren Mechanismen voraus, aber auch die Fähigkeit, Verbindungen zu erkennen.
- Vorausschauende Kompetenz: Lernende sollen sich die Zukunft vorstellen können und diese auch analysieren und evaluieren. Dabei ist wesentlich, die Konsequenzen von Handlungen abschätzen zu können, mit allen möglichen Risiken und Chancen.
- Normative Kompetenz: Handlungen sollen auch an Werten orientiert sein. Dazu ist es notwendig, ethisch denken zu können.
- Strategische Kompetenz: strategische Interventionen, die zu Transformation führen, sollen entwickelt werden können, aber auch implementiert.
- Zwischenmenschliche Kompetenz: Lernende sollen zusammenarbeiten können und gemeinsam nach Lösungen suchen.

Die Kompetenzen dürfen nicht isoliert betrachtet werden, sie hängen teilweise zusammen. In der Literatur tauchen manchmal auch andere Begriffe dafür auf. Die UNESCO (2017) nennt außerdem als weitere Fähigkeiten: kritisches Denken; eigene Rollen und Werte reflektieren; Anwendung von verschiedenen Problemlösestrategien für komplexe Nachhaltigkeits-Probleme.

Die sogenannte Gestaltungskompetenz wurde unter anderem von Gerhard de Haan geprägt, der am entsprechenden Kompetenzkonzept für Bildung für nachhaltige Entwicklung in Deutschland mitgearbeitet hat (vgl. Haan, 2008, S. 30 f.). Die Gestaltungskompetenz beschreibt vor allem die Anwendung von Wissen über Bildung für nachhaltige Entwicklung und das Erkennen von nicht-Nachhaltigkeit. Heute finden sich verschiedenen Weiterentwicklungen der ursprünglichen Formulierungen. Im Jahr 2007 wurden zehn Teilkompetenzen der Gestaltungskompetenz festgelegt (vgl. Haan, 2008, S. 32):
- Weltoffen und neue Perspektiven integrierend Wissen aufbauen
- Vorausschauend denken und handeln
- Interdisziplinär Erkenntnisse gewinnen und handeln
- Gemeinsam mit anderen planen und handeln können
- An Entscheidungsprozessen partizipieren können
- Andere motivieren können, aktiv zu werden
- Die eigenen Leitbilder und die anderer reflektieren können
- Selbstständig planen und handeln können
- Empathie und Solidarität für Benachteiligte zeigen können
- Sich motivieren können, aktiv zu werden

Damit ist ein umfangreicher Kompetenzkatalog geschaffen worden, der beschreibt, wie Gestaltungskompetenz ausdifferenziert werden kann.

Im Bildungskontext ist Nachhaltigkeit also schon seit einigen Jahren verankert. Inwiefern dies auch auf den Religionsunterricht beziehungsweise auf die Religionspädagogik zutrifft, soll im Laufe der vorliegenden Arbeit erörtert werden.

2.1.5 Kritische Perspektiven

Es soll nicht der Eindruck entstehen, dass der Nachhaltigkeitsbegriff, Bemühungen um nachhaltige Entwicklung oder das Konzept Bildung für nachhaltige Entwicklung kritiklos angenommen werden. Deswegen sollen hier auch einige kritische Stimmen zu Wort kommen, damit diese Perspektiven in der Darstellung ebenfalls berücksichtig werden, da es auch möglich ist, dass im Zuge der Befragungen von Religionslehrer*innen kritische Anmerkungen zu Nachhaltigkeit gemacht werden können.[31]

Kritische Stimmen zu den Entwicklungszielen

Zu den *17 Zielen für nachhaltige Entwicklung* äußert sich der *Club of Rome* in einem Bericht zu seinem 50jährigen Bestehen (Weizsäcker & Wijkman, 2019). Wie oben erwähnt wurde, sind diese 17 Entwicklungsziele, SDGs sehr umfassend, hängen aber auch miteinander zusammen. Dazu heißt es im genannten Bericht des Club of Rome:

> Natürlich soll man diese Vision unterstützen. Man muss aber auch sehen, ob die SDGs miteinander harmonieren. […] Nirgendwo wird aber in der Agenda 2030 zugegeben, dass die Erfolge bei der Verwirklichung der elf sozialen und wirtschaftlichen Ziele (1–11), *wenn sie auf der Grundlage konventioneller Wachstumsstrategien geschehen würden*, es praktisch unmöglich machten, auch nur die Geschwindigkeit der globalen Erwärmung zu reduzieren, die Überfischung der Ozeane oder die Landverschlechterung zu stoppen, geschweige denn den Verlust der Biodiversität. Anders gesagt: Unter der Annahme, dass es keine größeren Veränderungen in der Art und Weise gibt, wie Wirtschaft definiert ist und verfolgt wird, kommt es zu *massiven Widersprüchen* zwischen den sozio-ökonomischen und den ökologischen SDGs. (Weizsäcker & Wijkman, 2019, S. 89f.)

---

31 Bei den hier dargestellten kritischen Perspektiven handelt es sich allerdings um eine Auswahl und nicht um einen vollständige Darstellung aller möglichen kritischen Perspektiven auf den Themenbereich Nachhaltigkeit.

Damit weisen Weizsäcker und Wijkman (2019) darauf hin, dass es vor allem eine Transformation von Wirtschaft braucht, damit sich die Widersprüche zwischen sozio-ökonomischen und ökologischen Entwicklungszielen aufheben. Kritisiert wird im Weiteren, dass Länder mit hohem Wohlstand mehr Emissionen haben als Ländern mit wenig Wohlstand. Insofern wird Wohlstand hier als Verschmutzer bezeichnet und als Ursache dafür, dass sich die Widersprüche nicht aufheben werden. Damit muss sich die Menschheit auseinandersetzen, um hier tatsächlich eine Veränderung zu schaffen und alle Entwicklungsziele erreichen zu können. Denn:

> Zusammenfassend ergibt sich aus der Diskussion der Agenda 2030, dass die Welt es sich nicht leisten kann, diese siebzehn Ziele getrennt zu verfolgen. Eine *kohärente* Politik wird erforderlich sein, um sozioökonomische und umweltpolitische Ziele als Ganzes anzusprechen. *Dies wird jedoch die Welt dazu zwingen, den technologischen, wirtschaftlichen und politischen Entwicklungsansatz grundlegend zu überarbeiten.* (Weizsäcker & Wijkman, 2019, S. 98)

Deswegen finden sich im derzeit aktuellsten Bericht des Club of Rome (Dixson-Declève et al., 2022), der eingangs beschrieben wurde[32], Vorschläge, wie die notwendigen Kehrtwenden aussehen könnten, damit eine tiefgehende Transformation gelingen kann, die die angesprochenen Dimensionen miteinschließt und der *Giant Leap* erreicht werden kann (vgl. Dixson-Declève et al., 2022, S. 79 ff.).

Kritische Stimmen zu Bildung für nachhaltige Entwicklung

Kritische Perspektiven finden sich auch zum Konzept der Bildung für nachhaltige Entwicklung. In einem Aufsatz, einige Jahre vor der Weltdekade Bildung für nachhaltige Entwicklung, erklärt Bob Jickling, Lehrer für *environmental studies*, warum er nicht möchte, dass seine Kinder für nachhaltige Entwicklung (aus-)gebildet werden. Er kritisiert dabei vor allem den Zweck von Bildung und fragt: »Should education aim to advance a particular end such as sustainable development? Is it the job of education to make people behave in a particular way?« (Jickling, 1994, S. 115). Der Bildungsbegriff wird hier von Jickling kritisiert und er spricht im Weiteren davon, dass er nicht möchte, dass seine Kinder *für* nachhaltige Entwicklung ausgebildet werden, sondern *über* dieses Konzept lernen sollen. Jicklings Bildungsbegriff folgend, geht es viel mehr darum, dass Kinder, Schüler*innen, Student*innen am Diskurs teilhaben können, indem sie verschiedenen Standpunkte kennen lernen und logisch argumentieren lernen, was miteinschließt, dass sie entsprechende Techniken zum Debattieren lernen sollen.

---

32 In der thematischen Hinführung, Kapitel 1.1 wird der Bericht *Earth for All* vorgestellt.

Die Aufgabe ist laut Jickling (1994, S. 116) klar: »For us the task is not to educate for sustainable development. In a rapidly changing world we must enable students to debate, evaluate, and judge for themselves the relative merits of contesting positions.« Auch fast 30 Jahre nachdem Jickling diesen Aufsatz verfasst hat verändert sich die Welt stark und gerade darin ist es für junge Menschen wichtig, dass sie am Diskurs über die Zukunft teilhaben können und entsprechende Techniken, wie debattieren, evaluieren oder bewerten, lernen können.

Ideland und Malmberg (2015) beziehen ihre Kritik am Konzept Bildung für nachhaltige Entwicklung vor allem auf die sprachliche Dimension. Dazu führen sie eine Diskursanalyse von Unterrichtsmaterialien durch. Damit wollen sie darstellen, wie Kinder konstruiert und gelenkt werden, damit sie dem entsprechen, was von ihnen erwartet wird innerhalb des Diskurses der Bildung für nachhaltige Entwicklung (vgl. Ideland & Malmberg, 2015, S. 174).

Ideland und Malmberg (2015) nutzen das Konzept der *pastoral power* von Foucault für ihre Analyse. Diese Art von Macht wird von Foucault (2001, S. 333) folgendermaßen beschrieben:

1. It is a form of power whose ultimate aim is to assure individual salvation in the next world.
2. Pastoral power is not merely a form of power that commands; it must also be prepared to sacrifice itself for the life and salvation of the flock. Therefore, it is different from royal power, which demands a sacrifice from its subjects to save the throne.
3. It is a form of power that looks after not just the whole community but each individual in particular, during his entire life.
4. Finally, this form of power cannot be exercised without knowing the inside of people's minds, without exploring their souls, without making them reveal their innermost secrets. It implies a knowledge of the conscience and an ability to direct it.

Unterrichtsmaterialen wurden auf der Grundlage dieses Konzepts der *pastoral power* analysiert. Als Analyseinstrumenten haben Ideland und Malmberg (2015, S. 177) folgendes verwendet: die Begriffe Erlösung, Opfer, Schuld, Seele, das ›ganze Leben‹ und die Beziehung zwischen dem Individuum und der Herde. Dabei fanden sie heraus, dass wissenschaftliche und mathematische Objektivität den Diskurs um Bildung für nachhaltige Entwicklung prägen, aber auch der Glaube an technologische Entwicklung und Konsum. Auch die Rolle des Einzelnen wird stark betont. »The individual becomes responsible für ›everybody's‹ security' and for the ecological system of the world« (Ideland & Malmberg, 2015, S. 181). Insgesamt halten die beiden fest, dass der Diskurs aus einer interessanten Mischung aus mathematischer Objektivität und beinahe religiösen Ausdrücken besteht. »It is a neoliberal rationality, operating through pastoral power. [...] With the help of education for sustainable development, an economic discourse becomes dressed in a poetic and irresistible language« (Ideland & Malmberg, 2015, S. 181).

Diese Analyse zeigt, dass vor allem die Sprache im Diskurs um Bildung für nachhaltige Entwicklung wichtig ist. Diese Sprachbilder, wenn etwas von der Rolle des Einzelnen gesprochen wird, können beeinflussend sein. Ebenso die Annahme, dass durch Bildung ein bestimmtes Verhalten gelernt werden sollte, wie Jickling kritisch anfragt. Hier wird deutlich, dass Bildung für nachhaltige Entwicklung ein sensibles Thema ist, bei dem schnell der moralische Zeigefinger ins Spiel kommen kann beziehungsweise Indoktrination unterstellt wird. Deswegen ist es wichtig, darauf zu achten, wie im Zusammenhang mit Bildung für nachhaltige Entwicklung gesprochen wird.

Weitere kritische Stimmen

Dass Sprache aber grundsätzlich ein wichtiges Thema ist, wenn es um Nachhaltigkeit beziehungsweise Klima geht, zeigt der Philosoph Müller-Salo (2020) mit seiner Kritik aus philosophischer Perspektive. Dabei geht er Begriffen innerhalb des Klimadiskurses nach, denn seine »zentrale These lautet, dass die entscheidenden Normen und Werte in der öffentlichen Debatte um Klimapolitik selten deutlich expliziert und präzise formuliert werden. Sie sind im Diskurs vielmehr in Gestalt komplexer Begriffe und damit in impliziter Form präsent« (Müller-Salo, 2020, S. 17). Deswegen ist es nach Müller-Salo wichtig, die verwendeten Begriffe kritisch zu hinterfragen, denn sie implizieren immer auch eine Bewertung. Zu diesen Begriffen im Klimadiskurs, die sich aber auch im weiteren Nachhaltigkeitsdiskurs finden, gehören unter anderem *Schöpfung*, das *natürliche Erbe*, *die von den Kindern geliehene Welt* oder die *Zukunft*. Müller-Salo zeigt auf, dass der Klimadiskurs von vielen solcher Begriffe geprägt ist und diese immer kritisch hinterfragt werden soll. Letztlich geht es dabei oft um die Frage nach der Verantwortung – wer ist wofür verantwortlich. Denn »ein Klimadiskurs, […] in dem Fragen der Zuständigkeit und Verantwortlichkeit zu häufig als offenkundig und als eindeutig geklärt ausgegeben werden, produziert zuverlässig Missverständnisse und Unbehagen« (Müller-Salo, 2020, S. 97f.).

Nicht nur die Frage nach Verantwortung ist eine bestimmende im Nachhaltigkeitsdiskurs, sondern auch die nach Ehrlichkeit. Denn manchmal werden vermeintlich nachhaltige Produkte verkauft, die zumindest als solche vermarktet werden, sogenanntes greenwashing.

> Was alle Greenwashing-Beispiele gemeinsam haben, ist die Heraushebung eines vermeintlich positiven Produkts oder Aspekts eines Produkts oder die Präsentation eines Produkts in einem positiven Umfeld, das auf das Produkt abfärben soll, ohne dass das Produkt selbst etwas dafür tut – und in jedem Fall gehört das Verheimlichen aller Leichen im Keller zum Greenwashing dazu. (Platschke, 2022, S. 21f.)

Unternehmen greifen den Trend auf und nutzen es, dass Konsument*innen nachhaltige Produkte kaufen wollen. Deswegen versuchen sie, ihre Produkte zumindest in das entsprechende Licht zu rücken (vgl. Platschke, 2022, S. 23). Dadurch werden Konsument*innen nicht nur getäuscht, sondern auch enttäuscht und am Ende bleibt keine Glaubwürdigkeit übrig. Platschke (2022, S. 24) schlägt vor: »Was wir dringend brauchen, ist mehr Realität. Mehr Tun, weniger Reden. Mehr Beweise, weniger Behauptungen.«

Greenwashing ist per se keine Kritik am Nachhaltigkeitsbegriff. Aber durch diese Methode gerät Nachhaltigkeit in Kritik und Verruf, weil sie missbräuchlich verwendet wird. Und damit ist vor allem der Nachhaltigkeit am wenigsten geholfen, wie Platschke (2022, S. 23) schreibt. Es ist eine umstrittene Methode, die vor allem im wirtschaftlichen Nachhaltigkeitsdiskurs immer wieder auftaucht und auch für Konsument*innen viele Fragen und vielleicht auch Kritik aufwirft.

2.1.6 Zwischenfazit

Auf die Frage »Was ist Nachhaltigkeit?« gibt es keine einfache und eindeutige Antwort, wie die vorhergehenden Ausführungen gezeigt haben. Deutlich wird aber, dass die Idee von Nachhaltigkeit schon lange existiert, wenngleich ihre heutige Bedeutung vergleichsweise jung ist. Kennzeichnend für die Forschung zu Nachhaltigkeit ist sicherlich ihr interdisziplinärer Charakter, ebenso wie ihre Dreidimensionalität, die wiederum durch ihr Ineinandergreifen gekennzeichnet ist. Mit dem Nachhaltigkeitsbegriff lassen sich viele Themen in Verbindung bringen, nicht zuletzt auch durch die *17 Ziele für nachhaltige Entwicklung* (Sustainable Development Goals) der Vereinten Nationen.

Aufgrund dieser Interdisziplinarität und der vielfältigen Themen, die sich zu Nachhaltigkeit verorten lassen, wird im Folgenden auch vom Themenfeld Nachhaltigkeit oder Nachhaltigkeitsthemen gesprochen. Damit soll deutlich gemacht werden, dass es nicht die eine Definition oder das eine Verständnis von Nachhaltigkeit gibt. Es lassen sich viele Themen damit verknüpfen beziehungsweise sind viele Themen mit Nachhaltigkeit verbunden. Ebenfalls soll festgehalten werden, dass der Nachhaltigkeitsgedanken eng mit Fragen nach der Zukunft und einem guten Leben für alle zusammenhängt. Nachhaltigkeit ist vor allem auch eine Frage von Gerechtigkeit – sozialer, ökologischer und ökonomischer Gerechtigkeit, und Generationengerechtigkeit.

Auch im Bildungskontext ist Nachhaltigkeit in den letzten Jahrzehnten fest verankert worden. Durch die *Bildung für nachhaltige Entwicklung* (BNE) wurde ein weltweites Konzept formuliert, das alle nationalen Bildungssysteme verankern und umsetzen sollen. Im aktuellen BNE-Programm steht die Umsetzung der

17 Ziele für nachhaltige Entwicklung, der *Sustainable Development Goals* (SDGs) mithilfe von Bildung für nachhaltige Entwicklung im Fokus.

Die Nachhaltigkeitsidee und die damit zusammenhängenden Diskurse werden auch kritisch betrachtet. So gibt es Kritik an den umfassenden Entwicklungszielen der UNO oder an dem Konzept der Bildung für nachhaltige Entwicklung. Dabei geht es unter anderem um die sprachliche Dimension, die mitunter klar zu sein scheint, es aber nicht immer ist.

Religionspädagogisch ist zu fragen, wo sich gerade im Bildungsbereich Anknüpfungspunkte zu Bildung für nachhaltige Entwicklung und ihren Grundprinzipien finden.

2.2 Theologische Kontextualisierung

Nachhaltigkeit im theologischen Kontext wird vor allem in den Bereichen der (Umwelt-)Ethik und der Schöpfungstheologie behandelt. Auch kirchliche Schriften setzen sich angesichts der hohen gesellschaftlichen Relevanz des Themas damit auseinander, wie bereits in Kapitel 1 erwähnt. Ein Blick über den protestantischen Tellerrand zeigt, dass in der katholischen Soziallehre Nachhaltigkeit gut verwurzelt ist (vgl. u. a. Vogt, 2009b), das Thema aber auch ein ökumenisches Anliegen darstellt, wie der *Konziliare Prozess* deutlich macht. Im Folgenden wird die christliche Sicht auf Nachhaltigkeit dargelegt, indem zunächst der Schlüsselbegriff Schöpfung näher beleuchtet und anschließend auf die theologisch-ethische Perspektive in Bezug auf Nachhaltigkeit eingegangen wird. Beides lässt sich im Rahmen dieser Forschungsarbeit nicht im vollen Umfang darlegen, auf die zentralen Aspekte und Diskurse soll an dieser Stelle aber näher eingegangen werden, damit eine theologische Einordnung der Ergebnisse des Forschungsprojektes vorgenommen werden kann.

2.2.1 Schlüsselbegriff Schöpfung

Ein zentraler Schlüsselbegriff in der Nachhaltigkeitsdebatte aus theologischer Sicht ist die Schöpfung. Auch wenn der Begriff auf den ersten Blick recht eindeutig und klar erscheinen mag, so beinhaltet er doch verschiedene Perspektiven, die bedacht werden müssen.

Bringt man die Schöpfung nämlich nur in Verbindung mit der Frage nach dem Anfang, so ist dies zu kurz gegriffen. Es geht dabei »vielmehr um das Sein, und zwar in dezidiert theologischer Perspektive« (Schellenberg, 2016). Es gibt nicht die eine biblische Schöpfungsvorstellung, sondern mehrere, die im Alten Testament nebeneinanderstehen (vgl. Schellenberg, 2016). Damit sind nicht nur die

Schöpfungserzählungen gemeint (Gen 1,1–2,4a und Gen 2,4b–3,24). Schöpfung bzw. einzelne Aspekte von Schöpfung werden auch in den Psalmen thematisiert, sowie in den Weisheitsbüchern. Aber auch die Propheten greifen das Thema auf. Von Schöpfung wird dabei nicht nur gesprochen, um von der Entstehung der Welt zu berichten. Eigenschaften Gottes werden gepriesen – vor allem Macht und Fürsorge. Durch Schöpfungsaussagen wird aber auch versucht, die Lebenswirklichkeit zu erklären. Das Thema taucht in der Bibel außerdem auf, wenn über andere theologische Themen nachgedacht wird. Diese Themen sind »im Alten Testament etwa Gerichts- und Heilshandeln Gottes, Verhältnis zu anderen Gottheiten, Weisheit/Erkenntnis, Prädestination« (Schellenberg, 2016). Außerdem gibt es die Vorstellung von Schöpfung als *creatio continua:*

> Der Ausdruck *creatio continua* bezeichnet die fortwährende Erhaltung der Welt durch göttliche Aktivität, während mit *creatio prima* die erstmalige Erschaffung der Welt durch Gott gemeint ist. Beide Vorstellungen verhalten sich weder in der Dogmatik noch in ihren Vorstufen in der Bibel gleichberechtigt zueinander, vielmehr sind die Aussagen über die Erschaffung der Welt als Zuspitzungen der Vorstellung ihrer göttlichen Erhaltung und Lenkung zu verstehen (Schmid, 2012, S. 74).

Neben der Tendenz, Schöpfung auf die Frage nach dem Anfang zu reduzieren, wird Schöpfung auch oft mit Natur gleichgesetzt. Auch das ist zu kurz gegriffen. Denn daraus folgt auch oft die synonyme Verwendung von Bewahrung der Schöpfung mit Umweltschutz (vgl. Hunze, 2018).

Nicht nur im religionspädagogischen Diskurs ist der Schlüsselbegriff Schöpfung eng verbunden mit der Frage nach dem Verhältnis von Naturwissenschaft und Theologie. Meireis (2016, S. 29) stellt dazu klar, »dass schöpfungstheologische Argumentationen letztlich kategorial von modernen naturwissenschaftlichen Aussagen zum Naturzusammenhang zu unterscheiden sind und daher in diesem Kontext auch keine unmittelbare Relevanz beanspruchen können.« Studien zeigen aber, dass die Frage nach dem Verhältnis von Naturwissenschaften und Theologie viel Raum für Jugendliche einnimmt (vgl. Rothgangel & Hermisson, 2019, S. 368ff.). Deswegen darf sie in einer religionspädagogischen Auseinandersetzung mit dem Thema Schöpfung nicht ausgespart werden. Wichtig ist, eine Unterscheidung der Ebenen vorzunehmen, auf der die Frage gestellt wird. Denn »Schöpfung und Naturwissenschaften kommen dann in Konflikt, wenn man sie auf der gleichen Ebene zu verorten sucht – sei es auf kreationistische oder szientistische (wissenschaftsgläubige) Weise« (Rothgangel & Hermisson, 2019, S. 373).

In Bezug auf Nachhaltigkeit ist ein zentraler Aspekt des Schöpfungsbegriffes die Frage nach der Verantwortung für die Schöpfung, da es dabei auch um die

Frage geht, wer für nachhaltige Verhaltensweisen zuständig ist und welche Verantwortung der Mensch dabei trägt.³³

Zur biblischen Auseinandersetzung mit Verantwortung und Auftrag führt Körtner (1997, S. 33) aus: »Die Bewahrung der Schöpfung, einst die Zusage ihres Schöpfergottes, ist zum Inbegriff menschlicher Verantwortung im Zeichen ökologischer Gefahren geworden.« Körtner (1997, S. 36) weist darauf hin, dass in Gen 2,15 lediglich davon die Rede ist, dass der Mensch die Erde bebauen und bewahren solle. Der Bestand der Welt wird hingegen erst in Gen 8,22 am Ende der Sintflut-Erzählung thematisiert und dort ist eine Erhaltung oder Zerstörung der Schöpfung allein dem Schöpfer zugeschrieben. Außerdem stellt Körtner (1997, S. 38) fest: »Wenn denn überhaupt von einem menschlichen Auftrag zur Bewahrung der Schöpfung geredet werden soll, so besteht er im Anschluß an Gen 2,15 darin, die Natur auf unserem Planeten nicht um ihrer selbst willen, sondern als anthropomorphen Lebensraum zu erhalten.« In diesem Zusammenhang muss auch festgehalten werden, dass Bewahrung der Schöpfung nicht bloße Konservierung eines Zustandes bedeutet, sondern immer auch aktive Gestaltung meint (vgl. Körtner, 2002, S. 13).

> Bewahrung der Schöpfung bzw. die Erhaltung ihrer Integrität, wie man im Englischen sagt (›integrity of creation‹), bedeutet nicht die Festschreibung eines momentanen Zustands oder die Wiederherstellung eines mythischen Urzustands, sondern die Anerkennung und Weiterentwicklung der in der Schöpfung angelegten Möglichkeiten. (Körtner, 2019, S. 330)

Diese Möglichkeiten gilt es zu erkennen und entsprechend weiterzuentwickeln.

Der aus der Schöpfungserzählung abgeleitete sogenannte *Herrschaftsauftrag* (dominium terrae) über die Schöpfung im Anschluss an Gen 1,28 wird heute als strittig gesehen (vgl. u. a. Meireis, 2016; Moltmann, 2014). Aus diesem Herrschaftsauftrag entstammt unter anderem der Vorwurf, das Christentum wäre für die Zerstörung der Natur und die ökologische Krise verantwortlich (u. a. White, 1967). Die Auslegung des Herrschaftsauftrages ist aber heute auch exegetisch kaum mehr zu halten. Im Kontext gelesen wird deutlich, dass es nicht um eine »universale Verfügungsgewalt« (Meireis, 2016, S. 27) geht. Der Fleischverzehr wird erst in Gen 9,1–17 zugestanden. In Gen 1,29–30 wird deutlich, dass Menschen und Tiere sich von Pflanzen ernähren.

> Systematisch ist die in mythischer Sprache gefasste Bestimmung Gen 1,28 also eher als Haushaltertätigkeit zu verstehen, die dem Menschen aufgetragen und zugetraut wird,

---

33 Hier zeigt sich bereits der interdisziplinäre Charakter von Nachhaltigkeit, der sich auch an der Schnittstelle von Theologie und Ethik finden lässt. Denn die einzelnen Aspekte sind miteinander verbunden. So ist Verantwortung auch ein zentraler Begriff in der Sozialethik, taucht aber genauso auch in der Wirtschaftsethik auf. Deshalb wird der Begriff auch unter dieser Perspektive unten nochmal aufgegriffen.

nicht aber als unumschränkte Herrschaft – und das gilt noch für die Verfügungseinschränkungen Gen 9, zumal der Menschen auch nicht als Krone der Schöpfung gelten kann. (Meireis, 2016, S. 27)

Haushalten statt herrschen wäre demnach der Auftrag für den Menschen im Anschluss an Gen 1,28. In Verbindung mit Gen 2,15 kann von einem *Haushalterschaftsauftrag* gesprochen werden (vlg. u. a. Körtner, 1997; Meireis, 2016). Moltmann (2014, S. 218) schreibt zu der Frage nach der Stellung des Menschen: »Was immer seine ›Sonderstellung‹ und seine besonderen Aufgaben sein mögen, der Mensch ist zuerst ein Geschöpf in der großen Schöpfungsgemeinschaft ›ein Teil der Natur‹.« Als solcher Teil der Natur muss sich der Mensch begreifen und sich nicht über sie Stellen. Denn »erst wenn uns unsere Angewiesenheit auf das Leben der Erde und die Existenz der anderen Lebewesen bewusst wird, werden wir aus ›stolzen und unglücklichen Göttern‹ (Luther) zu menschlichen Menschen werden« (Moltmann, 2014, S. 219). Zentrale Fragen, die mit dem Schöpfungsbegriff eng verbunden sind, sind die Frage nach Aufgabe und Stellung des Menschen in der Schöpfung, die im Wesentlichen eine Frage nach der Beziehung bzw. den wechselseitigen Beziehungen ist.

Daraus ergibt sich, dass ein bedeutender Aspekt der Schöpfungserzählungen der Beziehungsaspekt ist. Denn gerade dieser Aspekt macht die theologische Tiefe der ökologischen Dimension von Nachhaltigkeit aus. Die Beziehung zu Gott beziehungsweise die Beziehung zwischen Gott und Mensch gibt dieser Dimension erst den theologischen *Mehrwert* (vgl. Hunze, 2018). Aus dieser Beziehung lässt sich in Folge auch die Verantwortung begründen, die der Mensch übernehmen soll, wie Hunze (2018) darlegt: »Insofern Bildung immer um die Beziehung zwischen Subjekt und Lebenswelt kreist, liefert die der Schöpfungsidee inhärente Beziehungsstruktur wirksame Impulse. Denn Beziehung ist ein Kommunikationsgeschehen, das Antwort einfordert. Ohne die Übernahme von Verantwortung als Antwort kann keine tragfähige Beziehung entstehen.« Das ist die Konsequenz die sich für den Menschen aus der Wahrnehmung der Welt als Gottes Schöpfung ergibt. Eine Beziehungsaussage zwischen Gott und Mensch steckt auch in der Gottebenbildlichkeit, wie Hunze (2018) beschreibt: »Jeder noch so begrenzte Mensch kann sich sicher sein, von Gott als Beziehungspartnerin oder -partner ernstgenommen zu werden.« Dies hat nicht zuletzt Konsequenzen für eine inklusive Haltung, die schöpfungstheologisch begründet wird.

2.2.2 Theologisch-Ethische Perspektive auf Nachhaltigkeit

Neben einer Reflexion des Nachhaltigkeitsbegriffes aus theologisch-ethischer Perspektive, stehen hier auch die ethischen Schlüsselbegriffe Gerechtigkeit und Verantwortung im Blick, die aus ethischer Perspektive betrachtet werden. Dass sich hier Verbindungen zum Schöpfungsbegriff ziehen lassen, wurde bereits oben erwähnt.

Zunächst wird zur Orientierung geklärt, wie sich das breite Themenfeld Nachhaltigkeit ethisch verorten lässt. Bei Körtner (2019) ist es im Kapitel der Bio- und Umweltethik zu finden. Dort wird explizit das Nachhaltigkeitsprinzip als eines der Prinzipien einer Bio- und Umweltethik genannt (Körtner, 2019, S. 326). Als gemeinsames christliches Anliegen ist Nachhaltigkeit im *konziliaren Prozess für Frieden, Gerechtigkeit und Bewahrung der Schöpfung* verankert. Im Jahr 1997 gab es in Deutschland eine gemeinsame Erklärung der Evangelischen Kirche in Deutschland und der Deutschen Bischofskonferenz, die Nachhaltigkeit als *Grundorientierung* für eine christliche Ethik bezeichnet (Rat der Evangelischen Kirche in Deutschland & Deutsche Bischofskonferenz, 1997). Die Deutsche Bischofskonferenz zieht eine enge Verbindung zwischen Nachhaltigkeit und christlicher Schöpfungstheologie, wie Vogt (2008, S. 416) beschreibt.

Auch Bederna und Vogt (2018) machen deutlich, dass Nachhaltigkeit ein »zentrales Prinzip ökologischer (Sozial-)Ethik ist.« Ökologische Ethik »drängt […] zu inhaltlich und methodisch grundlegenden Fragen nach der Stellung des Menschen in der Natur sowie der Ausrichtung und Rechtfertigungsfähigkeit des neuzeitlichen Fortschritts- und Wohlstandsmodells« (Bederna & Vogt, 2018). In diesem Kontext wird eine Neuinterpretation von klassischen Tugenden vollzogen, wie Bederna und Vogt (2018) sie beschreiben:

> So wird *Gerechtigkeit* aufgrund der globalen Wirkungszusammenhänge mit großer zeitlicher Reichweite als eine heute notwendig weltweit und intergenerationell zu interpretierende Kategorie aufgefasst; die Frage der *Klugheit* wird als Streit um Reichweite und Grenzen von Kompromissen in der Abwägung komplexer ökologischer und sozioökonomischer Zusammenhänge heftig debattiert und als Grundlagenproblem ethischer Methodik erkannt; die Tugend der *Genügsamkeit* wird in der ökologischen Ethik unter dem Leitbegriff *Suffizienz* im Sinne maßvoller Wohlstandsmodelle als eine gesellschaftlich unverzichtbare Dimension proklamiert; nicht zuletzt lässt sich eine Rehabilitation der Tugend der *Stärke* beobachten, wobei diese meist als Mut(bürger) im zivilgesellschaftlichen Engagement sowie in der Praxis ökologisch konsequenten Lebensstils umschreiben wird.

Vor allem auf die Tugend der Gerechtigkeit wird weiter unten noch genauer eingegangen, da sie für das Nachhaltigkeitsleitbild entscheidend ist.

Vogt (2022, S. 4) beschreibt Nachhaltigkeit als »normatives Konzept: Sie stellt ein ethisches Handlungsprinzip der globalen Suche nach einem zukunftsfähigen Gesellschaftsvertrag für das 21. Jahrhundert dar.« Im Zentrum steht dabei die Verantwortung für gegenwärtige und zukünftige Generationen und für Natur und Umwelt. Ausganspunkt für die christlich-ethische Perspektive auf Nachhaltigkeit ist der Schöpfungsglaube. Nachhaltigkeit als Brücke »zwischen Schöpfungsglauben und dem gesellschaftlichen Umwelt- und Entwicklungsdiskurs« (Vogt, 2022, S. 5) beschreibt Vogt (2022, S. 5) folgendermaßen:

> Schöpfungsglaube ohne Nachhaltigkeit ist strukturethisch, also ethisch-politisch, blind; er wird nicht verstanden und bleibt ohne Konsequenzen in den normativen Orientierungsmustern, Theoriemodellen und Entscheidungsabläufen von Politik, Wirtschaft und Gesellschaft. Nachhaltigkeit ohne Schöpfungsglauben (sei es christlich oder nichtchristlich) läuft Gefahr, ethisch zu verflachen. Einem rein säkularen Verständnis von Nachhaltigkeit fehlt die Tiefendimension, es neigt zu naturalistischen Fehlschlüssen oder zu einer Verflachung in bloßen Managementregeln. Ihm fehlt ein wesentliches Element der kulturellen Dimension von Transformationen hin zur Nachhaltigkeit.

Hier wird die enge Verbindung von Nachhaltigkeit als ethisches Prinzip und Schöpfungsglauben deutlich und die Notwendigkeit einer christlichen Perspektive auf Nachhaltigkeit.

In Kapitel 2.1 wurde bereits die Unterscheidung von starker und schwacher Nachhaltigkeit vorgenommen. Körtner (2002, S. 21 f.) erläutert die Position der *mittleren* Nachhaltigkeit. Diese Position geht von einer anthropozentrischen Sicht von Ethik aus, der dynamisch-evolutive Naturbegriff schließt die kulturelle Evolution des Menschen ein. Das heißt, es geht darum, die Systeme funktionsfähig zu halten unter Rücksichtnahme auf die Tragfähigkeit der Natur (siehe auch Körtner, 2019). Das Nachhaltigkeits-Leitbild hat die Aufgabe, ethisches Bewusstsein zu bilden und zu erziehen. Dabei haben Kirchen und Theologie eine wichtige Rolle, diese Bildungsaufgabe umzusetzen und Vorbild zu sein (vgl. Körtner, 2002, S. 26).

Meireis (2015) führt den Transformationsbegriff ins Treffen. Er stellt fest, dass gerade der Protestantismus, aber der christliche Glaube überhaupt, eine enge Verbindung zu Umweltbewegungen und sozialen Bewegungen hat (siehe auch Meireis, 2016). Dabei wird Glaube mit Gerechtigkeitsengagement und ökologischem Bewusstsein verbunden. Orientierung bietet ein christliches Verständnis von Gerechtigkeit, das sich an den Entrechteten orientiert: »Gerechtigkeit impliziert in christlicher Perspektive also die vorrangige Orientierung an denen, die Entrechtung erfahren« (Meireis, 2015, S. 7). Weitere Orientierungspunkte sind aus protestantischer Perspektive Gnade und Rechtfertigung. Das bedeutet, der Mensch kann seinen Blick von sich selbst weg richten und sich anderen zuwenden, weil er weiß, dass er für Gott unendlich wertvoll ist und nicht um Anerkennung oder Selbstdurchsetzung ringen muss. Das macht frei, sich dem anderen zuzuwenden (vgl. Meireis, 2015, S. 7).

Schlüsselbegriff Gerechtigkeit

In der Nachhaltigkeitsdebatte ist Gerechtigkeit vor allem in Form von intergenerationeller und intragenerationeller Gerechtigkeit präsent. Gerechtigkeit verbindet Menschen (Generationen) durch Raum und Zeit. In der theologischen Debatte kommt selbstverständlich auch die Beziehung zu Gott ins Spiel und der Begriff Gerechtigkeit wird um den theologisch-ethischen Blick erweitert. Orientierungspunkte für einen solchen christlichen, theologisch-ethischen Blick auf Gerechtigkeit wurden bereits oben genannt. Gerechtigkeit im Zusammenhang mit Nachhaltigkeit hat dabei verschiedene Dimensionen, wie zum Beispiel soziale Gerechtigkeit, Klimagerechtigkeit, Ressourcengerechtigkeit, Bildungsgerechtigkeit und Gendergerechtigkeit.

In diesem Zusammenhang ist außerdem entscheidend, dass es in Fragen der Gerechtigkeit auch immer darum gehen muss, die mehr-als-menschliche Schöpfung miteinzuschließen. Dabei geht es nicht zuletzt um die Frage nach dem Eigenwert von Natur und nichtmenschlichen Lebewesen (vgl. Körtner, 2019, S. 329). Dazu plädiert Nausner (2021, S. 20) für eine »Ökogerechtigkeit der gegenseitigen Teilhabe.« Die Rolle des Menschen soll demnach keine dominierende sein. »Dem Menschen bleibt eine einzigartige Rolle. Aber vielleicht sollte sich in Zukunft diese Einzigartigkeit weniger in Form von technischer Überlegenheit und mehr in Form von praktizierter Zurückhaltung und Hellhörigkeit zeigen« (Nausner, 2021, S. 21). Wie mit der nicht-menschlichen Schöpfung umgegangen wird und welcher Eigenwert ihr zugesprochen wird, sind zentrale Frage in der Gerechtigkeits-Debatte in Hinblick auf das Thema Nachhaltigkeit.

Biblisch begründen lässt sich Gerechtigkeit u. a. mit seinem alttestamentarischen Verständnis, hergeleitet vom hebräischen *zedaqa*.

> Im Unterschied zum Begriff *zedek*, mit dem eine feststehende Norm, ein Maßstab bezeichnet wird, meint *zedaqa* ein Tun, und zwar von der semiotischen Wurzel her ein Tun, das in Unordnung Geratenes und somit Falsches wieder richtig stellt, also in diesem Sinne Gerechtigkeit bewirkt. Kriterium dafür, was falsch und richtig ist, ist die Frage, ob es der Gemeinschaft dient oder ihr schadet. Maßstab ist nicht ein gesetztes Recht, sondern die soziale Beziehung zu den betroffenen Menschen. Gerechtigkeit erweist sich in dem Tun, das in Treue zur Gemeinschaft geschieht und ihr förderlich ist, kurz: Gerechtigkeit besteht in lebendiger Gemeinschaftstreue. (Mette, 2016)

Gott ist der Grund für dieses Tun. Durch Gottes Bund mit den Menschen können sich die Menschen in Freiheit dazu entscheiden, ebenso gerecht untereinander zu wirken, wobei sie sich wieder auf Gott beziehen in ihrem Handeln (vgl. Mette, 2016). Mette (2016) führt außerdem aus, dass sich an dem »leidenschaftlichen Einsatz[es] für die Gerechtigkeit zugunsten derer, denen Leid und Unrecht zugeführt wird [...] das Gottsein Gottes entscheidet.« Seine Gerechtigkeit macht Gott zu Gott. Diese Gerechtigkeit ist auch im Neuen Testament ein zentrales

Thema, etwas in der Verkündigung Jesu vom Reich Gottes oder bei Paulus, der davon schreibt, wie der sündige Mensch durch Gott gerecht wird (vgl. Mette, 2016).

Als zentrales biblisches Thema ist Gerechtigkeit also für die Theologie und für die Kirchen in ihren Handlungen ein leitendes Motiv. Was das für die protestantische Theologie ausgehend von der Rechtfertigungslehre bedeutet, wurde oben bereits anhand von Meireis (2015) Gedanken beschrieben. Im Zusammenhang mit dem Themenfeld Nachhaltigkeit ist zu erwähnen, dass Gerechtigkeit einer der Schlüsselbegriffe des *Konziliaren Prozesses* ist. Dieser ökumenische Prozess setzt sich für Frieden, Gerechtigkeit und Bewahrung der Schöpfung ein. Gerechtigkeit spielt auch in kirchlichen Hilfswerken eine zentrale Rolle, wie etwa in der *Diakonie*, die sich u. a. für Entrechtete einsetzt, oder *Brot für die Welt*, die sich für globale Gerechtigkeit stark macht.

Schlüsselbegriff Verantwortung

In engem Zusammenhang mit Gerechtigkeit steht die Verantwortung. Denn sich für Gerechtigkeit einsetzen bedeutet, Verantwortung zu übernehmen. Das zeigt sich zum Beispiel in den letztgenannten Beispielen zu den kirchlichen Organisationen, die sich für Gerechtigkeit einsetzen.

Auch bei der Verantwortung ist die Freiheit wesentlicher Bezugspunkt, die protestantische Ethik spricht von »Freiheit in Verantwortung« (Schlag, 2017).

Biblisch begründen lässt sich,

> dass zum einen Gott vom Schöpfungsbeginn an Verantwortung für den ganzen Kosmos, alle Weltverhältnisse, sein Volk und jeden Menschen übernimmt und zum anderen von menschlicher Seite aus auf dieses zuvor ergehende Ja Gottes hörend und handelnd geantwortet wird. Der relationale Charakter von Verantwortung zeigt sich im ursprünglichen und immer wieder neuen Resonanz- und Respondenzgeschehen zwischen Gott und den Menschen. Von diesem Ursprungsgeschehen der Gottesliebe aus erklärt sich etwa der Aufruf zur Bewahrung der Schöpfung, die prophetische Mahnung zur Verantwortung für den Nächsten und den Schutzlosen – also etwa Witwen, Waisen und Verfolgte – sowie der weite Horizont zugemuteter Nächsten- und Feindesliebe, die über die Einhaltung ritueller Praxis konstitutiv hinausgeht. Mitmenschliche Verantwortung manifestiert sich somit im freien und zugleich gehorsamen Hören auf Gottes Wort und Vertrauen auf seine Gnade. Verantwortung im biblischen Sinne ist existenzieller Lebenseinsatz, etwa der Abrahams für Lot (Gen 14) oder der für die Menschen und deren Heil geschehende Einsatz Jesu mit dem eigenen Leben. Zugleich umfasst diese Verantwortung immer auch das Engagement für das größere Ganze: »Suchet der Stadt Bestes, dahin ich euch habe wegführen lassen, und betet für sie zum HERRN; denn wenn's *ihr wohl geht, so geht's auch euch wohl*« (Jer 29,7) – und dabei ebenso ganz konkret auch Bitte, Gebet, Fürbitte und Danksagung für die politisch Agierenden (1Tim

2,1–2). Aber auch dieses weltlich-freiheitliche Handeln hat seinen Grund und seine Grenze in der Verantwortung vor Gott (Apg 5,29). (Schlag, 2017)

Verantwortung ist wie Gerechtigkeit in das Beziehungsgeschehen zwischen Menschen und Gott eingewebt und begründet. Die Verantwortung bezieht sich dabei auf alle möglichen Ebenen und Dimensionen menschlichen Lebens. Die Rede von der Schöpfungsverantwortung ist für das vorliegende Forschungsprojekt wesentlich. Diese kann als »Spiegelung göttlichen Schöpfungswirkens« (Nausner, 2021, S. 17) verstanden werden. So wird es zum Beispiel in einem Brief der Bischöfe und Bischöfinnen der Schwedischen Kirche beschrieben[34], wenn diese den Menschen als »erschaffenen Mitschöpfer« (Nausner, 2021, S. 17) bezeichnen. Nausner (2021, S. 17) fasst zusammen:

> Damit wird deutlich, dass es sich bei dieser Verantwortung nicht um eine Oberhoheit des Menschen über die Schöpfung handelt. Vielmehr wurzelt diese Verantwortung in der gemeinsamen Teilhabe an dem, was geschehen ist, was geschieht und was kommt, sei es konstruktiv oder destruktiv.

Die Frage nach der Rolle des Menschen ist eine der wesentlichen Fragen, ob es nun um Verantwortung oder Gerechtigkeit geht.

Ethisch betrachtet ist außerdem die Unterscheidung von Gesinnungsethik und Verantwortungsethik interessant. Diese Unterscheidung stammt aus einem Vortrag des Soziologen Max Weber. Demnach wird in der Gesinnungsethik eine Handlung vor allem an moralischen Prinzipien und Absichten gemessen, während in der Verantwortungsethik auch die möglichen Folgen des Tuns abgewogen werden (vgl. Weber, 1919). Richtet man sein Handeln also überwiegend verantwortungsethisch aus, so steht immer auch die Frage im Zentrum, welche Folgen das eigene Handeln haben könnte. Die Verantwortung besteht also nicht nur für die unmittelbare Handlung, sondern auch für alles, was darauf oder daraus folgen könnte und umschließt damit einen wesentlich größeren Horizont. Für eine aktive Gestaltung der sogenannten Schöpfungsverantwortung bedeutet das, mögliche Konsequenzen von Handlungen mitzudenken, wenn nach dem verantwortungsethischen Prinzip gehandelt wird. Es ist naheliegend, dass beide Wörter (Schöpfungsverantwortung und Verantwortungsethik) die Verantwortung als Überschneidung und Gemeinsamkeit teilen.

---

34 Dabei handelt es sich um den Brief A Bishops' Letter About the Climate, der bei Nausner (2021) zitiert wird. Der Brief in seiner englischen Fassung ist hier zu finden: https://www.svenskakyrkan.se/filer/A%20Bishop%c2%b4s%20Letter%20About%20the%20Climate.pdf.

2.2.3 Zwischenfazit

Von theologischer Bedeutung für das vorliegende Forschungsprojekt sind der Schüsselbegriff Schöpfung und die theologisch-ethische Perspektive auf Nachhaltigkeit.

Unter dem Schlüsselbegriff Schöpfung ist viel mehr als nur die Frage nach dem Anfang zu verstehen. Zentrale Themen und Fragen sind das Verhältnis von Naturwissenschaften und Theologie, eine synonyme Verwendung von Umweltschutz und Bewahrung der Schöpfung, sowie die Frage nach Verantwortung und Haushalterschaft. Schöpfung ist ein Beziehungsgeschehen – zwischen Gott und Menschen und zwischen Menschen und Natur. Daher ist auch der Beziehungsaspekt in diesem Zusammenhang von großer Bedeutung, der selbstverständlich auch mit den Fragen nach Verantwortung und Haushalterschaft zusammenhängt.

Eine Reflexion des Nachhaltigkeitsbegriffes aus theologisch-ethischer Perspektive führt zunächst zur Frage der Verankerung der Thematik in der Ethik. Das Nachhaltigkeitsprinzip wird als Teil der Umweltethik oder der ökologischen Ethik beschrieben. In der katholischen Theologie ist Nachhaltigkeit eingebettet in die katholisches Soziallehre. Deutlich wird, dass Kirchen und Theologie eine Bildungsverantwortung haben, vor allem in der Bildung von ethischem Bewusstsein. Zentrale Themen sind auch hier Gerechtigkeit und Verantwortung, die aus ethischer Perspektive betrachtet werden. Wesentlich ist dabei der Bezug zum Glauben an Gott, der Orientierungspunkte bietet. Gerechtigkeit bezieht sich in diesem Zusammenhang auf verschiedene Dimensionen, wie Ressourcengerechtigkeit, soziale Gerechtigkeit, ökonomische Gerechtigkeit, aber auch die mehr-als-menschliche Schöpfung, die in diesen Fragen mitbedacht werden muss. Gerechtigkeit und Verantwortung sind biblisch begründet und haben den Beziehungsaspekt zwischen Mensch und Gott im Fokus.

Zusammenfassend kann also festgehalten werden, dass sowohl der Schlüsselbegriff Schöpfung als auch die theologisch-ethische Perspektive auf Nachhaltigkeit verbunden sind mit dem Beziehungsaspekt. Dabei spielen die Beziehung zwischen Mensch und Gott eine Rolle, aber auch die Beziehung zwischen Mensch und Natur und die Beziehungen der Menschen untereinander.

Religionspädagogisch ist zu fragen, wie die Übernahme von Verantwortung sowie der Einsatz für Gerechtigkeit eingeübt werden können – selbstverständlich unter Berücksichtigung des jeweiligen Entwicklungsstandes und der entwicklungspsychologischen Voraussetzungen der jeweiligen Schüler*innen. Darauf werden die im Folgenden dargestellten religionspädagogischen Ansätze und Diskurse näher eingehen beziehungsweise die genannten Themen aufgreifen und religionspädagogisch kontextualisieren.

2.3 Religionspädagogische Ansätze und Diskurse

Ein zentrales Merkmal von Nachhaltigkeit im Forschungskontext ist ihr interdisziplinärer Charakter. Das heißt, sie kann keiner wissenschaftlichen Disziplin eindeutig zugeordnet werden. Aber die theologische Perspektive kann, wie oben beschrieben, auch einen Beitrag zur Erschließung des Themenfeldes leisten und ihren besonderen Blick – vor allem in der Beziehung zu Gott – einbringen.

Ebenso kann im schulischen Bereich die Bildung für nachhaltige Entwicklung keinem Schulfach zugeordnet werden. Vielmehr handelt es sich dabei unter anderem um ein fächerübergreifendes Zusammenarbeiten im schulischen Betrieb. Und auch hier kann der Religionsunterricht seine besondere, theologische Perspektive einbringen. In dieser Zusammenarbeit gilt es, theologische und/oder religionspädagogische Anknüpfungspunkte zu finden, an denen der Religionsunterricht in die Themen einsteigen bzw. sie ergänzen kann. Insofern kann der Schluss gezogen werden, dass sich das Thema Nachhaltigkeit und das Konzept Bildung für nachhaltige Entwicklung sehr gut dafür eignen, den Religionsunterricht ins fächerübergreifende Arbeiten miteinzubeziehen.

Religionspädagogische Beschäftigung mit Bildung für Nachhaltige Entwicklung im wissenschaftlichen Kontext ist noch spärlich gesät. Mit kirchlich-ökologischer Bildung im Kontext nachhaltiger Entwicklung beschäftigt sich Birkel (2002), der Begriff *religiöse Bildung für nachhaltige Entwicklung* wurde von Bederna (2019) geprägt, Gärtner (2020) entwarf eine *politische religiöse Bildung für nachhaltige Entwicklung*. Spahn-Skrotzki (2021) fragt in ihrer jüngsten Arbeit nach angemessenen Reaktionen und Positionierung der Religionspädagogik auf aktuelle Herausforderungen wie Klimakrise und externalisierenden Lebensstil. Die Ansätze und Diskurse sollen hier vorgestellt werden und dienen als Grundlage und Ausgangspunkt für die anschließende empirische Untersuchung. Sie dienen aber auch als Bezugspunkt in der späteren Diskussion der Ergebnisse. An dieser Stelle soll darauf hingewiesen werden, dass drei der genannten Forscherinnen – Birkel, Bederna, Gärtner – katholische Religionspädagoginnen sind, Spahn-Skrotzki ist evangelische Religionspädagogin. Ihre Ansätze werden in chronologischer Reihenfolge der Veröffentlichung dargestellt.

2.3.1 Kirchlich-ökologische Bildung

Birkel (2002) beschäftigt sich mit einer religionspädagogischen Grundlegung für kirchlich-ökologische Bildung. Dazu bringt sie Religionspädagogik in Bezug zu ökologischer Bildung. Für die Religionspädagogik sieht Birkel (2002) zwei wesentliche Aufgaben: die Hilfe zur Subjekt- und Menschwerdung und zukunftsfähige Weltgestaltung. Neben der ausführlichen Reflexion und Grundlegung stehen schließlich konkrete Beispiele zur Umsetzung einer kirchlich-ökologischen Bildung, die sich zum Beispiel in Erkundungen oder dem Erfassen komplexer Systeme ausdrücken. Nicht weniger bedeutend sind die strukturellen und institutionellen Bedingungen, die eine ökologische Bildung überhaupt ermöglichen (vgl. Birkel, 2002).

In diesem Zugang fällt auf, dass es vor allem um die ökologische Dimension von Nachhaltigkeit geht, indem Religionspädagogik und ökologische Bildung in den Blick genommen werden. Die anderen Dimensionen von Nachhaltigkeit spielen in diesen Überlegungen noch kaum eine Rolle. Sie werden aber in den späteren Ansätzen stärker rezipiert und es gibt keine Einschränkungen mehr auf die ökologische Dimension von Nachhaltigkeit.

2.3.2 Religiöse Bildung für Nachhaltige Entwicklung

Die Formulierung und Beschreibung einer *religiösen Bildung für nachhaltige Entwicklung* taucht erstmals bei Bederna (2019) auf. Die Bezeichnung zielt darauf ab, »das Thema mit einer eingängigen Formulierung endlich im religionspädagogischen Diskurs zu verankern« (Bederna, 2019, S. 210). Dabei ist zentral, dass religiöse Zugänge und religiöse Bildung auch Teil einer Bildung für nachhaltige Entwicklung sind. Bederna (2019, S. 235) bezeichnet religiöse Bildung für nachhaltige Entwicklung als »Transformationsbildung in messianischer Perspektive.« Deren Ziel ist es, die Lernenden dazu zu ermächtigen, an der Transformation teilzuhaben, selbst gestalten zu können. Erreicht werden kann dies durch die Erarbeitung von transformationsrelevantem religiösem Wissen und transformationsrelevanter religiöser Kompetenzen. Dabei will religiöse Bildung für nachhaltige Entwicklung »eine begründete religiöse Positionierung eröffnen und Handlungen ermöglichen, die Möglichkeitsbedingungen freien Selbstseins im Anthropozän sind« (Bederna, 2020a).

Beschreiben lassen sich die Ziele und Inhalte einer religiösen Bildung für nachhaltige Entwicklung anhand der von Bederna (2019, S. 257 ff.) entworfenen didaktischen Prinzipien, deren zentrales Merkmal die Freiheit ist. Die zehn Prinzipien und die Schlussfolgerungen für Lehrer*innen werden im Folgenden aufgezählt:

1. Religiöse Bildung für nachhaltige Entwicklung ist emanzipatorisch: »Lehrer*innen sollten sich also fragen, ob das Unterrichtsgeschehen ermutigt und anerkennt, Freiräume und Kreativität eröffnet und nahelegt, sich für andere einzusetzen.« (Bederna, 2019, S. 257).
2. Religiöse Bildung für nachhaltige Entwicklung ist partizipationsorientiert: »Lehrer*innen sollten sich also fragen, ob das Unterrichtsgeschehen Selbstdenken fordert und fördert, ob es an den Fragen und Lösungswegen der

Schüler*innen orientiert ist und Mitbestimmung übt.« (Bederna, 2019, S. 258).
3. Religiöse Bildung für nachhaltige Entwicklung ist handlungsorientiert: »Lehrer*innen sollten sich also fragen, ob das Unterrichtsgeschehen aktiviert und die Vorbereitung, Durchführung und Evaluation transformierender Aktionen umfasst.« (Bederna, 2019, S. 259).
4. Religiöse Bildung für nachhaltige Entwicklung ist zukunftsorientiert: »Lehrer*innen sollten sich also fragen, ob im Unterrichtsgeschehen die Erinnerung an das befreiende Handeln Gottes zum Ernstnehmen der Gegenwart und zu prospektiver Solidarität mit den Zukünftigen führt und ob die relevanten biblischen Texte in den Zusammenhang planetarer Grenzüberschreitung und Verantwortung gestellt werden.« (Bederna, 2019, S. 260).
5. Religiöse Bildung für nachhaltige Entwicklung ist schöpfungsorientiert: »Lehrer*innen sollten sich also fragen, ob im Unterrichtsgeschehen die Mitwelt eine angemessene Rolle spielt, ob theologisierend nach ihrem Eigenwert und ihrer Verbindung zu Gott gefragt wird (›Schöpfung‹), ob das Lernen leiblich und erfahrungsbezogen ist, die relevanten Texte performativ entfaltet werden und ob Lob und Klage, das ›Siehe, sehr gut!‹ und das ›Wo bleibst du, Gott?‹ ihren Raum haben.« (Bederna, 2019, S. 261).
6. Religiöse Bildung für nachhaltige Entwicklung vernetzt und ist vernetzend: »Lehrer*innen sollten sich also fragen, ob Themen bei aller nötigen didaktischen Reduktion hinreichend vernetzt, komplex und interdisziplinär erarbeitet werden, ob alle – insbesondere die, die ursprünglich nicht wollten – beteiligt sind und ob die Retinität allen Seins reflektiert wird.« (Bederna, 2019, S. 262).
7. Religiöse Bildung für nachhaltige Entwicklung ist ethisch orientiert: »Lehrer*innen sollten sich fragen, ob die verschiedenen Wege ethischen Lernens in religiöser BNE alters- und sachgemäß zum Tragen kommen, ob also z. B. die Lerngemeinschaften nachhaltig agieren, die Faktoren Natur und Zukunft bei Fragen guten Lebens eine angemessene Rolle spielen, ob moralische Gefühle reflektiert werden, ob eine kritisch-reflexive Distanz zu Vorbildern, Geschichten und geteilten Lebensformen eingenommen wird und ob Dilemmata der Nachhaltigkeit begründet beurteilt werden.« (Bederna, 2019, S. 264).
8. Religiöse Bildung für nachhaltige Entwicklung ist politisch dimensioniert: »Lehrer*innen sollten sich fragen, ob im Unterrichtsgeschehen Perspektivdifferenzen eingebunden werden (inklusive Nachhaltigkeitskritik), ob geübt wird, Lösungen zu finden gemeinsam mit Menschen, die ganz andere Interessen haben, und ob die politischen Dimensionen der jeweiligen Fragen analysiert werden.« (Bederna, 2019, S. 265).

9. Religiöse Bildung für nachhaltige Entwicklung ist korrelativ:
»Lehrer*innen sollten sich also fragen, ob die Botschaft des Reiches Gottes und der Schöpfung von Nachhaltigkeitsfragen und diesbezüglichen Erfahrungen der Schüler*innen her neu gelesen und als relevant für diese erschlossen werden.« (Bederna, 2019, S. 265).
10. Religiöse Bildung für nachhaltige Entwicklung ist ästhetisch und spirituell:
»Lehrer*innen sollten sich also fragen, ob das Unterrichtsgeschehen eine sinnen- und sinnorientierte Weltdeutung ermöglicht und ob nachhaltigkeitsrelevante Formen ästhetischen, performativen und mystagogischen Lernens genutzt werden.« (Bederna, 2019, S. 266).

In der konkreten Umsetzung der didaktischen Prinzipien können alle religionspädagogischen Ansätze und Konzeptionen ein Teil von religiöser Bildung für nachhaltige Entwicklung sein. Bederna (2019, S. 267) betont vor allem auch, dass bisher das *service learning* in der Religionspädagogik kaum rezipiert wurde, das in der Bildung für nachhaltige Entwicklung aber durchaus gut verankert ist. Dabei geht es darum, dass Schüler*innen erkennen, wo ihr Einsatz gebraucht wird und dass sie dort dann konkret tätig werden können. Dabei handelt es sich um eine Form von Projektunterricht. Zum religiösen Lernen wird dies, indem in einer abschließenden Reflexion gefragt wird, »inwiefern dieser eigene Einsatz dem Glauben entspringt und diesem entspricht« (Bederna, 2020a).

2.3.3 Politische religiöse Bildung für nachhaltige Entwicklung

Gärtner (2020) bringt die (religiöse) Bildung für nachhaltige Entwicklung ins Gespräch mit politischer Theologie und entwirft *Konturen einer politischen religiösen Bildung für nachhaltige Entwicklung*. Sie greift den interdisziplinären Charakter von Nachhaltigkeit damit auf und skizziert die Konturen anhand von sieben Merkmalen, die im Folgenden kurz beschrieben werden (vgl. Gärtner, 2020, S. 107 ff.).

Politische religiöse Bildung für nachhaltige Entwicklung ist
1. Krisenorientiert und kontrovers:
   Religionspädagogik hat die Aufgabe, sich den aktuellen Krisen und Herausforderungen zu stellen und dabei vor allem die Komplexität der multiplen Krisen anzuerkennen. Es geht nicht um eine eindimensionale Bearbeitung der Krisen, sondern um eine kontroverse Bearbeitung, die die inhaltliche Komplexität der Krisen aufgreift.
2. Eschatologisch:
   In den religiös begründeten Visionen, Utopien und Leitbildern erfahren Schüler*innen Sinn und Hoffnung. Eine wichtige Aufgabe des Religionsun-

terrichts ist es, solche Sinnangebote zu setzen. Damit wird die Offenheit von Bildung aufrecht gehalten. »Denn aus dem Geist eschatologischer Hoffnung hält die Reich Gottes Botschaft die Möglichkeit offen, dass Bildung, dass Leben in Freiheit überhaupt weiterhin möglich bleibt« (Gärtner, 2020, S. 110).

3. Antizipatorisch-erinnernd:
Zentrales Element der Erinnerung ist die Hoffnung. Antizipatorisch-erinnerndes Handeln ist von Hoffnung getragen. Dabei wird abgezielt »auf ermutigende und verändernde Lernsettings, die Lernende befähigen, aus der Erinnerung an Gottes schöpferisches Heilshandeln in der Gegenwart zu wirken, damit die Schöpfung eine gute Zukunft hat« (Gärtner, 2020, S. 112).

4. Normativ-parteiisch:
Politische religiöse Bildung für nachhaltige Entwicklung setzt sich für Ausgeschlossene und Randgruppen ein. Dieser Einsatz ist theologisch fundiert und begründet. Gerade an diesem Merkmal einer politischen religiösen Bildung für nachhaltige Entwicklung ergibt sich ein Konflikt, der nicht unerwähnt bleiben darf. Gärtner (2020) führt aus, dass konfessionelle religiöse Bildung per se normativ-parteiisch ist. Wichtig ist, dies zu reflektieren und vor allem die Rolle der Lehrkraft diesbezüglich im Blick zu behalten. Schüler*innen dürfen nicht überwältigt, ebenso wenig darf die Kontroversität beschnitten werden.

5. Kritisch-reflexiv:
Religion hat ideologiekritisches Potenzial. Deshalb ist auch die Religionspädagogik dazu angehalten, kritisch zu prüfen, »inwiefern sie zur Stabilisierung von Macht und Ideologie beiträgt« (Gärtner, 2020, S. 116). Einer kritischen Reflexion soll explizit aber auch die eigene Pädagogik und die eigene Religion unterzogen werden.

6. Emanzipatorisch:
Emanzipation meint in diesem Zusammenhang nicht die Freiheit des Einzelnen, sondern sie muss sich vielmehr an Freiheit aller orientieren. Hier kommt die inter- und intragenerationelle Dimension von Nachhaltigkeit zum Tragen, da es nicht nur um die Freiheit jener Generationen geht, die derzeit leben, sondern auch um die Freiheit der nachkommenden Generationen. Die Reflexion emanzipationseinschränkender Strukturen spielt dabei eine zentrale Rolle für die Religionspädagogik.

7. Kontext- und erfahrungsorientiert:
Politische religiöse Bildung für nachhaltige Entwicklung kann dann gelingen, wenn sie die Erfahrungen und die Lebenswelt von Schüler*innen wahr- und ernstnimmt. Dadurch können Motivation und Handlungsbereitschaft von Schüler*innen gesteigert werden, da sie einen direkten Zusammenhang zwischen Nachhaltigkeitsfragen und ihrer Lebenswelt erkennen können (Gärtner, 2020).

Gärtner (2020, S. 131) stellt allerdings fest, dass das hier beschriebene religionspädagogische Feld »nicht [...] leicht begehbar« ist und sich aufgrund der Komplexität und Interdisziplinarität Spannungsfelder auftun, die in der Umsetzung berücksichtig und reflektiert werden sollten. Die genannten Spannungsfelder bewegen sich (Gärtner, 2020, 113 ff.)
– zwischen Determinismus und Veränderungshoffnung
– zwischen gesellschaftlich präformiertem und mündigem Subjekt
– zwischen Selbstzweck und Funktionalisierung
– zwischen Normativität und Pluralität
– zwischen Gegenwart und antizipierter Zukunft
– zwischen Wahrheitsanspruch und Ideologieverdacht

Bei der Umsetzung einer politischen religiösen Bildung für nachhaltige Entwicklung sollen diese Spannungsfelder bedacht werden, sie sollen wahr- und ernst genommen werden.

Wie dies gelingen kann, zeigen thematische Lerngegenstände. Diese setzen sich mit Alteritätsvorstellungen auseinander, mit anthropologischen Grundfragen wie Armut und Freiheit, Sozialität und Leiblichkeit, Schuld und Sünde; außerdem finden sich Auseinandersetzungen mit Zeit als theologische Kategorie und mit dem Thema Schöpfung. Damit wird aufgezeigt, wie ein Umgang mit den Themen innerhalb der Spannungsfelder möglich sein kann (vgl. Gärtner, 2020, S. 137 ff.).

2.3.4 Religionspädagogik und externalisierender Lebensstil

Spahn-Skrotzki (2021) stellt in ihrer Habilitationsschrift die Frage nach der Positionierung der Religionspädagogik zu aktuellen Krisen und Herausforderungen und angemessenen Reaktionen darauf. Zentral ist für sie dabei die Frage nach dem persönlichen Lebensstil und dessen globale Auswirkungen. Bemerkenswert an der Arbeit ist auch der Blick auf Religionslehrer*innen und deren Ausbildung. Denn für die Religionspädagogik ist es von großer Bedeutung, welche Inhalte die Religionslehrer*innen in ihrer Ausbildung erlernen, womit sie sich auseinandersetzen und ob sie ihren Lebensstil und dessen Auswirkungen reflektieren.

Als wesentliche Probleme sieht Spahn-Skrotzki (2021, S. 143) die »Diskrepanz zwischen christlichem/ethischem Anspruch und tatsächlicher Umsetzung auf Ebene von Institutionen (Vorbildcharakter)« und die »Diskrepanz zwischen moralisch ethischer Einstellung und dem tatsächlichen Handeln der Einzelnen und die Diskrepanz zwischen Wissen und Handeln« (Spahn-Skrotzki, 2021, S. 147). Daraus wird geschlossen, dass Wissen und Informationen zwar wichtig sind, aber es nicht um reine Wissensvermittlung gehen kann. Die Diskrepanzen müssen berücksichtigt werden, in der Arbeit mit Studierenden aber auch im Religionsunterricht in der Arbeit mit Schüler*innen. In einer Befragung von Studierenden an der Universität Kassel, konnte Spahn-Skrotzki (2021, S. 154ff.) ihre Beobachtungen belegen, dass die Studierenden der Religionspädagogik ihren Lebensstil kaum vorsätzlich reflektieren und sich nicht bewusst darüber sind, welche Auswirkungen der eigenen Lebensstil auf globale Verhältnisse hat. Ebenso sind die Themenfelder *Nachhaltigkeit* und *globale Gerechtigkeit* nicht systematisch verankert im Studium der Evangelischen Theologie an der Universität Kassel.

Wissen allein ist nicht ausreichend, um verantwortlich zu handeln. Aber es ist eine gute Grundlage, auf der weiter aufgebaut werden kann. Es werden ebenso empathische Fähigkeiten benötigt.

> Wichtig ist, dass Bezüge hergestellt werden und konkret erfahrbar wird, welche Auswirkungen unser Handeln weltweit auf andere Menschen und die Mitwelt hat, welche Beeinträchtigungen sie durch uns erleben. Wenn diese Auswirkungen konkret gesehen oder erfahren werden können, kann leichter Mitgefühl entstehen und das Bemühen, anders zu handeln (Spahn-Skrotzki, 2021, S. 180)

Hilfreich dafür ist die Fähigkeit, in Zusammenhängen zu denken. Spahn-Skrotzki (2021, S. 173ff.) empfiehlt außerdem eine Einübung in Achtsamkeit und Wertschätzung, da der externalisierende Lebensstil eben nicht achtsam und wertschätzend ist. Denn »einer wirklich achtsamen Haltung kann eigentlich nur wertschätzendes, nachhaltiges und verantwortliches Handeln folgen« (Spahn-Skrotzki, 2021, S. 181). Schließlich gibt es Gemeinsamkeiten zwischen Werten der Postwachstumsökonomie und christlichen Werten, die Ansatz für eine Wertereflexion bieten, die für die Religionspädagogik fruchtbar sein kann (vgl. Spahn-Skrotzki, 2021).

Neben »sinnvollen Initiativen, Ansätze[n] und Einrichtungen« (Spahn-Skrotzki, 2021, S. 183), die das oben genannte bereits umsetzen (vgl. Spahn-Skrotzki, 2021, S. 183ff.), ist die Frage wichtig, wie Einübung in Empathie-Fähigkeit, Achtsamkeit, Wertschätzung und Wertereflexion auch im Studium der Religionspädagogik fruchtbar gemacht werden können. Deswegen finden sich bei Spahn-Skrotzki (2021) Vorschläge, wie die Themenfelder Nachhaltigkeit und globale Verantwortung in religionspädagogischen Seminaren thematisiert werden können. Dabei geht es unter anderem darum, dass Student*innen ausreichend Platz und Möglichkeit haben, ihren eigenen Lebensstil zu reflektieren, Zusammenhänge zu erkennen und Möglichkeiten für nachhaltiges Handeln kennen lernen. Darüber hinaus sollen sie sich mit den oben genannten Diskrepanzen auseinandersetzen und auch überlegen, wodurch ethisches Handeln gehemmt wird. Zentral sind theologische Bezüge, die einerseits Grundlagen all dieser Auseinandersetzung sein müssen, aber auch in der Reflexion bedacht werden. Schließlich geht es darum, das Gelernte in Bezug zum eigenen Verhalten und Leben stellen zu können. Wichtig ist außerdem die Vernetzung mit anderen Fachbereichen und mit außeruniversitären Kooperationspartnern. Spahn-Skrotzki (2021) hat an der Universität Kassel das *Informationszentrum Verantwortlich Handeln* gegründet, in dem all das zusammenfließt. Hier können sich Studierende über Nachhaltigkeit und damit im Zusammenhang stehenden Themen informieren, sie erhalten Informationsmaterialien, können aber auch darüber hinaus didaktische Materialien ausleihen. Das Informationszentrum ist außerdem Gastgeber für Veranstaltungen und führt Projektseminare durch. Das alles ist nicht ausschließlich an die Religionspädagogik angebunden, sondern geschieht über interdisziplinäre Vernetzung und Zusammenarbeit mit außeruniversitären Kooperationspartnern.

Für Spahn-Skrotzki (2021) ist deutlich, dass sich Theologie und Religionspädagogik den aktuellen Herausforderungen und Krisen stellen müssen, da der externalisierende Lebensstil dringend hinterfragt werden muss, um Zerstörung und Ausbeutung aufzuhalten. Eine deutlichere Positionierung und Verankerung von entsprechenden Studieninhalten in der Ausbildung von Theolog*innen und Religionspädagog*innen ist erstrebenswert, damit sich dies auch im Religionsunterricht niederschlägt. Denn »für eine gesellschaftliche Transformation und einen gesellschaftlichen Bewusstseinswandel kann die Theologie mit vielen anderen Fächern wertvolle Beiträge leisten. Im Schulunterricht kann die Religionspädagogik auch interdisziplinär vernetzt an dieser großen aber notwendigen Aufgabe mitwirken« (Spahn-Skrotzki, 2021, S. 223).

2.3.5 Zwischenfazit

Zusammenfassend kann festgehalten werden, dass die vorangegangen Beschreibungen religionspädagogischer Auseinandersetzung mit Bildung für nachhaltige Entwicklung vor allem aus der Frage entstanden sind, wie die Religionspädagogik mit den aktuellen Krisen und Herausforderungen umgeht und wie sie sich dazu positionieren kann. Während es bei Birkel (2002) vor allem um die Frage nach der Beziehung von Religionspädagogik und ökologischer Bildung geht, finden später auch ein umfassendes Verständnis von Nachhaltigkeit bzw. das Konzept der Bildung für nachhaltige Entwicklung Einzug in den religionspädagogischen Diskurs. Für Bederna (2019) ist deutlich, dass religiöse Bildung Teil von Bildung für nachhaltige Entwicklung ist. Gärtner (2020) bringt die politische Bildung mit in den Diskurs und steckt Merkmale einer politischen religiösen Bildung für nachhaltige Entwicklung ab. Daran wird vor allem auch der interdisziplinäre Charakter von Nachhaltigkeit deutlich, genauso wie die Spannungsfelder, die sich dadurch ergeben. Mit Diskrepanzen zwischen Wissen und Handeln beschäftigt sich auch Spahn-Skrotzki (2021), die vor allem nach der Positionierung der Religionspädagogik angesichts eines externalisierenden Lebensstils fragt. Für sie ist deutlich, dass sich Theologie und Religionspädagogik mit diesen Fragen beschäftigen müssen und dringender Handlungsbedarf besteht. Der Religionsunterricht kann ihrer Meinung nach einen Beitrag leisten in der fächerübergreifenden Zusammenarbeit mit anderen Fächern. Das ist eine notwendige und dringende Aufgabe.

Aus diesen didaktischen Überlegungen lassen sich didaktische Prinzipien, Handlungsmöglichkeiten und Handlungsvorschläge ableiten, aber auch schon konkrete Beispiele aufzeigen, wie es die oben genannten Forscherinnen auch tun.

2.4 Einstellungen[35]

Einstellungen sind ein Konstrukt, mit dem sich vor allem die Sozialpsychologie beschäftigt. Verkürzt kann man sie als »Bewertungen von Objekten und Verhaltensweisen« (Kessler & Fritsche, 2018, S. 67) beschreiben. Zum besseren Verständnis dieses Konstrukts sollen im Folgenden verschiedene Modelle von Einstellungen erörtert werden, sowie die Entstehung von Einstellungen, außerdem Messtechniken von Einstellungen, und der Zusammenhang zwischen Einstellungen und Verhalten. Ein spezielles Augenmerk wird dann auf Einstellungen im schulischen Kontext gelegt und vor allem auch auf die Einstellungsforschung in der Religionspädagogik.

2.4.1 Definition und Modelle von Einstellungen

Eagly und Chaiken (1993, S. 1) sprechen von Einstellungen als »psychological tendency«, die sich durch Bewertungsprozesse gegenüber eines Einstellungsobjektes ausdrückt. Das Konzept der psychologischen Tendenz weist darauf hin, dass Einstellungen kein fixes Konstrukt sind, sondern sich verändern können. Der Bewertungsprozess erklärt, dass Einstellungen ein unterschiedliches Ausmaß an Färbungen in negativ oder positiv annehmen können. Das Einstellungsobjekt kann zum Beispiel eine Person, Sache, Situation, Idee oder Verhaltensweise sein (vgl. Fischer et al., 2018, S. 96).

---

35 Da sich die Forschungsfrage des vorliegenden Forschungsprojektes mit Einstellungen von Religionslehrer*innen beschäftigt, wird in diesem Kapitel eine theoretische Einführung zu Einstellungen als sozialpsychologisches Konstrukt gegeben. Diese ist einerseits für die Forschungsfrage selbst wichtig, andererseits dient sie wichtigen Vorüberlegungen zur Erstellung des Erhebungsinstrumentes, sowie der Datenanalyse.

Bei der Definition von Einstellungen werden verschiedene Modelle angenommen, von denen hier zwei exemplarisch vorgestellt werden. Ein bekanntes und gängiges Modell ist das Drei-Komponenten-Modell, wonach Einstellungen drei Komponenten oder Dimensionen besitzen: eine kognitive Dimension (Gedanken, Meinungen), eine affektive Dimension (Emotionen, Stimmungen) und eine verhaltensbezogene Dimension (Eagly & Chaiken, 1993; Rosenberg & Hovland, 1960). Daneben gibt es auch eine reduzierte Einstellungsdefinition, die davon ausgeht, dass die verhaltensbezogene Dimension nicht Teil des Konstrukts ist, sondern eine abhängige Variable, die auch durch die anderen Dimensionen erklärt werden kann (vgl. Kessler & Fritsche, 2018, S. 54).

Einstellungen werden außerdem in explizite und implizite Einstellungen eingeteilt. Explizite Einstellungen sind jene, deren man sich bewusst ist und die auch willentlich kontrolliert werden können. Dahingegen liegen implizite Einstellungen im Verborgenen, sie sind nicht direkt zugänglich und bilden sich aus vergangenen Erfahrungen und Bewertungen Anderer. Da sie nicht im Bewusstsein sind, ist es dementsprechend schwierig, implizite Einstellungen zu messen, doch mittlerweile wurden auch dafür Verfahren entwickelt, auf die weiter unten noch näher eingegangen wird (vgl. Kessler & Fritsche, 2018, S. 55).

2.4.2 Entstehung und Stabilität/Veränderbarkeit von Einstellungen

Einstellungen können erlernt werden, sowie biologische Wurzeln haben, also vererbbar sein. Im Vordergrund stehen aber soziale Lernprozesse und Erfahrungen, die die Entstehung von Einstellungen prägen. So entstehen kognitive Einstellungen vor allem durch bewusstes Nachdenken über das Einstellungsobjekt, affektive Einstellungen entstehen durch Konditionierungsprozesse und verhaltensbezogene Einstellungen entstehen durch Beobachtung und Analyse des eigenen Verhaltens (vgl. Fischer et al., 2018, S. 105).

Wie bereits erwähnt wurde, sind Einstellungen nicht stabil, sondern können sich im Laufe der Zeit verändern. In ersten Studien zur Einstellungsänderung wurde nachgewiesen, dass sich Einstellungen durch Kommunikatoren ändern können, wenn diese vertrauenswürdig und glaubwürdig sind. Dabei spielt vor allem die Art der Kommunikation eine Rolle: wenn Pro und Contra Argumente ins Treffen geführt werden, ist es wahrscheinlicher, dass sich die Einstellungen ändern. Ebenso kann die Erzeugung von Unsicherheit zu einer Einstellungsänderung führen. Auch die eigene Stimmung hat Einfluss auf die Einstellung (vgl. Fischer et al., 2018, S. 104).

2.4.3 Messung von Einstellungen

Einstellungen werden klassisch durch Befragung gemessen und beruhen auf dem Prinzip der Selbstauskunft. Das bekannteste Messinstrument zur Erhebung von Einstellungen ist der Fragebogen, der eine Reihe von Aussagen enthält, denen die Proband*innen mit Hilfe einer Rating-Skala (z. B. Likert-Skala) zustimmen oder die sie ablehnen sollen. Auch wenn sich diese Art der expliziten Messung von Einstellungen bewährt hat, ergeben sich dennoch Grenzen der Methode. Kessler und Fritsche (2018, S. 56) führen an, dass Personen ihre Einstellungen gegenüber »heiklen« Einstellungsobjekten oft nicht preisgeben wollen (soziale Erwünschtheit bestimmter Einstellungen) und sie auch oft nicht vollständig über ihre Einstellungen Auskunft geben können, da sie implizit sind.

Der sozialen Erwünschtheit kann zwar mit Zusicherung völliger Anonymität begegnet werden, doch weisen Kessler und Fritsche (2018, S. 58) darauf hin, dass das nur begrenzt wirkt. Sie schlagen non-reaktive Verfahren als Alternative vor. In solchen Verfahren wissen die Proband*innen teilweise nicht, dass sie an einer Studie teilnehmen. Sie werden im öffentlichen Raum beobachtet oder es werden Archivdaten ausgewertet. Das Problem ist aber, dass dabei auf die Einstellungen der Proband*innen indirekt geschlossen werden muss, da sie nicht direkt befragt werden (vgl. Kessler & Fritsche, 2018, S. 58)

Für die implizite Messung von Einstellungen wurde unter anderem der *Implicit Association* Test entwickelt. Das Verfahren basiert auf einem rechnergestützten Experiment, bei dem Reaktionszeiten festgehalten werden. Damit kann gemessen werden, ob Proband*innen ein Einstellungsobjekt mit positiven oder negativen Inhalten assoziieren (vgl. Kessler & Fritsche, 2018, S. 59f.).

2.4.4 Einstellungen und Verhalten

Eine zentrale Frage, die die Forschung im Zusammenhang mit Einstellungen beschäftigt, ist, wie Einstellungen das Verhalten beeinflussen. Studien haben nachgewiesen, dass Einstellungen und Verhalten einander nicht unbedingt entsprechen müssen und nicht automatisch gleichgesetzt werden können; dies wird zum Beispiel in der Studie von LaPiere (1934) deutlich (vgl. Fischer et al., 2018, S. 97f.).

Die Sozialpsychologen Ajzen und Fishbein (1977) haben die Beziehung von Einstellungen und Verhalten untersucht und dabei festgestellt, dass »Einstellungen umso eher mit Verhalten assoziiert sind, je situationsspezifischer sie definiert werden« (Kessler & Fritsche, 2018, S. 62). Wendet man ihr *Korrespondenzprinzip* für die Messung von Einstellungen und Verhalten an, sollten sich diese auf dasselbe Verhaltensziel, dieselbe Handlung, denselben Kontext und denselben Zeitpunkt beziehen. Die Merkmale sollten also übereinstimmen und es sollten spezifische Situationen abgefragt werden, keine allgemeinen (vgl. Kessler & Fritsche, 2018, S. 62).

Von den beiden Forschern Ajzen und Fishbein stammt außerdem die *Theorie des geplanten Verhaltens*. Die Theorie beschäftigt sich mit der Vorhersagbarkeit von Verhalten aufgrund bestimmter Einstellungen. Dies kann am besten über eine konkrete Verhaltensabsicht erfolgen. Diese gibt Auskunft darüber, ob und wie sehr eine Person dazu bereit ist, sich auf eine bestimmte Weise zu verhalten. Dabei sind drei Faktoren für die Verhaltensabsicht bestimmend:
- die subjektive Einstellung gegenüber dem Verhalten (was denkt und fühlt die Person darüber?),
- die subjektive soziale Norm gegenüber dem Verhalten (was denkt und fühlt das Umfeld der Person darüber?) und
- die subjektiv wahrgenommene Verhaltenskontrolle (wie gut schätzt die Person ihre eigenen Fähigkeiten in Bezug auf das Verhalten ein?) (vgl. Fischer et al., 2018, S. 98 f.).

Kessler und Fritsche (2018) halten fest, dass Studien belegen, dass Verhalten mit Hilfe der Theorie vorhergesagt werden kann. Sie weisen aber auch darauf hin, dass es Kritikpunkte an der Theorie gibt. Ein zentraler Punkt dabei ist, dass es wohl sehr selten der Fall sein wird, dass Personen ihr Verhalten rational planen und abwägen. Gerade im Alltag passieren solche rationalen Entscheidungen kaum. Wobei auch da Einstellungen Einfluss auf das Verhalten haben können, diese sind jedoch bereits gebildet, weil man sich schon länger mental damit auseinandergesetzt hat. Wenn man also nicht gründlich über die Entscheidung für oder gegen ein Verhalten nachdenkt, beeinflussen Einstellungen diese Entscheidung unbemerkt (vgl. Kessler & Fritsche, 2018, S. 62 ff.).

2.4.5 Lehrerkompetenz

Im vorliegenden Forschungsprojekt sollen Einstellungen von Lehrer*innen untersucht werden, die in der pädagogischen Forschung vor allem in Zusammenhang mit Lehrerkompetenz vorkommen, auch wenn Einstellungen hier nicht immer explizit genannt werden. Häufig ist in diesem Zusammenhang die Rede von *Überzeugungen* (engl. beliefs) oder auch den *Subjektiven Theorien* von Lehrer*innen. Ein zentrales Thema in der Forschung stellt die professionelle Handlungskompetenz von Lehrer*innen dar. Dabei spielt vor allem das Verhältnis von Wissen und Können/Handeln eine wichtige Rolle (vgl. Dann & Haag, 2017). Neben dem Wissen gehören ebenso epistemologische Überzeugungen zur Lehrerkompetenz, die eher wertbezogen sind, sich auch auf die Planung, Gestaltung und Wahrnehmung von Unterricht auswirken (vgl. Lipowsky, 2006, S. 54).

Laut Dann und Haag (2017, S. 101) werden subjektive Theorien als »komplexe Formen der individuellen Wissensorganisation« verstanden. Sie »enthalten also Wissenselemente (inhaltliche Konzepte), die in bestimmten Beziehungen (formalen Relationen) zueinander stehen, so dass Schlussfolgerungen möglich sind (z.B. Wenn-dann-Aussagen)« (Dann & Haag, 2017, S. 101). Diese Theorien können mit Hilfe von Verfahren rekonstruiert werden. Dabei geht es um die Beschreibung von Handlungen aus der Sicht des/der Akteur*in. Die Interpretation geschieht im Dialog zwischen Forscher*in und Akteur*in. Anschließend werden mit Hilfe von Struktur-Lege-Verfahren Strukturierungen der Inhalte vorgenommen (vgl. Dann & Haag, 2017, S. 102). In diesem Verfahren arbeiten also Forscher*in und Akteur*in eng zusammen, um die subjektiven Theorien zu erforschen.

Epistemologische Überzeugungen sind laut Baumert und Kunter (2006, S. 498) »jene Vorstellungen und subjektive Theorien [...], die Personen über das Wissen und den Wissenserwerb generell oder in spezifischen Domänen entwickeln.« Diese Theorien haben Einfluss auf »Denken und Schlussfolgern, Informationsverarbeitung, Lernen und Motivation« (Baumert & Kunter, 2006, S. 498). Nach dem theoretischen Modell von Schoenfeld (1998) gibt es im Unterrichtsverlauf eine Interaktion von Zielen, subjektiven Lehr-Lernprozessen, epistemologischen Überzeugungen und Handlungsplänen. Das heißt, dass auch die wertbezogenen Überzeugungen der Lehrkraft im Unterrichtsgeschehen eine Rolle spielen.

2.4.6 Einstellungsforschung in der Religionspädagogik

Hermisson (2020, S. 127) stellt fest, dass es in der Religionspädagogik eine überschaubare Anzahl an Forschungen zu Einstellungen und Präkonzepten von Schüler*innen und Lehrer*innen gibt, deren Titel die genannten Begriffe enthalten. Dabei gibt es Forschungen, die explizit den Einstellungsbegriff und den gegebenen Theorierahmen der Sozialpsychologie verwenden, andere wiederum gehen von einem differenzierten Konstrukt aus und beziehen sich nicht auf diesen Theorierahmen (vgl. Hermisson, 2020, 129ff.).

Neben Forschungen zu Einstellungen von Schüler*innen, gibt es auch Forschungen zu Einstellungen von Lehrer*innen, die in folgende Themenbereiche eingeordnet werden können: ihre religiösen Einstellungen, ihre Einstellungen zur Organisationsform des Religionsunterrichts und ihre Zielvorstellungen (vgl. Hermisson, 2020, 132ff.).

Hermisson (2020, S. 135) geht davon aus, dass die Religionspädagogik von der bewährten sozialpsychologischen Einstellungsforschung profitieren kann, da ein Theorierahmen zur Verfügung gestellt wird, ebenso ein umfangreiches Methodenreservoir. Außerdem entsteht durch die Differenzierung in drei Dimensionen eine Differenzierung der Einstellungen. Die Frage nach Einstellungsänderung birgt ebenfalls eine Ressource. Dennoch darf nicht auf grundlegende theoretische Klärung in der Planung von religionspädagogischer Einstellungsforschung vergessen werden, so ist zum Beispiel zu klären, was als Einstellungsobjekt gefasst werden kann und was nicht (vgl. Hermisson, 2020, 135 ff.).

2.4.7 Zwischenfazit

Der Bearbeitung der Forschungsfrage soll das Drei-Komponenten-Modell von Einstellungen (Eagly & Chaiken, 1993; Rosenberg & Hovland, 1960) zu Grunde gelegt werden, das Einstellungen als dreidimensionales Konstrukt versteht. Dabei haben Einstellungen eine kognitive, affektive und verhaltensbezogene Dimension.

Dementsprechend sollen evangelische Religionslehrer*innen nach ihren kognitiven, affektiven und verhaltensbezogenen Einstellungen zu Nachhaltigkeit befragt werden. Das dreidimensionale Modell hilft dabei, die Einstellungen zu ordnen und zu verstehen.

Aus den theoretischen Grundlagen von Einstellungen ergeben sich folgende Punkte, die zu bedenken sind: Einstellungen sind nicht stabil, sondern veränderbar; das bedeutet, dass eine Erhebung eine Momentaufnahme darstellt. Die verhaltensbezogene Dimension muss möglichst konkret abgefragt werden, angelehnt an der Theorie des geplanten Verhaltens. Das Problem im Hinblick auf Selbstauskünfte darf nicht außer Acht gelassen werden, außerdem auch jenes der sozialen Erwünschtheit.

Die genannten Punkte sollen bei der Erstellung des Erhebungsinstrumentes und bei der Durchführung der Interviews bedacht werden. In weiterer Folge ist auch bei den Ergebnissen zu bedenken, dass es sich um Selbstauskünfte der befragten Religionslehrer*innen handelt.

3 Methodik, Daten, Forschungsprozess

Bei dem vorliegenden Forschungsprojekt handelt es sich um eine qualitativ-empirische Studie. Auf die konkrete Vorgehensweise im Forschungsprozess wird in diesem Kapitel eingegangen. Diese schließt eine Beschreibung der Erhebungsmethode (qualitative Einzelinterviews) und des Erhebungsinstruments (Interviewleitfaden) ein, genauso wie Details zur Datenerhebung, zum Sample und zu den vorliegenden Daten. Außerdem beinhaltet das Kapitel eine Beschreibung der Auswertungsmethode (qualitative Inhaltsanalyse nach Mayring) und die entsprechende Vorgangsweise. Damit die Ergebnisse auch im Kontext der Situation – in diesem Fall des Evangelischen Religionsunterrichts in Österreich an Pflichtschulen – verstanden werden kann, steht außerdem ein Exkurs zur Veranschaulichung eben dieses am Ende des Kapitels.

3.1 Erhebungsmethode

Die Datenerhebung erfolgte durch qualitative Einzelinterviews. Interviews werden vor allem dann eingesetzt, »wenn zu einer Thematik noch wenig Vorwissen vorhanden ist und es um die Entwicklung einer Theorie geht« (Tribula, 2018, S. 72). Da es zur Fragestellung des vorliegenden Forschungsprojektes noch kaum empirische Forschung gibt, eignet sich das Interview als Methode sehr gut zur Datenerhebung. Unter den verschiedenen Arten von Interviews wurde das Leitfadeninterview gewählt, weil es eine Struktur für das Gespräch vorgibt, die aber nicht zwingend eingehalten werden muss und bestimmte Themen im Interviewleitfaden festgehalten werden können. Durch die Themen und Fragen können die einzelnen Interviews auch miteinander verglichen werden (vgl. Nohl, 2017, S. 17). Dazu wurde ein Interviewleitfaden als Gesprächsgrundlage erstellt. Dieser Leitfaden folgt keiner zwingenden fixen Reihenfolge an Fragen, sondern kann flexibel im Gespräch eingesetzt werden (vgl. Nohl, 2017, S. 17).

Die Wahl eines Leitfadeninterviews bringt auch Grenzen in der Beantwortung der Fragestellung mit sich. So wird die verhaltensbezogene Dimension der Einstellungen zwar in den Fragen berücksichtigt, aber es werden dazu keine weiteren Datenquellen herangezogen als die Selbstauskünfte der Interviewpartner*innen. Zudem muss darauf geachtet werden, dass die Fragen so formuliert sind, dass sich die Interviewpartner*innen nicht zu einer bestimmten Antwort gedrängt fühlen. Die Problematik der sozialen Erwünschtheit wurde bereits im Zusammenhang mit den Einstellungen thematisiert.

Für die Erstellung eines Interview-Leitfadens war es zunächst notwendig, mit Hilfe von Gruppeninterviews herauszufinden, welche Themen überhaupt mit Nachhaltigkeit verbunden werden. Die Gruppeninterviews, auf die im Folgenden noch näher eingegangen wird, waren neben bisherigen Forschungen und zugrunde liegender Theorie[36] ein wichtiger Baustein für die Erstellung eines Interview-Leitfadens.

Explorative Fokusgruppen-Interviews

In einem ersten Schritt wurden explorative Fokusgruppen-Interviews durchgeführt. Deren Ziel war es, Assoziationen der Teilnehmer*innen mit Nachhaltigkeit zu sammeln, um damit dann einen Interviewleitfaden für die weitere Datenerhebung erstellen zu können. Durchgeführt wurden zwei dieser Gruppeninterviews. Eine Einladungs-Mail zur Teilnahme an den Gruppeninterviews wurde an alle Fachinspektor*innen aus dem APS-Bereich verschickt, mit der Bitte, es an Religionslehrer*innen in ganz Österreich weiterzuleiten. Daraufhin haben sich sechs Religionslehrer*innen gemeldet. Die Interviews fanden an zwei Terminen statt. Beim ersten Interview waren zwei Religionslehrerinnen dabei, eine unterrichtete zu dem Zeitpunkt im 24. Dienstjahr, die andere im 27. Dienstjahr Evangelische Religion. Beim zweiten Interview waren vier Religionslehrer*innen dabei: Religionslehrerin 1 unterrichtete zu dem Zeitpunkt im zweiten Dienstjahr, Religionslehrer 2 im ersten Dienstjahr, Religionslehrerin 3 im 19. Dienstjahr und Religionslehrerin 4 im 25. Dienstjahr. Einer der sechs Teilnehmer*innen ist männlich, die anderen fünf sind weiblich. Sie kommen aus unterschiedlichen Bundesländern: Burgenland, Oberösterreich, Kärnten. Das erste Interview dauerte 24 Minuten, das zweite 43 Minuten. Die Interviews fanden im virtuellen Raum statt, über die Plattform BigBlueButton. Aufgezeichnet wurden die Interviews auch über diese Plattform und anschließend transkribiert. Mit Hilfe des Einstiegsimpulses (»Zum Thema Nachhaltigkeit fällt mir ein...«) konnten die Teilnehmer*innen ihre Assoziationen ausdrücken und darüber ins Gespräch kommen. Im Weiteren wurde dann noch nach Nachhaltigkeit im Alltag und speziell im Schulalltag gefragt. In beiden Gruppen ist ganz natürlich eine Dis-

---

36 Gemeint sind damit die bisherigen Forschungen und Theorie, die in den ersten beiden Kapiteln dargelegt wurden.

kussion unter den Teilnehmer*innen entstanden. Die hier aufgekommenen Themen waren die Grundlage für die Erarbeitung eines Interviewleitfadens für die späteren Einzelinterviews.

Die Auswertung der Gruppeninterviews erfolgte induktiv und hermeneutisch, mit der Leitfrage: Welche Themen assoziieren Religionslehrer*innen mit Nachhaltigkeit? Auf diese Art konnten verschiedene Kategorien gefunden werden, die im Folgenden beschrieben werden.

- *Nachhaltiges Handeln im Alltag:* Dazu gehören achtsamer und sparsamer Umgang mit Ressourcen, das sind einerseits Lebensmittel und damit verbunden der Einkauf (in dem Zusammenhang wurden als Stichworte Regionalität, Müllvermeidung, Markt, Gemüsekiste, Plastikvermeidung genannt). Andererseits ist damit aber auch Energie gemeint (Heizung, Elektrizität), die im Zusammenhang mit der Haushaltsführung steht. In diese Kategorie gehört auch die Mobilität.
- *Nachhaltiges Handeln in der Schule:* In diese Kategorie fallen einerseits konkrete Dinge, wie Mülltrennung, der Umgang mit der Jause, das Wiederverwenden nicht ausgeschriebener Hefte, der sparsame Einsatz von Kopien. Jedoch geht es hier auch um die Vorbildfunktion von Lehrer*innen und den Bildungsauftrag der Schule als Institution. So fragt zum Beispiel eine Lehrerin in Bezug auf die Jause, ob die Schule da nicht einen Bildungsauftrag hat.
- *Nachhaltigkeit als Thema im Religionsunterricht:* Ein Thema, das von vielen genannt wurde, ist Schöpfung bzw. Bewahrung der Schöpfung. Andere Themen sind Fairtrade und ökologischer Fußabdruck, die aber auch im Zusammenhang mit dem großen Themenfeld Schöpfung stehen. Außerdem bietet sich das Thema gut für fächerübergreifendes Arbeiten an. Eine Lehrerin meinte, dass sich das Thema Nachhaltigkeit für sie durch alle Themen durchzieht, es gehört für sie selbstverständlich dazu. Dabei geht es zum Beispiel um die kleinen konkreten Dinge, wie aufräumen.
- *Nachhaltigkeit als Aspekt christlichen Selbstverständnisses:* Nachhaltigkeit wird als christliches Selbstverständnis beschrieben, als typisch für Christ*innen. Christliches Leben wird von den Teilnehmer*innen als nachhaltig verstanden. Dabei geht es vor allem darum, Verantwortung zu übernehmen.
- *Nachhaltigkeit als Zukunftsdenken und Systemdenken:* Nachhaltigkeit schließt die folgenden Generationen mit ein, es geht dabei um die Konsequenzen für die Zukunft. Leitfragen dabei sind »Brauche ich etwas wirklich?« und »Welche Auswirkungen hat das?«. Nachhaltigkeit hat außerdem etwas mit dem ganzen System zu tun – wenn an einer Stelle etwas fehlt, hat das Auswirkungen auf das ganze System. Das bedeutet aber nicht, dass man versuchen soll, zu hundert Prozent nachhaltig zu leben, das wird kaum gelingen. Aber man kann an einer Stelle beginnen und das tun, was in der eigenen Verantwortung liegt.

Festzuhalten ist außerdem, dass die befragten Religionslehrer*innen das Konzept Bildung für nachhaltige Entwicklung nicht kannten, genauso waren die Sustainable Development Goals unbekannt für sie. Eine der Teilnehmer*innen informiert sich bewusst über politische Entwicklungen in dem Bereich Nachhaltigkeit.

3.2 Erhebungsinstrument

Ein Leitfaden für Einzelinterviews wurde auf Grundlage der Ergebnisse aus den explorativen Fokusgruppen-Interviews und vorangegangenen Forschungen in dem Feld erstellt (siehe Anhang A). Bei der Erstellung wurden außerdem die drei Dimensionen von Einstellungen berücksichtigt, um nicht nur kognitive Einstellungen zu erheben. Der Interviewleitfaden besteht hauptsächlich aus offenen Fragen, die zum Erzählen einladen sollen. Durch den Leitfaden hat das Gespräch zwar eine Struktur, aber es ist auch möglich, diese zu verlassen, wenn es erforderlich ist. Die Fragen müssen nicht zwingendermaßen in der notierten Reihenfolge gestellt werden.

Am Beginn des Leitfadens stehen eher allgemeine Fragen, um die Atmosphäre aufzulockern und im Thema ankommen zu können (vgl. Kruse, 2015, S. 219). So geht es vor allem darum, was man mit Nachhaltigkeit verbindet und wie man sie beschreiben würde. Der Hauptteil der Fragen konzentriert sich auf das Thema Nachhaltigkeit im Privatbereich, in der Schule und im Religionsunterricht, wobei zunächst gefragt wird, ob das Thema vorkommt und ich welcher Form. Das Gespräch kommt also von der privaten Ebene langsam zum Religionsunterricht. Dazu werden vertiefende Fragen gestellt, zum Beispiel nach der Perspektive des Religionsunterrichts in dem Themenbereich Nachhaltigkeit, aber auch nach konkreten Fähigkeiten und Kompetenzen, die der Religionsunterricht vermittelt. Den Abschluss des Leitfadens bilden Fragen zum Verhältnis von privater Einstellung und Einstellung als Religionslehrer*in dem Thema Nachhaltigkeit gegenüber und lassen Platz für weitere Aspekte zum Thema, die im Gespräch noch nicht genannt wurden.

In den Pre-Tests der ersten Version des Interview-Leitfadens konnte festgestellt werden, dass es notwendig ist, zu Beginn des Interviews nicht nur nach den Assoziationen mit Nachhaltigkeit zu Fragen, sondern auch eine Beschreibung des Begriffes einzufordern. Somit ist für die Gesprächspartner*innen klar, was genau darunter verstanden wird. In weiteren Pre-Tests hat sich diese zusätzliche Frage als sehr nützlich erwiesen, gerade weil der Nachhaltigkeits-Begriff sehr schwammig ist und mit unterschiedlichen Schwerpunkten verstanden werden kann. Außerdem wurden nach den ersten Pre-Tests bestimmte Fragen umformuliert, da sie zu umständlich gestellt und damit schwer verständlich waren. Bei den Fragen nach der affektiven Dimension kam in dem ersten Pre-Test die Bitte, diese Fragen an konkrete Beispiele zu knüpfen. Daher wurde im Weiteren nicht gefragt »Welche Gefühle verbindest du damit?«, sondern dieses *damit* wurde mit den von den Teilnehmer*innen genannten Themen und Beispielen gefüllt. Wenn eine Interviewpartnerin zum Beispiel vom Mülltrennen in der Schule erzählt hat, als Beispiel, das ihr zum Thema Nachhaltigkeit im Schulalltag einfällt, wurde gefragt »Welche Gefühle verbindest du mit dem Mülltrennen?«. Damit war für die Interviewpartner*innen deutlicher, was genau gemeint ist.

3.3 Beschreibung der Datenerhebung

Die Datenerhebung fand von September 2021 bis Dezember 2021 statt. Durch ein Rundmail der Schulämter wurden alle evangelischen Religionslehrer*innen, die hauptsächlich im Pflichtschulbereich unterrichten, kontaktiert und über die Datenerhebung informiert. Interessierte Lehrer*innen konnten sich direkt melden und einen Termin für ein Interview vereinbaren. Von den 16 Interviews fanden 12 online über eine Videokonferenz-Plattform statt, vier fanden in Präsenz in Wien in den Räumlichkeiten der Kirchlich Pädagogischen Hochschule Wien/Krems bzw. einer Evangelischen Pfarrgemeinde statt.

3.4 Sample

Für dieses Forschungsprojekt wurden 16 evangelische Religionslehrer*innen befragt, die hauptsächlich im Pflichtschulbereich tätig sind. Von den 16 Religionslehrer*innen sind vier männlich und 12 weiblich. Sie sind zum Befragungszeitpunkt zwischen 24 und 57 Jahre alt, der Mittelwert des Alters aller befragten Religionslehrer*innen liegt bei 42,6 Jahren. Das Dienstalter erstreckt sich von zwei bis 24 Dienstjahren, wobei hier der Mittelwert bei 16 Dienstjahren liegt. Die befragten Religionslehrer*innen arbeiten in verschiedenen Bundesländern. Ihr Einsatzgebiet ist entweder vorwiegend städtisch (fünf), vorwiegend ländlich (sieben) oder eine Mischung aus beidem (vier). Zehn der befragten Religionslehrer*innen üben den Beruf in Vollzeit aus. Die sechs anderen Religionslehrer*innen arbeiten außerdem im Bildungs- oder Sozialbereich.

Aus den Ergebnissen wird deutlich, dass die befragten Religionslehrer*innen dem Thema Nachhaltigkeit gegenüber überwiegend positiv eingestellt sind. Das wird nicht auf alle Religionslehrer*innen zutreffen. Daher muss an dieser Stelle festgehalten werden, dass das Sample des vorliegenden Forschungsprojektes nicht die Gesamtheit aller Religionslehrer*innen widerspiegelt und angenommen werden kann, dass sich diejenigen Religionslehrer*innen, die Nachhaltigkeit nicht positiv sehen oder sich kaum in dem Bereich engagieren, sich nicht als Interviewpartner*innen zur Verfügung gestellt haben.

3.5 Umfang und Charakteristika der Daten

Die Daten lagen zunächst als Audiodateien vor und wurden in Textdateien transkribiert. Es waren insgesamt 16 Audiodateien, die einen Gesamt-Umfang von 649 Minuten haben. Die einzelnen Interviews waren zwischen 20 und 81 Minuten lang, der Mittelwert aus allen Interviews liegt bei 40,56 Minuten. Die Textdateien haben einen Umfang von insgesamt 149 Seiten mit insgesamt 439.521 Zeichen inklusive Leerzeichen. Diese Textdateien sind die Grundlage für die Analyse.

3.6 Auswertungsmethode

3.6.1 Qualitative Inhaltsanalyse

Die vorliegenden Transkripte wurden mit Hilfe der Qualitativen Inhaltsanalyse nach Mayring ausgewertet. Mayring (2015, S. 65 f.) unterscheidet drei Grundformen des Interpretierens: Zusammenfassung, Explikation und Strukturierung. Von diesen drei Grundformen wurde für das vorliegende Projekt die Zusammenfassung gewählt, da aufgrund der zentralen Forschungsfrage eine induktive Kategorienbildung angestrebt wurde. Durch diese Interpretationsform ist es möglich, induktiv Kategorien zu bilden, die nah am ursprünglichen Material sind (vgl. Weiß, 2018, S. 131). Dabei wird das Material auf die wesentlichen Inhalte reduziert und abstrahiert. Nach der Festlegung der Analyseeinheiten erfolgt die Reduzierung und Abstraktion nach den vorgegebenen Schritten: Paraphrasierung, Generalisierung auf das Abstraktionsniveau, erste Reduktion, zweite Reduktion (vgl. Mayring, 2015, S. 69 ff.). Mayring (2015, S. 71) empfiehlt, bei größeren Textmengen mehrere Analyseschritte zusammenzufassen, da es in diesem Fall schwer möglich ist, alle Textstellen zu paraphrasieren. Die ausführlich beschriebenen Interpretationsregeln für die einzelnen Schritte finden sich bei Mayring (2015, S. 72). Nach der zweiten Reduktion werden die Aussagen als Kategoriensystem zusammengefasst und am Ausgangsmaterial rücküberprüft. Damit wird eine große Materialmenge auf die wesentlichen Inhalte reduziert.

Für die induktive Kategorienbildung ist es nun nicht erforderlich das gesamte vorliegende Material im Detail zu bearbeiten, sondern selektiv anhand der Fragestellung vorzugehen (vgl. Mayring, 2015, S. 69 ff.). Das heißt, es werden bestimmte Aspekte des Materials untersucht. Ausgehend von der Forschungsfrage

»Welche Einstellungen haben evangelische Religionslehrer*innen zu Nachhaltigkeit?« wurde für die Datenauswertung Folgendes festgelegt:

Als Kategoriendefinition wurden *subjektive Einstellungen, Vorstellungen und Meinungen von Religionslehrer*innen zu Nachhaltigkeit im (Schul-)Alltag und Religionsunterricht* festgelegt. Orientierung dafür bietet das Drei-Komponenten-Modell von Einstellungen (Eagly & Chaiken, 1993; Rosenberg et al., 1960; Rosenberg & Hovland, 1960). Demnach wurden subjektive kognitive, verhaltensbezogene und affektive Einstellungen aus dem Material herausgefiltert. Als Abstraktionsniveau wurde festgelegt, dass es sich um subjektive und konkrete Aussagen der befragten Religionslehrer*innen zu Nachhaltigkeit handelt. Als Kodiereinheit wurden klare zusammenhängende und bedeutungstragende Elemente aus den Interviews festgelegt, die Kontexteinheit bildet jeweils das ganze Interview einer Person und die Auswertungseinheit ist das ganze vorliegende Material, wie es oben beschrieben wurde.

In einem ersten Schritt wurde das Material in Bezug zu Kategoriendefinition durchgearbeitet und Kategorien nahe am Text auf Abstraktionsniveau formuliert. Aufgrund der großen Datenmenge wurde dafür ein Programm gewählt, um die Analyse digital durchführen zu können. Aus dem Angebot an verfügbarer Software für qualitative Inhaltsanalyse wurde das von Mayring selbst mitentwickelte Programm QCAmap verwendet. Die Textdateien wurden zur Analyse in das Programm hochgeladen und anhand der Kategoriendefinition durchgearbeitet. Nachdem zehn Prozent des Textes durchgearbeitet waren, wurden die Kategorien noch einmal rücküberprüft. Danach wurde auch das restliche Material durchgearbeitet.

Nach dem ersten Durchlauf wurde ein Re-Test vorgenommen, um zu überprüfen, ob dieselben Ergebnisse zustande kommen. Die Kategorien aus dem ersten Durchlauf haben diesen Re-Test bestanden. Daher wurden in einem weiteren Schritt die gefundenen Kategorien zu Hauptkategorien zusammengefasst. Für die Bildung der Hauptkategorien war entscheidend, thematisch zusammenhängende Kategorien zusammen zu fassen.

In dem Vorgang der Datenauswertung wurden die Gütekriterien der sozialwissenschaftlichen Forschung berücksichtigt und angewendet. Reliabilität und Validität konnten sichergestellt werden, in dem ein Re-Test in der Auswertung durchgeführt wurde, der Forschungsprozess schriftlich dokumentiert wurde und die einzelnen Schritte und Ergebnisse mit einer Expertengruppe kollegial im Rahmen der religionspädagogischen Sozietät an der Evangelisch-Theologischen Fakultät der Universität Wien diskutiert wurden. All das ermöglicht, dass die Ergebnisse intersubjektiv nachvollziehbar sind.

3.6.2 Ergänzende Auszählung von Häufigkeiten

Bei der Darstellung und Beschreibung der Ergebnisse wird auch ein einfaches quantifizierendes Verfahren verwendet, das Auszählen von Häufigkeiten. Am Ende des Ergebnis-Kapitels wird eine Tabelle gezeigt, die angibt, wie häufig die jeweiligen Kategorien und von wie vielen Personen sie jeweils genannt wurden. So schlägt es Mayring (2015) vor, wenn er beschreibt:

> Dann wäre es auch interessant, welche Kategorien häufig auftauchen. Dies lässt sich dann gut in einer Tabelle darstellen. Von Interesse ist [...], jedenfalls bei größeren Materialmengen, die prozentuale Verteilung, wobei hier unterschieden werden kann nach Prozent aller Kodierungen und Prozent aller Personen, die eine Kategorie zeigten. (Mayring, 2015, S. 89)

Entsprechend diesem Beispiel, wird auch für dieses Forschungsprojekt eine solche Tabelle erstellt. Neben dieser tabellarischen Darstellung finden sich ebenso in den Beschreibungen der einzelnen Kategorien entsprechende Hinweise, wenn etwa erwähnt wird, wie viele der befragten Religionslehrer*innen auf eine der Kategorien eingehen. Dass diese Vorgangsweise legitim ist in qualitativen Studien, beschreibt etwa Maxwell (2010, S. 478): »Specifically, numbers in the sense of simple counts of things (Becker's quasi statistics) are a legitimate and important sort of data for qualitative researchers.« Er bezieht sich dabei auf Becker (1970), der eine solche Vorgehensweise als *Quasi-Statistik* bezeichnet. Becker (1970) erklärt, dass durch die Verwendung von Zahlen Worte wie *viele, oft, manche* etc. präzisiert werden, da es durch die Zahlen einen Anhaltspunkt für diese unpräzisen Termini gibt und er sagt dazu: »One of the greatest faults in most observational case studies has been their failure to make explicit the quasi-statistical basis of their conclusions« (Becker, 1970, S. 81f.).

Durch diese Vorgangsweise und Darstellung soll keine Wertung einzelner Kategorien vorgenommen, sondern verdeutlicht werden, wie stark manche Themen bei den befragten Religionslehrer*innen präsent sind. Durch die Vielschichtigkeit und Breite des Nachhaltigkeits-Begriffes gibt es viele verschiedene Anknüpfungspunkte, wie bereits in den theoretischen Grundlegungen in Kapitel 2 verdeutlicht wurde. Auch das kann hier deutlich werden, wenn etwa beschrieben wird, dass manche Kategorien nur vereinzelt vorkommen, andere dafür von nahezu allen befragten Religionslehrer*innen benannt werden.

Durch den Einsatz eines einfachen quantitativen Verfahrens werden die Ergebnisse aber nicht repräsentativ für die Gesamtheit der evangelischen Religionslehrer*innen in Österreich, die im Pflichtschulbereich unterrichten. Das vorliegende Forschungsprojekt bleibt eine qualitativ-empirische Studie, die einen Einblick in mögliche Einstellungen zu Nachhaltigkeit gibt, ohne den Anspruch zu erheben, repräsentativ für alle Religionslehrer*innen zu sprechen.[37] Ebenso wird dadurch das Forschungsprojekt nicht automatisch zu einer Mixed-Methods-Studie, wie u. a. Maxwell (2010) argumentiert.

Erwähnt werden muss an dieser Stelle auch, dass es nicht unumstritten ist, qualitative und quantitative Auswertungsmethoden zu kombinieren (vgl. u. a. Maxwell, 2010; Vogl, 2017), auch wenn dies im vorliegenden Forschungsprojekt nicht tiefgehend geschieht. Allerdings gibt es auch Beispiele dafür, dass es sinnvoll sein kann, eine solche Kombination der Auswertungsmethoden vorzunehmen (vgl. u. a. Vogl, 2017, S. 293 ff. oder Fakis et al., 2014). »Qualitatives Arbeiten sollte Zahlen nicht *per se* ausschließen, denn Zahlen können die Überzeugungskraft von Ergebnissen erhöhen,« argumentiert Vogl (2017, S. 307) das Vorgehen der Kombination verschiedener Verfahren zur Datenauswertung. Denn »wenn Quantifizierungen kritisch und kreativ eingesetzt werden, können sie die Komplexität qualitativer Daten ergänzen, erweitern, andere Analysemöglichkeiten oder Darstellungsformen eröffnen« (Vogl, 2017, S. 309). Im vorliegenden Forschungsprojekt geht es vor allem um die Darstellungsformen, die ergänzt werden können.

3.7 Exkurs zum Kontext: Evangelischer Religionsunterricht in Österreich

Zur Einbettung der Ergebnisse in den Kontext der Situation, wird an dieser Stelle die Situation des Evangelischen Religionsunterrichts an Allgemeinbildenden Pflichtschulen (APS) in Österreich umrissen und der Lehrplan kurz vorgestellt.

3.7.1 Organisation

Das Fach Religion ist in Österreich ein Pflichtgegenstand. Es besteht jedoch die Möglichkeit zur Abmeldung. In der Regel kommt eine Religionsstunde zustande, wenn es an der Schule mindestens drei Schüler*innen gibt, die am jeweiligen konfessionellen Religionsunterricht teilnehmen (vgl. Jäggle & Klutz, 2013, S. 79). Für den evangelischen Religionsunterricht sind klassen- und schulstufenübergreifende Gruppen keine Seltenheit. Mitunter gibt es auch Gruppen, die schulübergreifend gebildet werden, um Schüler*innen die Teilnahme am Religionsunterricht ermöglichen zu können. Schüler*innen ohne religiöses Bekenntnis können sich zum Religionsunterricht anmelden. Kleine Gruppen, die aus weni-

---

37 Vgl. dazu u. a. Vogl (2017, S. 308) oder Maxwell (2010, S. 479 f.), die darauf hinweisen, dass sich durch die Quantifizierung von qualitativen Daten keine Generalisierbarkeit ableiten lässt.

ger als zehn Schüler*innen bzw. weniger als der Hälfte der Klasse bestehen, haben eine Wochenstunde Religion. Größere Gruppen, ab zehn Schüler*innen bzw. mehr als der Hälfte der Klasse, haben zwei Wochenstunden Religion.

Aus der Minderheitensituation der evangelischen Bevölkerung in Österreich ergibt sich, dass es an den Schulen je nach geografischem Standort wenige evangelische Schüler*innen gibt. In den sogenannten evangelischen Ballungszentren sind durchaus auch Schulen mit Klassen mit überwiegend evangelischen Schüler*innen zu finden. Zum Großteil sind es aber einige wenige Schüler*innen in einer Klasse oder einer Schule, die evangelisch sind. Das heißt für den Religionsunterricht, dass Religionslehrer*innen in der Regel an mehreren Schulstandorten tätig sind, um ihr Stundenausmaß zu füllen (vgl. Jäggle & Klutz, 2013, S. 79). Das bringt Chancen und Hindernisse mit sich. Religionslehrer*innen lernen viele verschiedene Schulen kennen, sind allerdings meist an keiner Schule stark verankert. Selbstverständlich gibt es hier auch andere Modelle, wo Religionslehrer*innen schon an einer Schule sehr stark präsent sind. Durch die vielen Schulstandorte ergeben sich Wege zwischen den Schulen. Die Organisation des Stundenplans kann dadurch auch sehr herausfordernd sein. Durch die Zusammenlegung von mehreren Klassen oder sogar Schulen findet der Religionsunterricht auch an Volksschulen an Randzeiten im Stundenplan statt. Manchmal sind es auch Nachmittagsstunden.

Die konkrete Situation des Religionsunterrichts an den jeweiligen Schulen kann die vorher genannten Punkte erfüllen oder auch nur einen davon oder keinen. Es hängt von vielen Faktoren ab, es zeichnet sich aber doch ab, dass der evangelische Religionsunterricht in Österreich an Pflichtschulen aufgrund der Minderheiten- und Diasporasituation mit einigen organisatorischen Herausforderungen konfrontiert ist. In diesem Kontext sind anschließend auch die Ergebnisse der vorliegenden Studie zu betrachten.

3.7.2 Lehrplan

Zur Bildungs- und Lehraufgabe des evangelischen Religionsunterrichts ist hervorzuheben, dass er »als eigenes Fach die religiöse und ethische Dimension des umfassenden Bildungsauftrages der Schule wahr[nimmt]« (Evangelischer Oberkirchenrat A. u. H.B., 2019, S. 4).

Bezug nehmend auf die zentrale Frage des Forschungsprojektes scheint von den sechs Grundkompetenzen des Lehrplans die sechste Grundkompetenz am wichtigsten zu sein: »Herausforderungen unserer Welt wahrnehmen, auf Grund des evangelischen Glaubens Stellung beziehen und ethisch verantwortlich handeln« (Evangelischer Oberkirchenrat A. u. H.B., 2019, S. 5). Aus den didaktischen Grundsätzen geht hervor, dass im evangelischen Religionsunterricht Lebenswelt und Lebenserfahrungen von Schüler*innen und Lehrer*innen im Mittelpunkt stehen.

Die Anwendungsbereiche für Primarstufe und Sekundarstufe I bieten einige Zugänge und thematische Anknüpfungspunkte für eine Beschäftigung mit dem breiten Themenfeld Nachhaltigkeit. So kommen bereits in der ersten Schulstufe die Themen Gemeinschaft und Zusammenleben (Ich – Du – Wir) und Freude an der Schöpfung vor. In der zweiten Schulstufe steht zum Beispiel Weihnachten unter dem Aspekt der Hoffnung, auch Frieden und die Zukunft der Schöpfung sind hier große Themen. In der dritten Schulstufe geht es unter anderem um Regel und Recht, aber auch darum, wie mit Fremden umgegangen wird. In der vierten Klasse wird zum Beispiel die eine Welt thematisiert. Außerdem finden sich in allen vier Schulstufen der Primarstufe zahlreiche biblische Geschichten, die vom Umgang miteinander erzählen, die das Augenmerk auf Gerechtigkeit und Hoffnung legen und die Fragen nach der Zukunft aufwerfen – und dem guten Leben für alle. Auch in der Sekundarstufe I finden sich ähnliche Themen, die hier vertieft behandelt werden können. So finden sich hier zum Beispiel die Lernschwerpunkte »Gott erfahren« (hier wird unter anderem Schöpfung thematisiert), »Christsein in der Welt« oder »Freiheit gestalten«. Je nachdem wie weit oder eng man den Begriff Nachhaltigkeit fasst, finden sich noch mehr Themenbereiche, bei denen auch Nachhaltigkeit thematisiert werden kann. Die hier genannten Beispiele stellen eine subjektive und nicht vollständige Auswahl dar.

3.8 Zwischenfazit

Grundlage für die Erstellung eines Interviewleitfadens waren sowohl die durchgeführten Fokusgruppen-Interviews, bei denen vor allem nach Assoziationen von Religionslehrer*innen mit dem Begriff Nachhaltigkeit gefragt wurde, als auch die theoretischen Grundlegungen für das Forschungsprojekt, die im vorhergehenden Kapitel dargelegt wurden. Es wurden 16 evangelische Religionslehrer*innen, die hauptsächlich im Pflichtschulbereich unterrichten zu ihren Einstellungen zu Nachhaltigkeit befragt. Bei der Erstellung des Interviewleitfadens wurde das Drei-Komponenten-Modell von Einstellungen (Eagly & Chaiken, 1993; Rosenberg & Hovland, 1960) berücksichtigt und daher kognitive, affektive und verhaltensbezogene Einstellungen abgefragt. Dabei waren die Fragen in drei große Themenblöcke geordnet: Nachhaltigkeit im Alltag und Privatleben, Nachhaltigkeit in der Schule und Nachhaltigkeit als Thema im Religionsunterricht. Nach Transkription der Audiodateien wurden die Textdateien mit Hilfe der Qualitativen Inhaltsanalyse nach Mayring ausgewertet. Die auf diese Weise induktiv gebildeten Kategorien werden im folgenden Kapitel vorgestellt.

Zum Verständnis der Ergebnisse ist es wichtig, die Organisation und den Lehrplan des Evangelischen Religionsunterrichts in Österreich zu kennen. Gerade die Organisation hinsichtlich der Minderheitensituation für die Mitglieder der Evangelischen Kirchen in Österreich birgt Chancen und Hindernisse für den Religionsunterricht. Der Lehrplan orientiert sich vor allem an der Lebenswelt und den Erfahrungen der im Lernprozess Beteiligten und so finden sich einige thematische Anknüpfungspunkte für eine Auseinandersetzung mit dem Themenfeld Nachhaltigkeit.

4 Ergebnisse

Nachhaltigkeit ist kein einfach zu fassender Begriff mit einer klaren und eindeutigen Definition. Vielmehr sind mit dem Begriff viele verschiedene Themen vernetzt. Dadurch ist auch die Frage nach den Einstellungen von Religionslehrer*innen zu Nachhaltigkeit mit unterschiedlichen Facetten und Einzelthemen verbunden. Die induktiv gebildeten Kategorien wurden deshalb zu Hauptkategorien zusammengefasst, die im Folgenden kurz vorgestellt und in den anschließenden Unterkapiteln weiter entfaltet werden.

Die Hauptkategorie *Persönliche Zugänge und Beschreibungen* macht deutlich, wie die befragten Religionslehrer*innen Nachhaltigkeit verstehen, wie sie Nachhaltigkeit beschreiben würden und wie ihre persönlichen Zugänge zu dem breiten Themenfeld sind. Dabei thematisieren sie auch, wie sie beeinflusst werden von ihrem Umfeld, aber auch wie sie ihr Umfeld beeinflussen. Außerdem wird in dieser Hauptkategorie die ambivalente Gefühlspalette thematisiert, die im Zusammenhang mit dem Thema Nachhaltigkeit geweckt wird.

Die *Beobachtungen im Schulalltag* der befragten Religionslehrer*innen sind vielschichtig. Sie reichen vom bewussten oder nachlässigen Umgang mit Ressourcen, über die Frage der Vorbildwirkung von Lehrer*innen bis hin zur Frage, ob Nachhaltigkeit in den Schulen heute präsenter ist oder eher gar nicht thematisiert wird.

Eine wichtige Kategorie ist *Nachhaltigkeit als Thema im Religionsunterricht*. Darin wird beschrieben, mit welchen spezifischen Themen die befragten Religionslehrer*innen das Thema Nachhaltigkeit verknüpfen und wie es konkret im Religionsunterricht vorkommt. Dabei geht es auch um die Frage, ob Nachhaltigkeit als interessant und wichtig angesehen wird und die Gründe, weshalb Nachhaltigkeit im Religionsunterricht thematisiert wird.

*Aufgabe von Religionslehrer*innen und Funktion des Religionsunterrichts* lautet die Überschrift der nächsten Hauptkategorie. In dieser wird erläutert, welche Aufgaben die befragten Religionslehrer*innen einerseits sich selbst, aber auch dem Religionsunterricht zuschreiben und wie diese umgesetzt werden können. Zentral dabei ist die Aussage der befragten Religionslehrer*innen, dass sie Nachhaltigkeit als Auftrag und auch als Verantwortung ansehen.

Dass Nachhaltigkeit nicht immer einfach umzusetzen ist, beschreibt die Kategorie *Reflexion von Chancen und Herausforderungen*. Religionslehrer*innen erzählen, wie sie mit kleinen Schritten Nachhaltigkeit in den (Schul-)Alltag integrieren, sich dabei aber dessen bewusst sind, dass es auch Grenzen gibt. Und die sind oft dort zu finden, wo es droht, zu einem Zwang zu werden. Leicht fällt es, Nachhaltigkeit dort umzusetzen, wo die eigene Selbstwirksamkeit gut spürbar ist.

Alle fünf Hauptkategorien werden im Folgenden näher beschrieben und mit entsprechenden Zitaten aus den Interviews belegt, so dass die befragten Religionslehrer*innen selbst zu Wort kommen können.

4.1 Persönliche Zugänge und Beschreibungen

Die erste Hauptkategorie beschäftigt sich mit dem grundsätzlichen Verständnis von Nachhaltigkeit und den persönlichen Zugängen der befragten Religionslehrer*innen. Dabei wird einerseits deutlich, welche Beschreibungen und Themen Religionslehrer*innen mit dem Begriff Nachhaltigkeit verbinden, aber auch, wie sie selbst Nachhaltigkeit in ihrem Alltag verorten, leben und welche Erfahrungen damit verknüpft werden. Neben Herausforderungen, die besprochen werden, stehen auch die Gefühle im Fokus, die von den befragten Religionslehrer*innen oft nicht so einfach konkret benannt werden konnten.

4.1.1 Nachhaltigkeit bedeutet, an die Zukunft zu denken

Von vielen der befragten Religionslehrer*innen (12 Personen) wird in der Beschreibung von Nachhaltigkeit die Zukunft genannt. Zukunft hat dabei mehrere Aspekte. Zukunft kann meinen, dass man an seine eigene Zukunft denkt und den eigenen Konsum dahingehend befragt, wie lange man etwas davon hat. »Dass ich was tu, was ich dann für längere Zeit habe. Also, dass ich was erhalte und wieder nutzen kann« (Religionslehrerin C). Auch Religionslehrerin P spricht davon, sich nicht vergünstigte Dinge zu kaufen, die vermutlich nur kurze Zeit halten und dann muss man sie bald wieder kaufen, weil die Qualität nicht gut ist. Es geht aber nicht nur um den eigenen Konsum, sondern auch das eigene Reden und Handeln haben Einfluss auf die Zukunft. Dazu erklärt Religionslehrer D: »Wenn ich meinem Handeln und Sprechen die Überlegung vorausschicke, was das nicht nur kurzfristig, sondern mittelfristig und langfristig bewirkt und mein Handeln und Reden nach positiven Auswirkungen in der Zukunft ausrichte.«

»Dass etwas für lange Zeit bestehend ist«, bezieht Religionslehrerin M darauf, dass Schüler*innen in der Schule nicht Dinge stur auswendig lernen sollen, sondern dass sie es verinnerlichen, verstehen und auch in ihrem Alltag umsetzen können. Religionslehrerin I geht noch einen Schritt weiter, indem sie ausführt, dass wir das Konzept der Nachhaltigkeit verinnerlicht haben sollten, »dass wir gar nicht bewusst handeln müssen, sondern dass wir einfach so handeln, dass es nachhaltig ist.«

Genannt wird von Religionslehrer*innen außerdem explizit die Zukunft des Planeten Erde, um die es geht, wenn sie von Nachhaltigkeit sprechen. In dem Zusammenhang werden »globale Probleme« (Religionslehrerin F) genannt, die es zu lösen gilt und »auf unser Leben auf unserem Planeten, auf unsere Mitmenschen, aufzupassen« (Religionslehrerin F). Dazu gehört auch, dass die Erde allen Menschen gehört »und genauso wie man Menschen nicht ausnutzen darf, sollte man die Natur nicht ausnutzen dürfen« (Religionslehrerin O). Religionslehrerin N stellt sich in dem Zusammenhang die Frage: »Wie gehe ich mit etwas um, was eigentlich nicht mir allein gehört?« Damit ist einerseits angesprochen, dass sich alle Menschen den Planeten teilen, aber auch »was ich tue, hat ja Konsequenzen für die nächste Generation« (Religionslehrerin N). Die Sorge um die Generationen, die nach uns kommen, ist ein häufiges Thema in den Interviews. Auch die »von den Kindern geborgte Welt« (Religionslehrerin H) wird in dem Zusammenhang genannt. Nachhaltig leben bedeutet für befragte Religionslehrer*innen, dass unser Handeln sich nicht nur auf den Moment ausrichtet, sondern auch bedacht wird, welche Konsequenzen es für die nächsten Generationen hat.

Mit diesem Zukunfts-Aspekt oder Generationen-Aspekt des Nachhaltigkeit-Begriffes wird auch argumentiert, dass dies der Grund dafür sei, nachhaltig zu leben und Nachhaltigkeit stark in den Alltag zu integrieren.

4.1.2 Nachhaltigkeit hat mit Ressourcen, Umwelt, Mobilität, Konsum zu tun

Nahezu alle befragten Religionslehrer*innen (15 Personen) nennen die Themen Ressourcen, Umwelt, Mobilität und/oder Konsum, wenn sie ihr Verständnis von Nachhaltigkeit beschreiben oder erzählen, wie Nachhaltigkeit in ihrem Alltag vorkommt.

In den Beschreibungen der befragten Religionslehrer*innen wird an einigen Stellen von Ressourcen gesprochen. Gemeint ist damit einerseits der sparsame Umgang mit Ressourcen, sei es, indem man ein Passivhaus besitzt, versucht Wasser zu sparen, Plastik zu vermeiden oder auf unnötige Verpackungen zu verzichten. Ressourcen können andererseits aber auch wiederverwendet werden. Religionslehrer D erzählt, dass er so viel wie möglich recycelt und selbst Upcycling betreibt. Religionslehrerin K berichtet von Kleidertausch-Partys, an denen sie immer wieder teilnimmt, statt sich neue Kleidung zu kaufen. Religionslehrerin J hat ein Repair-Cafe mitgegründet, in dem kaputte Geräte wieder repariert werden und dadurch nicht weggeworfen werden müssen. Ressourcen werden aber auch in den allgemeinen Beschreibungen von Nachhaltigkeit genannt. Religionslehrerin P erklärt dazu: »Nachhaltigkeit ist ganz ein großer Begriff. Nicht nur, dass die Sachen lange halten sollen und eine gewisse Zeit überstehen sollen, sondern auch, was ich an Ressourcen verbrauche. Es geht um die Ressourcen, dass ich ressourcenschonender lebe.« Das Leben »möglichst ressourcenschonend« zu gestalten ist zum Beispiel auch für Religionslehrerin H ein wichtiges Thema und persönlicher Zugang zum Thema Nachhaltigkeit. Dass man sich an den Ressourcen orientieren sollte, beschreibt Religionslehrerin J folgendermaßen: »Unser ganzes Wirtschaften und Handeln sollte eigentlich so ausgerichtet sein, dass wir nur so viele Ressourcen verschwenden oder verwenden, wie sie dann auch nachwachsen können oder wie wir sie dann auch neu lukrieren können.« In den persönlichen Zugängen und Beispielen aus dem Alltag werden die Ressourcen explizit oft genannt, aber auch mit anderen Themen wie Mobilität, Energie, Konsum und/oder Nahrung verknüpft.

Mobilität ist für Religionslehrer*innen ein wichtiges Thema, weil sie erzählen, dass sie gerade im ländlichen Bereich viel mit dem Auto unterwegs sind. »Ich könnte ohne Auto nicht arbeiten«, erzählt Religionslehrerin A, aber auch Religionslehrerin P erklärt: »Ich bin ja ganz viel mit dem Auto unterwegs und das ist definitiv nicht nachhaltig. Aber anders könnt ich meinen Job nicht machen.« Religionslehrerin J, die in einer Stadt lebt und arbeitet, erzählt, dass sie ganzjährig mit dem E-Fahrrad zu den Schulen unterwegs ist. Religionslehrerin K hat die Möglichkeit, in alle Schulen mit öffentlichen Verkehrsmitteln zu kommen. In diesem Zusammenhang wird allerdings auch kritisiert, dass oft das öffentliche Verkehrsnetz nicht ausreichend ausgebaut ist oder dass es sich aus organisatorischen Gründen nicht ausgeht, beruflich auf das Auto zu verzichten. Im Alltag wird aber trotzdem versucht, so gut es geht, Strecken mit dem Fahrrad zu fahren oder zu Fuß zu gehen.

Beim Thema Konsum spielt Nachhaltigkeit eine große Rolle. So ist es beim täglichen Lebensmittel-Einkauf für einige der befragten Religionslehrer*innen sehr wichtig, auf Regionalität und Saisonalität zu achten, zum Beispiel »Fleisch direkt beim ab Hof Verkauf« (Religionslehrerin H) zu kaufen oder grundsätzlich »vor allem direkt beim Bauern« (Religionslehrerin M) einzukaufen. Bei der Anschaffung neuer Kleidung achtet Religionslehrerin J auf Second-Hand-Kleidung. Religionslehrerin L erzählt, dass sie ein sehr altes Handy besitzt und benutzt, weil es noch gut funktioniert und sie sagt dazu: »Das mach ich mit Absicht, weil ichs unmöglich finde, mit diesem Cobalt-Abbau im Kongo, wo Kinder in den Mienen arbeiten müssen.« Für sie ist es wichtig, dieses Bewusstsein für die Zusammenhänge mit unserem Konsum deutlich zu machen. Denn viele Menschen würden einen »übertriebenen Lebensstil« (Religionslehrerin L) führen und da ist es möglich »alles, was mit Konsum zusammenhängt, das einzuschränken« (Religionslehrerin L).

4.1.3 Nachhaltigkeit im Alltag ist wichtig

Die befragten Religionslehrer*innen geben an, dass für sie Nachhaltigkeit im Alltag wichtig oder sehr wichtig ist. Dafür gibt es unterschiedliche Gründe. Einerseits wird argumentiert, dass es um die Zukunft geht und es deswegen wichtig ist, auch im Alltag selbst bewusst nachhaltig zu leben. Damit verbunden ist zum Beispiel die Sorge: »Weil ich wirklich Sorge habe, dass eben so wie wir leben, das alles eben erschwert auf dieser Welt« (Religionslehrerin I). Aber auch andere Emotionen sind damit verknüpft, wie das »Gefühl von Verbundenheit« (Religionslehrerin A), weil die Situation der Welt auch jeden einzelnen betrifft und man sich deswegen darum kümmert.

4.1.4 Nachhaltigkeit ist herausfordernd

Mit einem nachhaltigen Lebensstil sind einige Herausforderungen verbunden, die von den befragten Religionslehrer*innen genannt werden. Dazu gehört die finanzielle Frage, die Schwammigkeit des Begriffes an sich und allgemeine Herausforderungen.

Kritisch und/oder als einschränkend gesehen wird, dass Nachhaltigkeit mit Geld zusammenhängt. Religionslehrer B merkt im Interview an, »dass die Preise ziemlich überzogen sind.« Er bezieht sich dabei auf ein Beispiel, in dem er von einem Bioladen für Gemüse erzählt, wo das Gemüse »mindestens das Doppelte teurer ist wie im Supermarkt« (Religionslehrer B). Dazu merkt er an, »dass das jetzt zum Beispiel für eine alleinerziehende Mutter sicher schwierig ist, wenn sie zwei Kinder hat und, was weiß ich, von tausend Euro leben muss im Monat. Dass sie wirklich dort regelmäßig einkauft, das ist fast nicht leistbar« (Religionslehrer B). Das Thema wird auch von Religionslehrer G aufgegriffen, der meint: »Arm sein ist teurer als reich sein, weil man einfach die Möglichkeit hat, mehr Geld auszugeben und sich die besseren Sachen zu kaufen.« Beide sprechen damit die Problematik an, dass ein nachhaltiger Lebensstil in gewissen Bereichen teurer ist im Vergleich zum Kauf von konventionellen Produkten. Diesen Lebensstil können sich nicht alle Menschen leisten. Es ist laut Religionslehrer G auch »einfacher und bequemer«, die konventionellen Produkte und damit »nicht-nachhaltigen Konsum« zu wählen.

Das fällt Religionslehrer*innen aber nicht nur bei anderen auf, sondern auch bei sich selbst. Wenn man sich zum Beispiel die teure und nachhaltige Dämm-Möglichkeit fürs Haus nicht leisten kann (Religionslehrer D) oder wenn man einen kritischen Blick auf die Preisgestaltungen wirft, wie es Religionslehrerin H macht, wenn sie feststellt: »Teilweise ist es so teuer, wo ich mir dann nie sicher bin, ist es so teuer, weil die Produkte wirklich so teuer sind, oder ist es Geschäfte-Macherei? Dann fühl ich mich ausgenommen, wenn ich da nicht dahinter schauen kann, was ist es jetzt.«

Auch im Schulbereich spielt Geld in Bezug auf Nachhaltigkeit eine Rolle. Religionslehrer G spricht an, dass auch die Schulen mehr Geld bräuchten, um sich nachhaltigen Konsum leisten zu können. Das spielt zum Beispiel eine Rolle bei der Beschaffung von Materialien für den Werkunterricht, »und dieses Geld ist aber nicht da« (Religionslehrer G). Wenn in der Schule über Nachhaltigkeit gesprochen wird, sollte laut Religionslehrer G auch diese Dimension miteinfließen, weil das oft vergessen wird. Die Schule hat eine Vorbildfunktion und wenn sie sich die nachhaltigeren Produkte im Schulalltag nicht leisten kann, vermittelt das auch unbewusst Werte an Schüler*innen.

Dass Nachhaltigkeit kein einfach zu fassender Begriff ist, wird von zwei Religionslehrer*innen explizit angesprochen. Man könne Nachhaltigkeit nicht an einem konkreten Ort festmachen laut Religionslehrer G, der ausführt: »Also da kommen für mich tausend verschiedene Bereiche sozusagen fliegen zusammen und deshalb ist Nachhaltigkeit für mich gar nicht so einfach zusammenzufassen oder einfach zu beschreiben oder zu verorten, weils eben so viele Bereiche betrifft.« Damit spricht Religionslehrer G die Schwierigkeit an, den Begriff klar und deutlich zu definieren. In dem Zusammenhang spricht Religionslehrerin H nicht nur davon, dass Nachhaltigkeit vielschichtig ist, sondern erwähnt auch, dass sie durch diese Vielschichtigkeit »ganz mühsam zum Abwiegen« wird. Entscheidungen werden durch die Vielschichtigkeit des Begriffes erschwert.

Zu den bereits angesprochenen Geldfragen und der Vielschichtigkeit des Begriffes kommen schließlich noch allgemeine Herausforderungen. Religionslehrer G bringt ein, dass für einen nachhaltigen Lebensstil immer ein »Nachschauen und Nachdenken« notwendig ist, man muss sich mit seinen eigenen Gewohnheiten auseinandersetzen und das kann durchaus herausfordernd sein. Dazu kommt, dass Nachhaltigkeit derzeit in vielen Bereichen präsent ist und der Begriff auch zum Beispiel für Werbezwecke benutzt wird, »wo nicht ganz klar ist, was ist jetzt mit Nachhaltigkeit gemeint?« (Religionslehrer G). Man ist als Konsument gefordert, sich mit den verschiedenen Zusammenhängen auseinanderzusetzen. Dafür ist nicht immer die Zeit oder der Wille da, wie es Religionslehrerin P beschreibt: »Das ist Gewohnheit und Faulheit bei mir, dass es nicht so eine Priorität hat. Es ist bequem, einfach nicht zu viel darüber nachzudenken und schnell einkaufen zu gehen.« Die eigene Bequemlichkeit wird hier auch als

Herausforderung empfunden, weil Nachhaltigkeit fordert, dass man eingefahrene Gewohnheiten ändert.

4.1.5 Nachhaltigkeit weckt ambivalente Gefühle

In dieser Kategorie werden alle von Religionslehrer*innen in den Gesprächen genannten Gefühle zusammengefasst und beschrieben. Die Gefühle sind vielschichtig und waren manchmal nicht ganz leicht zu benennen. Die Fragen nach den Gefühlen haben einige Religionslehrer*innen herausgefordert und sie mussten länger darüber nachdenken. An dieser Stelle ist als Beobachtung festzuhalten, dass positive Gefühle oft als solche bezeichnet wurden, während bei den eher negativen Gefühlen konkrete Benennungen vorgenommen wurden und damit differenzierter ausgedrückt wird, was konkret gemeint ist.

Positive Gefühle, Freude, Brennen

Die positiven Gefühle werden, wie vorhin schon kurz angemerkt, wenig konkret benannt. Religionslehrerin A beschreibt es als »persönlich berührt« zu sein oder sie sagt »dieses Thema brennt mir wirklich unter den Nägeln.« Die positiven Gefühle, die sie mit Nachhaltigkeit verbindet, können als Berührung und Brennen konkretisiert werden.

Religionslehrerin C wird auch sehr konkret, wenn sie sagt: »das macht mich dann schon auch glücklich und zuversichtlich, dass ich mir denk, ja, das bringt was, wenn ich was sag.« Wenn in der Schule etwas gut gelingt, verbindet sie auch »eine große Freude« damit. Auch Religionslehrerin H bezeichnet ihre positiven Gefühle als »Riesen-Freude«. Religionslehrerin I sagt: »Also, es ist Freude, wenn man Nachhaltigkeit leben und mitgeben kann.« Religionslehrerin J nennt es ein »befriedigendes Gefühl, wenn man das Gefühl hat, man hat jetzt umweltgerecht gehandelt.«

Auch Religionslehrerin M bringt die Freude zur Sprache, wenn sie erzählt:

> Also mir bereitet das auch Freude, wenn ich den Kindern da was näherbringe. Man hat dann auch oft diese Aha-Erlebnisse, dass die Kinder dann sagen, ah, das hab ich noch gar nicht gewusst und oh, da werd ich jetzt drauf achten. Also das freut mich dann einfach, wenn ich mir denk, okay, das ist ein spannendes Thema, das die Kinder interessiert und da kann ich was bewirken.

Die Freude und die positiven Gefühle werden oft in Zusammenhang mit dem konkreten Religionsunterricht und der direkten Arbeit mit Schüler*innen genannt. Wenn Schüler*innen das Gelernte in Bezug auf Nachhaltigkeit umsetzen, erfüllt es Religionslehrer*innen mit positiven Gefühlen und Freude.

Für Religionslehrerin N ist es aber auch

> Zufriedenheit. Es ist ein Gefühl von man hat was richtig gemacht. Also man ist zufrieden mit sich selber, weil man sich ein Ziel gesetzt und das durchgezogen hat und man ist fast ein bisschen stolz auf sich, weil es ist ja manchmal nicht so leicht. Nachhaltigkeit gibt einem das gute Gefühl, was Richtiges zu tun.

Wenn etwas gelingt bzw. man das Richtige tut, wie Religionslehrerin N es nennt, kann sich ein positives Gefühl von Zufriedenheit ausbreiten.

Gespaltene Gefühle

Die Gefühle gegenüber dem großen Themenfeld Nachhaltigkeit können ambivalent sein. An insgesamt 13 Stellen in den Interviews berichten Religionslehrer*innen von solchen ambivalenten oder gespaltenen Gefühlen.

Diese Ambivalenz liegt für Religionslehrerin C zum Beispiel zwischen »beängstigend« und »großem Staunen«. An einer anderen Stelle erzählt sie aber auch:

> Einerseits Ärger, weil ich mich manchmal denk, es ist manchmal wirklich schwierig, auf alles immer zu achten. Andererseits Überforderung manchmal. Aber wenn ichs dann, wenn ich denk, heute hast du das wirklich gut hinbekommen, [...] das erfüllt mich dann schon mit Stolz auch irgendwo. (Religionslehrerin C)

Bei dem Ärger und der Überforderung, die manchmal hochkommen, ist es für Religionslehrerin C doch möglich, auch stolz zu sein, wenn dann etwas wirklich gut gelingt. Ähnlich bringt es auch Religionslehrer D auf den Punkt, wenn er sagt es sind »positive Gefühle eigentlich. [...] Aber sehr wohl negative Gefühle, wenn irgendwas nicht anders geht als wie, dass man da jetzt ja der Umwelt nix Gutes tut.« Auch wenn es grundsätzlich positive Gefühle sind, bleiben doch negative Gefühle zurück, wenn mal etwas nicht gelingt oder umgesetzt werden kann. Auch Religionslehrerin H beschreibt ihre Gefühle als »zwiegespalten, weil zum einen also es ist sehr schwierig. Ich bemüh mich wirklich nachhaltig zu sein, manchmal stoße ich aber auch an Grenzen, wo ich dann wütend bin, weil ich mir einfach denk, es ist so schwierig teilweise« (Religionslehrerin H).

Während Religionslehrerin I über ihre Gefühle nachdenkt, resümiert sie: »Also ich glaub, das sind viele Gefühle drinnen und die verändern sich, je nach ... je nach Situation.« Dieses Resümee lässt sich gut auf die Aussagen der anderen Religionslehrer*innen umlegen. Auch sie beschreiben ihre Gefühle abhängig von der Situation. Wenn etwas gut gelingt bzw. man es schafft, nachhaltige Handlungen zu setzen überwiegen die positiven Gefühle. Wenn man allerdings die nicht-nachhaltige Alternative wählen muss, weil es nicht anders geht, dann überwiegen die negativen Gefühle.

Zorn, Wut, Ärger

Zorn, Wut und/oder Ärger werden von Religionslehrer*innen mehrmals genannt als konkrete Gefühle, die sie in Verbindung mit Nachhaltigkeit bringen. Religionslehrer B sagt dazu zum Beispiel: »Und bei der Bewahrung der Schöpfung bin ich oft zornig darüber, wie die Menschen mit der Schöpfung umgegangen sind und immer noch umgehen.« Er führt im Weiteren aus, dass es ihn ärgert, wenn die Menschen ihren Müll einfach auf die Straße werfen oder wenn Lebensräume für Tiere vom Menschen verschmutzt werden.

> Wenn ich mir das so anschaue, was da teilweise auf der Welt passiert, machts mich wütend, [...] wenn da einfach schlecht umgegangen wird damit. Weil ich mir denk, naja, es trifft uns ja eigentlich alle und auch die Zukunft und auch die Kinder und so weiter. Also das macht mich wütend. (Religionslehrerin M)

Religionslehrerin M begründet ihre Wut damit, dass es »uns ja eigentlich alle« betrifft. Deswegen ist es unverständlich, wieso nicht-nachhaltig gehandelt wird.

Religionslehrer D ist sehr aufgewühlt, denn »wir schlittern immer mehr in eine Wertebeliebigkeit.« Das bereitet ihm große Sorgen. Religionslehrer G ist »genervt und verärgert«, wenn hinter Nachhaltigkeits-Versprechen nichts steckt und auf den ersten Blick scheinbare nachhaltige Alternativen sich auf den zweiten Blick als »zu kurzsichtig gedacht« entpuppen. Das hat vor allem mit Industrie und Politik zu tun, wie er erklärt:

> Eben diese Ignoranz gewisser Menschen, aber auch gewisser Industrien und vor allem auch der Politik, sehr kurzfristig zu denken und sehr kurzsichtig zu sein. Das macht einen sehr grantig, weil man weiß oder ich jedenfalls glaube zu wissen, dass es da andere Wege gibt. (Religionslehrer G)

Auch Religionslehrerin L ist genervt von Entscheidungen aus Industrie und Politik, sie sagt: »Also diese extreme Überproduktion, das macht mich irrsinnig aggressiv, eigentlich.«

Zorn, Wut und Ärger richten sich gegen Mitmenschen, gegen Politik, gegen Industrie, gegen Strukturen und Systeme. Bei Religionslehrerin O kommt noch die Dimension des Ärgers über sich selbst dazu. Sie sagt:

> Das Einzige, was passieren kann, ist, dass ich mich manchmal ärgere, wenn ich merk, es funktioniert nicht so, wies eigentlich sein könnte. Da kann ich mich dann kurzfristig darüber ärgern. [...] Wo ich wahnsinnig mich auch ärger [...], ist die Tatsache, dass ich es nicht schaffe, organisatorisch nicht schaffe, ohne Auto unterwegs zu sein. (Religionslehrerin O)

Der Ärger richtet sich nicht nur gegen die großen Strukturen und Systeme, die man selber schwer verändern kann, sondern findet sich auch im Privatbereich, wo man selber Einfluss hat, um Dinge zu verändern.

Hilflosigkeit

Ein Aspekt, mit dem gemeinsam auch Zorn und Ärger genannt werden, soll hier explizit und als eigener Punkt herausgegriffen werden. Religionslehrer B benennt in einem Abschnitt nämlich explizit das Gefühl der Hilflosigkeit angesichts aktueller Ereignisse:

> Mir fällt jetzt momentan nur ein, dieser Multi-Milliardär, der jetzt als erster Weltraumtourist da hinaufgeflogen ist ins All und ich hab für sowas überhaupt kein Verständnis. Das ist was, was ich nicht verstehe. Weil, mit dem Geld könnte man so vielen notleidenden Kindern helfen und was ist da nachhaltig? Wie soll ich sagen? Das ist vielleicht etwas was ich sagen wollte: natürlich sind das alles Tropfen auf dem heißen Stein, was wir da machen und mich ärgert das halt extremst, wenn ich dann schaue, wie wir zum Beispiel halt wirklich Müll trennen und sagen ich fahr mit dem Fahrrad und nicht mit dem Auto und in China pulvern die Fabriken den Dreck raus ohne nachzudenken. Und da kommst dir dann oft schon sehr hilflos vor und denkst dir, ich hab jetzt da eine Doku gesehen. In Tunesien haben die am Meer eine chemische Fabrik gebaut, die pumpen da, ich weiß nicht wie viel tausende Liter 70 Grad heißes Wasser täglich ins Mittelmeer und inzwischen müssen die Fischer schon, ich glaub, 30 km mit den Booten rausfahren, weil es dort keine Fische mehr gibt, und die müssen sich alle größere Boote kaufen. Haben aber kein Geld. Also die gehen dort wirklich vor die Hunde und du siehst das dort, das sind Rohre mit einem Durchmesser von drei vier Meter, wo dieses Abwasser rein gepumpt wird ins Meer und es tut niemand etwas dagegen. Und diese, das macht mich oft schon sehr traurig und sehr zornig. Weil, du kommst dir da oft, wir sagen halt da in der Steiermark, echt verarscht vor, ja. Und ich glaub, dass da einmal angesetzt werden müsste und das eben was bringt das dem, dass der da raufliegt mit seiner Rakete? Um, ich weiß nicht, wieviel Millionen US-Dollar. (Religionslehrer B)

Auch wenn man versucht, seine Handlungen nachhaltig zu gestalten, gibt es Menschen, Firmen, etc., die das nicht tun. Angesichts dessen kann man sich ärgern und zornig sein, sich gleichzeitig aber auch hilflos fühlen. Weil das noch eine wichtige Differenzierung der Gefühle darstellt, soll das hier auch explizit erwähnt werden und Platz haben.

Sorgen und Ängste

Angesichts der Lage der Welt und der Krisen, in denen sich die Menschheit befindet, äußert Religionslehrerin I Sorgen und Ängste:

> Weil ich wirklich Sorge habe, dass eben so wie wir leben das alles eben erschwert auf der Welt. Also ich hab schon Sorge, dass unser Leben hier vieles zerstört, was unwiederbringlich ist. Und dass es nicht fünf vor zwölf ist, sondern fünf nach zwölf. Das sind schon meine Ängste. (Religionslehrerin I)

Aus diesem Grund ist es für sie auch umso wichtiger, das Thema im Religionsunterricht zu behandeln und mit Schüler*innen über Nachhaltigkeit und die aktuellen Probleme in Bezug darauf zu sprechen. Diese Sorgen und Ängste wurden explizit nur von I benannt.

Schlechtes Gewissen

Für Religionslehrerin P steht vor allem mit Blick auf das Privatleben und das eigene Verhalten das schlechte Gewissen im Vordergrund:

> Da kommt das schlechte Gewissen hoch, weil ich eben weiß, dass da viel mehr möglich wär bei mir. Aber es ist halt wirklich, mir kommt halt vor, da muss man sich wirklich sehr in das Thema rein arbeiten, dass man Alternativen, ich mein, nicht überall. Es gibt ja schon sehr viel leichte Alternativen. Aber manchmal ist es halt eine Kostenfrage auch. Das ist halt leider das Traurige an der Sache. Aber es ist eigentlich das schlechte Gewissen, das Gefühl, was bei mir hochkommt. (Religionslehrerin P)

Das schlechte Gewissen von Religionslehrerin P rührt nach ihren Angaben daher, dass sie sich nicht ausreichend mit dem Thema beschäftigt, »da muss man sich wirklich sehr in das Thema rein arbeiten«, sagt sie. Interessant ist, dass sie als einzige Religionslehrerin in den Gesprächen das schlechte Gewissen angesprochen hat. Andere Religionslehrer*innen haben andere Schwerpunkte auf der Gefühlsebene.

4.1.6 Religionslehrer*innen beeinflussen andere und werden beeinflusst

Ein interessanter Aspekt ist, welche Einflüsse es auf die eigene Einstellung gibt und wie sich die Beschäftigung mit Nachhaltigkeit in der Schule auf die private Einstellung zu Nachhaltigkeit vielleicht auswirken kann.

Einflüsse durch das Umfeld/des Umfelds

Fünf der befragten Religionslehrer*innen berichten, dass sie von ihrem Umfeld in ihren Einstellungen beeinflusst werden. Das kann zum Beispiel das eigene Kind sein, das Umweltsystemtechnologie studiert und mit seinem Wissen, das es teilweise an die Eltern weitergibt, deren Einstellung in Bezug auf Nachhaltigkeit beeinflusst. Religionslehrerin F erzählt, dass sie in ihrem Freundeskreis beobachtet hat, wie immer mehr ihrer Freund*innen bewusst nachhaltig leben wollen. Dadurch wurde auch sie angeregt, sich mehr damit zu beschäftigen und sich zu fragen: »Lebe ich eigentlich nachhaltig?« (Religionslehrerin F). Das macht sie sensibler für das Thema und sie merkt, dass sie sich intensiver damit beschäftigen möchte. Auch aus dem Schulalltag können solche Impulse kommen, »..., dass man von einer Kollegin was erlebt oder bei den Schülern etwas sieht und sich dann denkt, oh, das wär ja auch etwas Gutes, wenn man das jetzt umsetzen würde« (Religionslehrerin K).

Umgekehrt stellt zum Beispiel Religionslehrer G fest, dass auch er sein Umfeld positiv beeinflussen kann, indem er sich nachhaltig verhält und anderen Personen in seinem Umfeld erklärt, wie man nachhaltig handeln könnte. Er ist davon überzeugt, dass es wichtig ist, nachhaltiges Leben vorzuleben, denn »das ist glaub ich der viel größere Beitrag, den man als Privatperson leisten kann« (Religionslehrer G).

Wechselseitige Einflüsse von Schulalltag und Privatleben

Gefragt nach der Richtung der Einflüsse, also ob der Schulalltag die Einstellungen im Privatleben beeinflusst oder eher umgekehrt, geben drei der 16 befragten Religionslehrer*innen an, dass es sich um eine wechselseitige Beeinflussung handelt. Man würde auf beiden Seiten immer wieder dazulernen und das hat dann auch Einfluss auf den jeweils anderen Bereich.

Vier der befragten Religionslehrer*innen haben angegeben, dass sich durch die Auseinandersetzung mit dem Thema in der Schule ihre private Einstellung in Bezug auf Nachhaltigkeit verändert hat und dass ihnen dadurch das Thema auch im Privatleben wichtiger geworden ist. Religionslehrerin F erzählt, dass sie »viel sensibler« für das Thema geworden ist und, »dass ich selber sehr viel lernen kann in dem Ganzen.« Durch die intensive Auseinandersetzung mit Themen, die mit Nachhaltigkeit zusammenhängen, gehen manche Religionslehrer*innen auch bewusster in ihrem privaten Alltag damit um.

> Und, wenn ich das in der Schule nicht hätte, weiß ich nicht, ob mir alles bewusst wäre. Wenn ich diesen Reiz aus der Schule nicht mitnehm. Ob ich, wenn ich den Reiz jetzt selbst in mir finden müsste, bin ich mir nicht sicher, ob alles in meinem Kopf wäre, was jetzt da ist. Also ich glaub ohne die Kinder wäre vielleicht vieles gar nicht so präsent. Ich glaub, dass ich daraus lerne, aus den Themen, die ich mit den Kindern erarbeite. Da profitiere ich auf alle Fälle auch. Also geh ich auch mit einem Rucksackerl raus, nicht nur die Kinder, von dem ich zehren kann. Und wo ich erinnert werde dran, wenn ich ihn aufklappe, ob das eigentlich anders auch gegangen wäre. Ich hab schon viele Baustellen noch in meinem Haushalt. (Religionslehrerin I)

In dem Zitat von Religionslehrerin I wird sehr deutlich, wie sehr die Auseinandersetzung im Unterricht ihr Privatleben beeinflusst.

Von den befragten Religionslehrer*innen sagen aber auch neun, dass ihre private Einstellung in Bezug auf Nachhaltigkeit ihre Einstellung im Schulalltag beeinflusst. Es ist ihnen privat ein großes Anliegen und wichtig. Gerade deswegen spielt das Thema für sie auch im Schulalltag eine große Rolle.

Also ich glaub schon, dass die private Einstellung treibend ist. Weil die private Einstellung treibt uns ja auch dazu, überhaupt Lehrerin werden zu wollen oder Religionslehrerin. Jetzt bleiben wir bei dem weil, das ist ja was ganz anderes als Mathelehrerin. Das heißt, ich will den Kindern irgendwas vermitteln. Erst zum Glauben, vielleicht aber wirklich von ethischen Fragen her auch. Sonst würde ich das nicht werden wollen, glaub ich. Das heißt, wenns jetzt bei der Nachhaltigkeit geht, erleb ich was in meinem Umfeld und brenn immer mehr dafür und sag dann ja, aber es ist ja ganz offensichtlich auch wichtig für den Religionsunterricht oder für unseren Glauben oder für unser evangelisch-Sein oder christlich-Sein oder so. Also versuch ich, da was weiterzugeben. (Religionslehrerin L)

Religionslehrerin L beschreibt damit sehr gut, wie selbst die private Einstellung einen dazu bringen kann, überhaupt Religionslehrer*in zu werden und damit verbunden, wie wichtig die private Einstellung ihrer Meinung nach für Lehrer*innen ist.

4.2 Beobachtungen im Schulalltag

Evangelische Religionslehrer*innen in Österreich sind meist an vielen verschiedenen Schulen tätig und können unterschiedliche Beobachtungen machen, die in dieser Hauptkategorie beschrieben werden. Im Fokus steht dabei die Wahrnehmung von Religionslehrer*innen davon, was ihnen in Bezug auf Nachhaltigkeit im Schulalltag auffällt, aber auch, was sie diesbezüglich bei sich selbst beobachten.

4.2.1 Es gibt (keinen) bewussten Umgang mit Ressourcen in der Schule

Fünf der befragten Religionslehrer*innen nehmen wahr, dass Schulen entweder bewusst mit Ressourcen umgehen oder keinen bewussten Umgang mit Ressourcen haben. »Ich hab eine Schule und das Erste, was ich tu, jedes Mal, wenn ich reingehe, ich schalt alle Lichter aus«, ärgert sich Religionslehrerin A, weil sie es unmöglich findet, dass in der Schule selbst bei Sonnenschein alle Lichter eingeschaltet sind. Andere Religionslehrer*innen erwähnen das Kopieren, bei dem teilweise schon ein großes Bewusstsein für sparsamen Umgang vorhanden ist. Auch die Kaffeemaschine wird manchmal genannt, weil die Schule zum Beispiel von Kapseln umgestiegen ist auf umweltfreundlichere Möglichkeiten. Religionslehrerin C ist auch aufgefallen, dass es Schulen gibt, an denen Schüler*innen keine Einweg-Plastikflaschen mitbringen dürfen und sie außerdem dazu angehalten werden, die Jause in Jausenboxen oder anderen wiederverwendbaren Materialien zu verpacken. Für Religionslehrerin L ist Heizen ein großes Thema, weil sie merkt, dass viele Schulgebäude einfach überheizt sind und man hier gut Ressourcen und Kosten einsparen könnte. Hier wird deutlich, dass es sowohl positive Entwicklungen an den Schulen zu beobachten gibt, wie den sparsamen Umgang mit Papier und Toner, aber auch noch viele Möglichkeiten bestehen, bewusster auf den Umgang mit Ressourcen zu achten.

4.2.2 Vorbildwirkung der Lehrer*innen/der Schule fehlt

Die befragten Religionslehrer*innen beobachten, dass Lehrer*innen oder auch Schule selbst keine Vorbilder für Schüler*innen sind. Religionslehrerin A erzählt zum Beispiel davon, dass es Lehrer*innen im Konferenzzimmer nicht schaffen, den Müll richtig zu trennen und fragt: »Wenn wir das nicht schaffen, wie sollen es die Kinder schaffen?« Religionslehrerin N wiederum beobachtet, dass in der Schule zwar der Müll getrennt wird, aber am Ende des Tages räumt das Reinigungspersonal dann alles gemeinsam in einen Müllsack. Beide Beispiele zeigen, dass Schule und Lehrer*innen beim Thema Nachhaltigkeit Vorbildwirkung haben, weil Schüler*innen wahrnehmen, wie sie sich verhalten und dieses Verhalten wiederum Einfluss auf das Verhalten von Schüler*innen haben kann.

4.2.3 Religionslehrer*innen haben keinen Einfluss vor Ort

In diesem Zusammenhang erwähnen vier der befragten Religionslehrer*innen auch, dass sie zu wenig an den Schulen präsent sind und dadurch einerseits wenig mitbekommen, was an den Schulen läuft, andererseits aber auch kaum Einfluss vor Ort haben. »Man bekommt nur am Rande ein bisschen mit und versucht, selbst nicht so viel zu kopieren oder nicht zu viel Müll zu produzieren«, erwähnt Religionslehrerin F. Die Initiativen für mehr Nachhaltigkeit an den Schulen kann demnach kaum von evangelischen Religionslehrer*innen ausgehen, die an vielen verschiedenen Schulen unterwegs sind.

4.2.4 Nachhaltigkeit ist (kein) Thema in den Schulen

Religionslehrer*innen, die schon länger im Schuldienst sind, bemerken, dass in den letzten Jahren Nachhaltigkeit an den Schulen präsenter wurde. »Das hat sich auch verändert, glaub ich. Wie ich angefangen habe zu unterrichten, da war das glaub ich gar kein Thema. Es wird jetzt zusehends mehr«, erzählt Religionslehrerin I. Sie bezieht sich dabei einerseits auf Schulgebäude, bei denen mehr auf Nachhaltigkeit geachtet wird, aber auch auf Unterrichtsinhalte, die sie im

Schulalltag beobachtet. Religionslehrerin J bemerkt, wie durch die *Fridays for future*-Bewegung das Thema Nachhaltigkeit bewusster an die Öffentlichkeit gekommen ist und das auch die Schüler*innen mitbekommen. Dadurch wird es ebenfalls an den Schulen verstärkt präsenter. Sie merkt auch bei sich selber, dass sie sich lange nicht mit dem Thema Schöpfungsverantwortung auseinandergesetzt hat.

> Und ich weiß auch, warum, weil das für mich so selbstverständlich ist. Und, weil in meinem Bewusstsein wars irgendwie ja das ist eh klar, dass wir nachhaltig leben müssen. Es ist eh klar, dass wir Müll trennen müssen. Und ich glaub aber, dass das nicht so klar ist. Also, nur weils für mich logisch ist, heißt das nicht, dass es für andere genau so klar ist und dann hab ich wieder ein bisschen mehr gemacht. Jetzt mach ich wieder viel mehr und ich frag mich schon, warum das so ist. Also das war der Impuls dafür und das andere ist vielleicht auch, weils jetzt wirklich gesamtgesellschaftspolitisch einfach wieder mehr Thema ist. (Religionslehrerin J)

Ein wichtiger Aspekt ist dabei die Beobachtung, dass Nachhaltigkeit in den letzten Jahren gesellschaftlich und politisch an Relevanz gewonnen hat und daher auch in den Schulen wieder präsenter wurde.

Dagegen beobachtet Religionslehrerin L in ihrem schulischen Umfeld, dass Nachhaltigkeit nicht oder kaum thematisiert wird:

> Ich finde, dass es an den Schulen bei uns am Land eigentlich kaum ein Thema ist oder zu wenig. Ich finde, es ist viel zu wenig. Also ich habe jetzt das Gefühl, dass die Leute teilweise noch recht konservativ sind und sich da nicht immer ausreichend Gedanken machen. […] Also jetzt zu sagen, die Kinder reden darüber, das fällt mir überhaupt nicht auf in den letzten eineinhalb Jahren. […] Also ich glaub, Nachhaltigkeit ist nicht so ein großes Thema. (Religionslehrerin L)

Laut Religionslehrerin L sollte Nachhaltigkeit aber stärker an den Schulen thematisiert werden und sie wirft einen durchaus kritischen Blick auf ihre Beobachtung.

4.2.5 Nachhaltigkeit bedeutet fächerübergreifendes und vernetztes Denken

Dass Nachhaltigkeit etwas Verbindendes ist, fällt sechs der befragten Religionslehrer*innen auf. Das kann im Schulalltag einerseits an dem fächerübergreifenden Lernen festgemacht werden. Religionslehrerin P und Religionslehrerin K stellen fest, dass viele Themen, die Nachhaltigkeit betreffen, auch fächerübergreifend zum Beispiel mit dem Sachunterricht gemeinsam erarbeitet werden könnten. Religionslehrerin P bringt dazu die Themen Bewahrung der Schöpfung und Umgang mit Müll ein. Diese Themen könnten beispielsweise in fächerübergreifender Kooperation erarbeitet werden, wobei jedes Schulfach seine Perspektive dazu einbringen kann.

Andererseits geht es im Schulalltag aber auch darum, grundsätzlich das »große Ganze« zu betrachten und zu sehen, wie die einzelnen Themen miteinander vernetzt sind und zusammenhängen. Religionslehrerin C bringt dazu als konkretes Beispiel ein, dass wir bei unserem Konsum nicht vergessen dürfen, welche Auswirkungen er auf Menschen in anderen Ländern hat. Religionslehrerin M erzählt von einer Adventstunde, in der sie Online-Shopping und dessen Auswirkungen thematisiert hat. Deutlich wird für manche Religionslehrer*innen, dass es gerade im Religionsunterricht um diese Vernetzung geht, weil hier viele Fäden zusammenlaufen. »Im Religionsunterricht kommt dann alles zusammen. Da kommt die Wissenschaft zusammen mit Emotionen und den Gefühlen und wird verbunden zu einem ganzheitlichen Konstrukt, warum wir das tun« (Religionslehrer G). Der Religionsunterricht kann eine verbindende Funktion haben, gleichzeitig aber auch Erklärungen und die Begründung für zum Beispiel nachhaltige Handlungen liefern.

Religionslehrerin A verbindet diese beiden Punkte vom fächerübergreifenden Lernen und vernetzenden Denken, indem sie erklärt:

> Das ist für mich Schöpfungstheologie. Also dieses große Ganze, das sehr gut ist, das ist mein Lieblings-Steckenpferd. Wo ich immer sage, die Grundsünde ist ja im Schöpfungsbericht, wenn was getrennt wird, diese Trennung. Also den Sündenbegriff als Trennung. Und für mich ist das Grundübel im ganzen Schulsystem, dass wir in Unterrichtsfächer trennen. Und das hat für mich ganz viel mit Nachhaltigkeit zu tun. Weil ich glaube, dass das unser Denken, das Denken der Kinder kaputt macht. Weil die checken nimma, was hat ein Müll, den ich auf die Straße schmeiße, mit mir zu tun. Das ist genau der Punkt, den ich versuche zu vermitteln, dass das ein großes Ganzes ist. Das ist kein Thema, das ist keine Draufgabe, die wir jetzt dazu tun, weils modern ist. Oder weils so notwendig ist, weil es schon alles so org ist. Jetzt machen wir halt Klimakatastrophe auch noch oder so. Sondern eben aus diesem Aspekt, dass das ein alles vernetzendes großes Ganzes ist. Das ist eine Grundhaltung im Leben. (Religionslehrerin A)

Damit gibt Religionslehrerin A eine theologische begründete Antwort, warum es aus ihrer Sicht notwendig und zentral ist, vernetzend zu Denken und fächerübergreifend zu arbeiten.

4.2.6 Eigener Umgang mit Ressourcen im Schulalltag wird reflektiert

Die befragten Religionslehrer*innen beobachten nicht nur, was um sie herum im Schulalltag geschieht, sondern auch, welchen Beitrag sie selbst zu einem nachhaltigeren Schulalltag leisten können. Dabei stehen vor allem ressourcenschonende Handlungen im Fokus. Konkret betrifft das vor allem den Umgang mit Papier und den damit im Zusammenhang stehenden Fragen nach der Notwendigkeit von Kopien, nach der Verwendung von Recycling-Papier, nach der Wiederverwendung von Heften, die nicht ganz vollgeschrieben wurden, nach Hefteinbänden, die nicht aus Plastik sein müssen oder wiederverwendet werden können. Religionslehrer G stellt sich in dem Zusammenhang auch die Frage, ob digitale Lösungen überhaupt nachhaltiger sind als analoge. Es ist in den Beobachtungen und Fragen von Religionslehrer*innen erkennbar, dass sie sich einige Gedanken über ihren Umgang mit Ressourcen im Schulalltag machen. Religionslehrerin H erzählt auch von nachfüllbaren Stiften, die sie verwendet, Religionslehrerin K achtet darauf, dass sie Kleber verwendet, der zum Teil aus nachwachsenden Rohstoffen besteht.

Religionslehrer E bringt hier auch das Thema Kaffeemaschinen im Konferenzzimmer ein. Er hat sich dafür eingesetzt, dass ein Kaffee-Vollautomat angeschafft wird anstatt einer Kapselmaschine, weil diese insgesamt umweltfreundlicher und nachhaltiger ist.

4.3 Nachhaltigkeit als Thema im Religionsunterricht

Nachhaltigkeit gehört zum Religionsunterricht, sie kommt in Verbindung mit verschiedenen Themen im Religionsunterricht vor. Die befragten Religionslehrer*innen sehen es als wichtiges und interessantes Thema an. Dazu gehört auch, dass Nachhaltigkeit etwas ist, das Schüler*innen in ihrer Lebenswelt und ihrem Alltag betrifft und sie deswegen die Themen auch in den Religionsunterricht mitbringen. In dieser Hauptkategorie wird beschrieben, welche Themen für Religionslehrer*innen mit Nachhaltigkeit zusammenhängen, wie die Themen in den Religionsunterricht kommen und wie sie mit den Schüler*innen zusammenhängen.

4.3.1 Nachhaltigkeit hat mit Schöpfung zu tun

Fast alle befragten Religionslehrer*innen (15 von 16) bringen das Thema Schöpfung in Verbindung mit Nachhaltigkeit. Konkret geht es dabei um Bewahrung der Schöpfung, Dank für die Schöpfung, Freude und Staunen über die Schöpfung und die Erzählung der Schöpfungsgeschichte. Zu den Themen Bewahrung der Schöpfung und Schöpfungsverantwortung fließen auch Themen wie Umwelt- und Naturschutz ein. Dazu erklärt Religionslehrer G: »Natürlich, wenn man über die Schöpfung spricht, spricht man auch über Nachhaltigkeit und Umweltschutz.« Aber auch ein kritischer Blick auf Konsum-Zusammenhänge wird mit dem Themenbereich Schöpfung in Verbindung gebracht. Zu Schöpfung finden sich laut Religionslehrerin K Anknüpfungspunkte »im ganzen Jahr.« Religionslehrer B bringt damit unter anderem das Erntedankfest in Verbindung. Eine Religionslehrerin erzählt, dass sie dazu mit Schüler*innen in den Park geht und einmal schaut, was ist denn alles von Gott geschaffen? Worüber können wir staunen? Und im nächsten Schritt schauen sie dann gemeinsam mit offenen Augen,

> was der Mensch da reingepatzt hat in diese wunderbare Welt und dann machen wir ein Spiegelbild zu dem schönen Garten und dann kommen die Kinder dann immer, also da kommen dann schon die Flugzeuge. Da kommen dann schon die Müllkübeln, die überquellen. Sie sehen schon, was eigentlich nicht richtig ist. (Religionslehrerin I)

Ähnliche Beispiele und Zugänge aus dem eigenen Religionsunterricht erzählen auch andere Religionslehrer*innen.

Für Religionslehrer B ist an der Schöpfungserzählung der Ruhetag ein zentrales Element von Nachhaltigkeit. Er geht auf Gott als Schöpfer und die Schöpfungserzählung ein und erläutert dazu:

> Ich glaub schon, dass das ein wichtiger Aspekt ist im RU. Gott als der Schöpfer, ja. Und auch in der Schöpfungsgeschichte, wo er eigentlich nach jedem Tag sagt, und es war gut. Also er ist ja stolz darauf, was er da macht oder gemacht hat. Ich glaub schon, das ist sowieso alles ein Großes, ein Ganzes. Es ist ja auch dieser siebte Tag, wo du ruhen sollst, auch immer wieder ein Thema bei mir im Religionsunterricht, das von mir aus jetzt auch mit Nachhaltigkeit zu tun hat. Denn alles braucht seine Zeit und Nachhaltigkeit braucht auch wieder seine Zeit bis sich die Natur, bis wieder etwas gewachsen und reif geworden ist. (Religionslehrer B)

Religionslehrer B leitet damit aus der Schöpfungserzählung die Themen Ruhe und Geduld ab, die er mit Nachhaltigkeit in Verbindung bringt.

4.3.2 Nachhaltigkeit hat mit sozialen Themen zu tun

Zehn der 16 befragten Religionslehrer*innen bringen mit Nachhaltigkeit soziale Themen in Verbindung. Dabei werden zum Beispiel Rechte genannt, Menschenrecht oder Kinderrechte. In weiterer Folge dann das Themenfeld Regeln: Wie entstehen Regeln? Wozu braucht man Regeln in der Gemeinschaft? Dazu gehört auch die *Goldene Regel* oder die *Zehn Gebote*. Genannt wurde auch mehrmals das Thema Miteinander, dabei ist der Umgang untereinander gemeint. Wie gehen Menschen miteinander um? Was braucht es für ein gutes Zusammenleben? Religionslehrer G fasst das zusammen unter den »menschlich-ethischen Nachhaltigkeitsaspekt.« Da gehören zum Beispiel auch Vorbilder dazu, von denen man lernen kann. Religionslehrerin J nennt konkret Albert Schweitzer und die Ehrfurcht vor dem Leben. Religionslehrer D geht darauf ein, dass der soziale Aspekt von Nachhaltigkeit in nahezu jeder Religionsstunde vorkommt:

> Ein Aspekt, den ich bis jetzt noch überhaupt nicht erwähnt habe, nämlich der soziale Aspekt. Weil ich kann ja Beziehungen durchaus auch nachhaltig positiv oder negativ gestalten oder beeinflussen. Und da spielt die Nachhaltigkeit natürlich eine ganz große Rolle. Und da kannst von nahezu jeder Jesus-Geschichte bis zu den Zehn Geboten die Bibel rauf und runter durchforsten, du wirst immer irgendwo was finden. Also der Aspekt ist natürlich im Religionsunterricht speziell in der Volksschule massiv da.

Ein weiteres wichtiges soziales Thema ist Gerechtigkeit beziehungsweise der Gerechtigkeitssinn, wie es Religionslehrerin J ausdrückt. Sie erklärt, dass es in ihren Augen falsch ist, die Natur auszubeuten, es wäre besser, »wenn wir wertschätzend und vorsichtig mit dem umgehen, was uns umgibt« (Religionslehrerin J).

4.3.3 Nachhaltigkeit und Achtsamkeit gehören zusammen

Drei der befragten Religionslehrer*innen bringen Nachhaltigkeit auch in Verbindung mit Achtsamkeit. Religionslehrer D beschreibt die Achtsamkeit als »Bruder oder die Schwester von der Nachhaltigkeit«, die er als eines der Unterrichtsprinzipien im Religionsunterricht sieht. Für Religionslehrer G ist klar, dass er Schüler*innen Achtsamkeit im Religionsunterricht vermitteln möchte, weil das die Basis für Nachhaltigkeit ist. Das ist auch für Religionslehrerin A ein zentraler Punkt, den sie folgendermaßen näher ausführt:

> Ich versuche, weiß nicht, ob es mir gelingt, zu vermitteln, mit ganz praktischen, also das ist für mich die Basis, mit der ich anfange, von der ersten Stunde weg. Achtsamkeit mit mir selber. Dann mit meinem Gegenüber in der Gemeinschaft untereinander und mit den Dingen, die um mich sind. Und ich denk mir, das ist, wenn ich diese Grundhaltung zu spüren anfange als Mensch, dann werd ich glaub ich versuchen, nachhaltig zu leben. Weil dann gehört für mich dazu: Was ist mein Platz? Wo bin ich? Was ist mir wichtig? Was brauche ich? Was sind meine Bedürfnisse? Und wenn ichs bei mir gut spüren kann, kann ichs beim anderen wahrnehmen. Wer bist du? Was brauchst du? Wo teilen wir uns was und wie geh ich mit den Dingen um mich herum um?

Aus dieser Beschreibung wird deutlich, dass Achtsamkeit auch ein soziales Thema ist, weil es mit der Gemeinschaft, mit einem selbst zu tun hat. Dennoch ist das Thema auch ein ganz eigener Punkt, weshalb es als eigene Kategorie definiert wurde.

4.3.4 Nachhaltigkeit ist ein wichtiges Unterrichtsthema im Religionsunterricht

Für die Hälfte der befragten Religionslehrer*innen ist Nachhaltigkeit ein wichtiges Unterrichtsthema im Religionsunterricht, vor allem, wenn es mit dem großen Themenbereich Schöpfung verknüpft wird. Religionslehrerin F erzählt, dass es ihr in letzter Zeit wichtiger geworden ist, weil sie merkt, dass es ein gesellschaftlich wichtiges Thema ist und deswegen auch im Religionsunterricht Platz haben muss. Religionslehrerin M merkt dazu auch an, dass es im Lehrplan mehr berücksichtigt werden sollte, da es ihrer Meinung nach zu wenig Platz darin einnimmt. Gleichzeitig geben einige Religionslehrer*innen auch an, dass es für sie zwar ein wichtiges Thema im Religionsunterricht sei, es für sie aber nicht an erster Stelle steht, da es andere Themen gäbe, die noch viel wichtiger seien im Religionsunterricht, wie zum Beispiel »ein Überblick über biblische Themen« (Religionslehrerin I).

Religionslehrerin O gibt mehrere Begründungen dafür an, warum Nachhaltigkeit ein wichtiges Thema für sie ist:

> Nachhaltigkeit ist mir wichtig, weil wir einfach auf die Schöpfung aufpassen müssen, weil wir eine Verantwortung haben und weil das die große Überschrift ist über sehr viele andere Sachen auch. Also wenn wir gut miteinander umgehen, wenn wir gut mit der Natur umgehen, dann sollte es auch Frieden geben, so in die Richtung. Und auch der Glaube, weil wir haben die Lehre ja bekommen, wenn man die Schöpfungsgeschichte ansieht, da heißt es ja, ihr passt jetzt darauf auf, ihr seids dafür verantwortlich. Und das gehört alles da dazu. Und deswegen kann man nicht sagen, das ist ein eigenes Thema und das machen wir jetzt in einer Stunde und die nächste Stunde machen wir was anderes. Sondern, das wird immer wieder vorkommen und deswegen ist es auch total wichtig. (Religionslehrerin O)

Aus dieser Beschreibung wird deutlich, dass sich Nachhaltigkeit durch viele Themen durchzieht und immer wieder im Religionsunterricht vorkommt. Deswegen ist es aus der Sicht von Religionslehrerin O auch ein sehr wichtiges Thema.

4.3.5 Nachhaltigkeit ist ein interessantes Unterrichtsthema

Die Hälfte der befragten Religionslehrer*innen geben an, dass für sie Nachhaltigkeit ein sehr interessantes Unterrichtsthema im Religionsunterricht ist. Religionslehrerin C merkt dazu an, dass ihr Interesse an dem Thema in den letzten drei Jahren gestiegen ist. Religionslehrer D begründet sein Interesse damit, »weil das eine Grundessenz unseres Lebens ist.« Ein bemerkenswerter Aspekt ist dabei, dass von Religionslehrer*innen auch erklärt wird, dass man als Religionslehrer*in ohnehin hauptsächlich Themen unterrichten darf, die man auch selbst interessant findet.

> Es ist schon für mich persönlich auch interessant und ich glaub ganz ehrlich, man kann auch nur guten Unterricht machen, wenn man das Thema selber interessant findet. Weil sonst kann mans auch nicht authentisch rüberbringen. Wenn ich das jetzt mach, nur weil ichs als Pflichtübung seh und mir das eigentlich egal ist, dann werd ichs wahrscheinlich nicht authentisch und passend rüberbringen. (Religionslehrerin H)

Die eigene Authentizität als Lehrer*in wird hier auch ins Gespräch gebracht. Die Schüler*innen würden merken, wenn man ein Thema selbst gar nicht interessant findet.

4.3.6 Nachhaltigkeit gehört zum täglichen Unterrichtsgeschehen

Manche Religionslehrer*innen (fünf der befragten Personen) stellen fest, dass sie Nachhaltigkeit gar nicht ausschließlich an konkreten Themen im Religionsunterricht fest machen können. Es gehört viel mehr selbstverständlich dazu und kommt immer wieder vor. Dazu gehört etwa der Umgang mit Ressourcen im Religionsunterricht, wie zum Beispiel der sorgsame Umgang mit Kopien und dem Religionsheft. Religionslehrer B zählt auf, was da alles für ihn dazu gehört:

> Also, dass wir zum Beispiel jetzt auch das Licht abdrehen im Klassenraum, wenns nicht unbedingt notwendig ist, oder dass der Beamer abgeschaltet wird, wenn er nicht mehr gebraucht wird. Das sind einfach solche Sachen. Dass das Wasser beim Wasserhahn nicht rennt. Das ist eh logisch, das tu ich zu Hause auch und das mach ich da genauso. Oder dass wir jetzt zum Beispiel auch nur Stoßlüften im Winter, dass da nicht stundenlang die Fenster offen sind und beim Fenster raus geheizt wird. Das ist eh logisch. Auf das achte ich jetzt schon im Unterricht.

Das drückt sich auch aus

> bei den Dingen, die ich mit den Schülerinnen und Schülern mach, dass ich eben, wenn ich jetzt zum Beispiel mit ihnen esse, wenn ich etwas zum Essen mitbringe, dass das regionale, saisonale Produkte sind, dass wir keine Einwegbecher verwenden, dass ich eben auf solche Dinge schaue. Bei den kleinen Geschenken, die man oft so hat für die Schülerinnen und Schüler, dass ich da darauf achte, dass es was Nachhaltiges ist, eventuell was Selbstgemachtes oder so. (Religionslehrerin H)

In den alltäglichen Handlungen im Religionsunterricht werden von manchen Religionslehrer*innen bewusste nachhaltige Entscheidungen getroffen, wie es zum Beispiel Religionslehrer B und Religionslehrerin H beschreiben.

Nachhaltigkeit schwingt aber auch sonst immer wieder mit, weil Schüler*innen etwas erzählen oder es Themen gibt, die auch das Thema Nachhaltigkeit berühren, wo es aber nicht explizit vorkommt, »weil es gehört einfach zum Leben dazu inzwischen« (Religionslehrer B). Auch andere Religionslehrer*innen berichten, dass das Thema immer wieder miteinfließt, auch wenn es nicht explizit benannt wird. Religionslehrerin J beschreibt das folgendermaßen: »Das fließt dann auch immer wieder ein. Oft nur so ein, zwei Sätze, die man sagt, oft auch unbewusst, die so die persönliche Einstellung auch widerspiegeln zu manchen Dingen.« Zum täglichen Unterrichtsgeschehen gehören nicht nur die bewussten Handlungen, sondern auch Äußerungen, die etwas über die Einstellungen der Lehrperson zu Nachhaltigkeit aussagen können.

4.3.7 Nachhaltigkeit ist Teil des Lehrplans und persönliches Anliegen

Die befragten Religionslehrer*innen argumentieren, dass sie die Themen, die sie mit Nachhaltigkeit in Verbindung bringen, hauptsächlich deswegen unterrichten, weil es der Lehrplan vorgibt oder weil es für sie persönlich ein großes Anliegen ist. Dabei wird besonders geschätzt, »dass der Lehrplan Freiheiten hergibt« (Religionslehrerin J), das heißt, man kann selbstständig Akzente setzen, die sich möglicherweise »nach den persönlichen Interessen richten« (Religionslehrerin J). Das persönliche Anliegen wird zum Beispiel damit begründet, dass das Thema »im Umfeld sehr aktuell ist« (Religionslehrerin C). Begründungen und Interesse können sich im Laufe der Zeit aber auch ändern, wie Religionslehrerin I ausführt:

> Der ursprüngliche Grund war der Lehrplan, damit hab ich begonnen. Aber mit dem Hineinwachsen in das Thema hat sich natürlich eine Perspektive eröffnet, die dann alles hat einfließen lassen. Und jetzt, dadurch dass der Hut brennt, muss ichs machen. Selbst wenns aus dem Lehrplan rausfliegt, bei mir fliegts sicher nicht raus. Weil ich merk, wie positiv die Arbeit mit den Kindern ist und dass sie sehr wohl sensibel darauf sind und eben in den Gesprächen, dass sie für ihr zukünftiges Leben das anders machen wollen.

4.3.8 Nachhaltigkeit gehört zur Lebenswelt von Schüler*innen

Eine wichtige Perspektive für Religionslehrer*innen ist die von Schüler*innen. In den Gesprächen wird mehrmals erwähnt, dass Schüler*innen das Thema Nachhaltigkeit bzw. Themen, die damit in Verbindung stehen in den Religionsunterricht einbringen und dass es ein Thema ist, das Schüler*innen betrifft. Somit gehört es zur Lebenswelt von Schüler*innen.

Religionslehrerin C erzählt zum Beispiel, dass Schüler*innen bei ihr nachgefragt haben, was die Menschen hinter *Fridays for Future* eigentlich wollen. Und da der Religionsunterricht der Ort ist, »um die Lebensfragen zu beantworten« (Religionslehrer G), werden die Fragen von Schüler*innen ernst- und aufgenommen. Deswegen ist für Religionslehrer G »das Thema Nachhaltigkeit gar nicht so meine Aufgabe im Unterricht einzubringen, weils viel mehr von den

Kindern kommt.« Schüler*innen hören etwas in den Nachrichten oder von Freunden, Bekannten und wollen mehr dazu wissen. Im Religionsunterricht können sie diese Fragen stellen und somit kommt das Thema auch dorthin. Einige der befragten Religionslehrer*innen argumentieren damit, dass sie Nachhaltigkeit im Religionsunterricht bewusst thematisieren, weil es ein Thema ist, das Schüler*innen betrifft, da es um ihre Zukunft geht und es ein aktuelles Thema ist. Damit klingt bereits eine zentrale Aufgabe des Religionsunterrichts an: Schüler*innen mit ihren Erfahrungen und Fragen ernst nehmen. Dies wird in der folgenden Kategorie noch näher beleuchtet.

4.4 Aufgabe von Religionslehrer*innen und Funktion des Religionsunterrichts

In dieser Hauptkategorie wird beschrieben, wie die befragten Religionslehrer*innen ihre eigene Aufgabe und die Funktion des Religionsunterrichtes in Bezug auf Nachhaltigkeit und nachhaltige Entwicklung reflektieren. Die befragten Religionslehrer*innen machen deutlich, dass der Religionsunterricht im Schulalltag eine besondere Rolle für Schüler*innen spielt und dass gerade hier auch die Chance besteht, etwas bewirken zu können. Gleichzeitig sind sich die befragten Religionslehrer*innen ihrer besonderen Verantwortung als Lehrer*innen aber auch als gläubige evangelische Christ*innen bewusst.

4.4.1 Im Religionsunterricht geht es um die persönliche Beziehung

Aus den Gesprächen mit Religionslehrer*innen wird deutlich, dass sie es sehr schätzen, dass im Religionsunterricht die Beziehungsebene im Vordergrund steht und damit die persönliche Beziehung zu den Schüler*innen. In den kleinen Gruppen ist es möglich, dass »wirklich jedes Kind ausführlich zu Wort kommt und ausführlich seine eigenen Erfahrungen und Einstellungen mitteilen kann« (Religionslehrerin H). Damit ist für Religionslehrerin H auch gemeint, dass kritischen Bemerkungen ebenso ausreichend Raum gegeben wird, sie werden ausführlich bearbeitet und nicht im Raum stehen gelassen. Hierin besteht für Religionslehrerin H ein Unterschied zum literarischen Unterricht, wo Lehrer*innen oft nicht ausreichend Zeit haben, sich persönlichen Anfragen von Schüler*innen oder auch ihren kritischen Bemerkungen ausführlich zu widmen. Der Religionsunterricht bietet durch seine Gruppengröße eine »Wohlfühl-Atmosphäre« (Religionslehrerin M), in der man »noch besser und spezieller« (Religionslehrerin M) über alle möglichen Themen sprechen und arbeiten kann.

Dabei spielen vor allem die sogenannten Erzählrunden am Beginn der Stunde eine wesentliche Rolle, denn hier können Schüler*innen oft alles mitbringen, was ihnen gerade am Herzen liegt. Und manchmal nimmt das mehr Platz ein als ursprünglich geplant, wie Religionslehrerin I berichtet:

> Obwohl oft denk ich mir, jetzt bin ich wieder nicht auf den Punkt gekommen, was ich eigentlich heute machen wollt. Aber dann denk ich mir, pfeiff drauf, das war jetzt wichtig, weil sonst würdens ja nicht so raus kommen aus sich. Und ich denk, wo haben sie die Möglichkeit? Im Regulär-Unterricht? Nein. Und somit haben sies bei mir. Ich hab da kein schlechtes Gewissen, dass ich manche Themen einfach dann verloren habe unterwegs. (Religionslehrerin I)

Durch die kleinen Gruppen im evangelischen Religionsunterricht können Religionslehrer*innen »da viel genauer eingehen [...] auf jedes einzelne Kind« (Religionslehrerin C). Dazu ist auch »eine gute Vertrauensbasis [...] ganz wichtig« (Religionslehrerin C). Im Gegensatz zum Sachunterricht zum Beispiel geht es im Religionsunterricht um das Persönliche und die Beziehungsarbeit. Wichtig dabei ist, die Schüler*innen auch in ihrer Lebenswelt zu erreichen. Denn »wenn du sie in ihrem Leben nicht erreichst, in ihrer Lebenswelt, dann warens eh leere Kilometer« (Religionslehrer D). Und dazu dient vor allem auch die Erzählrunde zu Beginn der Unterrichtsstunde, um zu erfahren, wie es den Schüler*innen gerade geht.

> Und das muss ich vorher abfragen, damit ich den Kindern in der Stunde gerecht werden kann. Und das ist einmal schon die halbe Miete vom Unterricht. Wenn sie dir abkaufen, dass du wirklich interessiert an ihrer Person bist, dann geht da auf einmal unheimlich viel weiter, obwohl gestern die Katze gestorben ist. Das ist das eine. Und natürlich hast du dann auch einen anderen Vertrauensstatus bei den Kindern, wenn du der ziegenbärtige Religionslehrer D bist, der mich wahrnimmt, dann glaub ich dem Religionslehrer D auch mehr. Weil das ist einer von den Guten, das hab ich schon herausgefunden und die Guten lügen mich nicht an und wenn die Guten eine Idee haben, dann denk ich vielleicht zwei Mal drüber nach, ob sie wirklich scheiße ist oder ob ich nicht lieber doch die Idee auch gut finde. Also es geht oh Wunder, oh Wunder, um Beziehungsarbeit. Hätte man nicht gedacht, oder? (Religionslehrer D).

Beziehungsarbeit ist ein wesentlicher Schlüssel im Religionsunterricht, gerade auch, wenn es um die Bearbeitung des großen Themenfeldes Nachhaltigkeit geht. Denn Schüler*innen bringen hier viele Fragen mit, die im Religionsunterricht Platz haben.

Für Religionslehrer B zum Beispiel geht es aber nicht nur um die persönliche Beziehung von Religionslehrer*innen zu den Schüler*innen, sondern auch um die persönliche Beziehung »zu Gott, zu Jesus [...] so haben wir auch eine persönliche Beziehung zur Natur« (Religionslehrer B). Dadurch erhält der Religionsunterricht eine besondere Stellung. Auch Religionslehrerin P weist darauf hin, dass der Religionsunterricht »eine ganz andere Ebene als der Sachunterricht zum Beispiel hat.« Auch in Bezug auf das große Themenfeld Nachhaltigkeit könne man sich die Frage stellen:

> Was könnte das Größere sein, warum wir uns dafür interessieren sollen, warum wir das machen sollen? Etwas, was uns da auch trägt. Ich mein, es macht auch ohne, dass man jetzt an Gott glauben würde, Sinn, nachhaltig zu leben. Also da braucht man jetzt theoretisch den Glauben nicht unbedingt dazu, denk ich mir. Aber trotzdem hat das für mich eine andere Wertigkeit. Und das ist, das glaub ich, was wir dann da einbringen können. (Religionslehrerin P)

Religionslehrer*innen rücken auf vielfältige Weise die Beziehungsebene in den Vordergrund – sei es in der Beziehung zu den Schüler*innen oder in der Beziehung zu Gott und zur Natur.

4.4.2 Religionslehrer*innen haben Vermittler- und Vorbildrolle

Die befragten Religionslehrer*innen sehen sich selbst gerade in Bezug auf Nachhaltigkeit als Vermittler*innen und Vorbilder für Schüler*innen. Beides hängt eng zusammen, wie Religionslehrer D erklärt: »Weitervermitteln ist für mich am nachhaltigsten, wenn mans vorlebt.« Die Vorbildrolle hat eine vermittelnde Funktion. Warum die Vorbildrolle so wichtig ist, führt Religionslehrer D näher aus:

> Weil ich kann dir wunderschöne Sätze präsentieren und dabei das Red Bull aus der Dose saufen und das dann einfach ins Altpapierkistl reinschmeißen, weil das ist grad das nächste, was da liegt. Funktioniert nicht. Und bei den Kindern schon gar nicht. Und die übernasern, das ist ein Tschecherant und predigt Wasser. Dann ists am besten, ab nächster Woche geht eine Kollegin hin und du lässt dich dort nicht mehr anschauen. Weil du deine Glaubwürdigkeit und damit deine Wirkungskraft verspielt hast. Du musst wahrhaftig sein in deinem Tun und das kannst du nur, wenns dir wichtig ist, wenn du dafür brennst.

Die Vorbildfunktion setzt eine Authentizität der Lehrperson voraus, sie muss laut Religionslehrer D auch glaubwürdig in ihrem Tun sein. Auch Religionslehrerin F geht darauf ein, wenn sie feststellt: »Wenn man irgendwas sagt und ganz was anderes tut, ist es auch nicht so gut, glaub ich.« Zu dieser Authentizität gehört für Religionslehrerin I auch ihr außerschulisches Verhalten. »Weil sonst bin ich ja nicht authentisch, wenn ich in der Schule das predige und zu Hause schlag ich nur fehl. Also das wär für mich eine Diskrepanz, wo ich mich nicht wohl fühlen würde.« Religionslehrerin P fügt noch hinzu, dass es ihr wichtig ist, »den Kindern auch immer wieder [zu] sagen, dass ich das überhaupt nicht durchgehend schaffe.« Auch das gehört zur Vorbildrolle dazu, dass man sich eingestehen kann, nicht in allen Lebensbereichen und ständig nachhaltig zu handeln. Die Vorbildrolle in Bezug auf Nachhaltigkeit beginnt bei Kleinigkeiten, die man manchmal vielleicht gar nicht bewusst macht, wie das folgende Beispiel zeigt.

> Ob ich eine Vorbildfunktion hab? Ja, sicher, weil wenn ich das jetzt in Bezug auf Nachhaltigkeit positiv vermittle, kann ich da natürlich eine Vorbildfunktion haben. Ja. Das sind so Kleinigkeiten, ob ich jetzt eine Trinkflasche hab oder ob ich aus der Plastikflasche trinke. Auch als Lehrer, ja. Oder, wie meine Jause verpackt ist. Ob ich Äpfel esse zur Jause oder ob ich, was weiß ich, eine Leberkäs-Semmel iss. Hab ich sicher auch eine Vorbildfunktion. (Religionslehrer B).

Die Vorbildfunktion kann auch in eine negative Richtung gehen, »wenn du das [nachhaltige Handlungen, Anm.] schlecht redest, kannst du die Kinder genauso in diese Richtung hin beeinflussen« (Religionslehrer B). Religionslehrer B fügt als Beispiel an, dass Schüler*innen auch die Meinung vertreten würden, Mülltrennung sei Blödsinn, wenn man ihnen das als Lehrperson so vermittelt. Die Vorbildfunktion kann demnach in eine positive oder negative Richtung verwendet werden.

Bei der Vorbildfunktion in Bezug auf Nachhaltigkeit geht es aber nicht nur darum, Schüler*innen etwas vorzuleben und ein Vorbild zu sein, sondern auch den Kolleg*innen gegenüber, wie Religionslehrerin H erwähnt. Religionslehrer G fügt noch andere Ebenen hinzu, auf denen (Religions-) Lehrer*innen Vorbildfunktion haben:

> Und wir können nicht einerseits den Schülern etwas unterrichten und andererseits nicht selber etwas tun. Und wir können auch, das ist jetzt sozusagen die Vorbildrolle gegenüber den Schülern. Aber wir haben auch eine wichtige Vorbildrolle gegenüber den Eltern und Erziehungsberechtigten und ich glaube, dass wir auch hier diese Funktion in Anspruch nehmen können, wenn die Eltern und Erziehungsberechtigten beim Elternabend merken, wie man nachhaltig ein Klassenzimmer gestaltet oder nachhaltig etwas isst und die Kinder nehmen das mit nach Hause. Glaub ich auch, dass man so viel Auswirkung haben könnte auf eben genau die, die nicht wissen, wie nachhaltig Leben funktionieren kann. Ich glaube auch, dass es gar kein Unwille ist, sondern dass es viel Unwissen ist, wie mans eigentlich, wo man drauf achten muss. Und dann haben wir eine gesellschaftliche Vorbildfunktion. Als Schulen müssen wir es eigentlich besser machen als alle anderen. Nicht, weil wir jetzt so viel moralische Hoheit haben, aber einfach, weil wir in die Zukunft blicken können und wenn wir in die Zukunft schauen und gerade als Schule müssen wir auf das schauen, was unsere Kinder, vor allem die Schüler, die wir jetzt haben in 10, 15 Jahren entgegennehmen und es sind jetzt Parolen, die jetzt oft von der Straße geschrien werden, aber so wies jetzt ist, können wir die Erde nicht hinterlassen. Das heißt, da muss sich maßgeblich was ändern und die Schulen müssen damit anfangen. Weil wir einfach wir können und ich glaub wir sollten auch in Anspruch nehmen, dass in den Schulen viele Menschen sind, oder eigentlich fast nur ausschließlich Menschen sind, in deren Interesse es ist, dass es den Kindern gut geht. Sonst wären sie keine Lehrer und Lehrpersonen geworden. Und genau das sind die Leute, die auch, glaub ich, in gewisser Art und Weise in Übergangszeiten mehr Aufwand in An-

spruch nehmen und mehr Aufwand tolerieren, wenns einen Sinn hat. Weil ich glaub, grad Lehrpersonen sind die, die am meisten mehr machen als notwendig wäre, weil es für die Kinder ist. Und dann könnt ma genau an den Orten ansetzen und sagen, wir sind Vorbildfunktion, wir können Nachhaltigkeit machen. Auch wenn nicht alle Kapazität, alle Finanzen geklärt sind, trauen wir uns, das trotzdem zu machen. Auch wenn teilweise auf unseren Rücken geht, was ich jetzt nicht sagen sollte, aber ähm, irgendwer muss anfangen damit. Und ich glaub, als Schulen könnte man das ganz gut machen.

Interessant ist in diesen Ausführungen, dass die Schule als Ganzes eine Vorbildfunktion für die Gesellschaft hat und hier viel bewirken könnte.

4.4.3 Nachhaltigkeit ist Auftrag und Verantwortung

Von den 16 befragten Religionslehrer*innen bringen 14 das Thema *Nachhaltigkeit ist Auftrag und Verantwortung* ins Gespräch. Für fast alle ist dabei der Glaube und/oder die Schöpfungsgeschichte der zentrale Bezugspunkt dieser Verantwortung bzw. des Auftrages. Exemplarisch für die sehr ähnlich formulierten Argumentationen der befragten Religionslehrer*innen, werden die Aussagen von Religionslehrerin C und Religionslehrer E hier angeführt: »Weil wir ja auch auf unsere Umwelt aufpassen sollen, weil wir auch den Auftrag bekommen haben. Von meinem Glaubensstand her hab ich die Aufgabe, auf das zu achten, was ich geschenkt bekommen habe«, sagt Religionslehrerin C. Religionslehrer E formuliert: »Wir haben ja einen klaren Auftrag bekommen von Gott, dass wir auf die Erde schauen. Wenn nur jeder auf sich schaut, würden wir auf einem großen Müllplaneten leben.«

Aus dieser Verantwortung kann sich kein Einzelner rausnehmen, wie Religionslehrerin F beschreibt:

> Weils mich auch betrifft. Weils auch meine Verantwortung ist. Und wenn wir jetzt ganz am Anfang in der Bibel nachlesen, ich glaub 1.Mose 2,15 steht der Auftrag für die Menschen, dass sie sich um die Welt kümmern sollen, um die Erde kümmern sollen und bebauen und bewahren sollen. Da zähl ich ja auch dazu.

Religionslehrerin H betont im Zusammenhang mit Verantwortung die Gottesbeziehung und dass der Mensch »eine Verantwortung gegenüber Gott« hat, die sich aus der Schöpfungserzählung ergibt. Daraus ergibt sich für sie auch ein Gemeinschaftsgefühl, weil »wir alle gemeinsam sind dafür verantwortlich« (Religionslehrerin H). Dass dem Menschen diese Verantwortung »ja in die Hände gelegt worden ist« (Religionslehrerin I), die auf einer »religiösen Basis« begründet ist, »erfahren sie [die Schüler*innen, Anm.] nur im Religionsunterricht«, gibt Religionslehrerin I zu bedenken und führt weiter aus: »Also diese Verantwortung, natürlich hat jeder Verantwortung, wenn er jetzt nicht religiös ist. Aber ich denk, dass eben wir mit der Schöpfung entsprechend umgehen, das werden sie nur bei mir bekommen.« Ebenso ist es für Religionslehrerin J ganz klar »die Rolle vom Religionsunterricht […], wirklich ganz bewusst die Verantwortung des Menschen zu thematisieren.« Und es ist notwendig, hinzuschauen und darüber zu sprechen, wie Religionslehrerin L ausführt:

> Religionsunterricht hat für mich da einen Auftrag. Und wenn das meine Kollegen zu wenig machen in ihren anderen Fächern, ich mein, da denk ich mir, das kann nicht sein als Mensch, das kann man nicht aufschieben. Und das haben für mich diese ganzen Freitagsdemonstrationen auch gezeigt. Ich mein, ich kann die Kinder und Jugendlichen da nicht zum Narren halten diesbezüglich. Ich find das geht nicht anders. Man kann dem nicht ausweichen, ganz einfach.

Auch Religionslehrerin M merkt an, dass die Themen in Zusammenhang mit Nachhaltigkeit im literarischen Unterricht zu kurz kommen, deswegen hat sie »im Religionsunterricht schon eine gewisse Verantwortung« (Religionslehrerin M).

Verantwortung haben wir Menschen aber nicht nur Gott und seiner Schöpfung, sondern auch den anderen Menschen gegenüber, den kommenden Generationen, und deswegen ist es für Religionslehrer D wichtig, »nachhaltig zu leben aus Achtsamkeit vor denen, die nach mir kommen.«

4.4.4 Sorgsamer und respektvoller Umgang wird vermittelt

Fünf der befragten Religionslehrer*innen geben an, dass sie im Zusammenhang mit Nachhaltigkeit den Schüler*innen vor allem den sorgsamen und respektvollen Umgang mit anderen Menschen und mit der Umwelt vermitteln möchten. Das ist bestimmt nicht nur Aufgabe des Religionsunterrichts, aber gerade dabei hat auch der Religionsunterricht aufgrund seiner Organisationsform und Besonderheiten die Chance, intensiver daran zu arbeiten. Für Religionslehrerin I ist das zum Beispiel,

> dass man eben dieses Miteinander und dieses aufeinander Achten und sensibel sein, dass man sieht, welche Bedürfnisse der andere hat. Diese Grundbedürfnisse, diese Sensibilität. Ich glaub, die bekommens da schon mehr mit, also ich möchte jetzt nicht sagen, dass die Klassenlehrer das nicht machen, aber ich glaub, wir machens intensiver und anders. Und eben mit einem anderen Hintergrund.

Es spielt laut Religionslehrerin I auch hier der Glaube als Grundlage, als Hintergrund, wie sie es nennt, eine zentrale Rolle.

Der sorgsame Umgang mit der Umwelt hat ebenso eine religiöse Begründung. Schüler*innen sollen »die Natur als Geschenk Gottes sehen und erkennen, dass sie sorgsam damit umgehen« (Religionslehrer B). Vor diesem Hintergrund sollte es für Schüler*innen möglich sein, »dass man sich dann gerne um die Welt kümmert, gerne aufpasst, gerne einen positiven Beitrag für eine nachhaltige Umwelt bringt oder einbringt« (Religionslehrerin F). Religionslehrerin M bemerkt, dass es für einige Schüler*innen nicht selbstverständlich ist, dass sie achtsam mit der Umwelt umgehen und meint, »das muss man oft wirklich stärken und fördern. Aber ich würd sagen, da kann man schon wirklich sehr viel bewirken, dass sie einfach mehr darauf achten und dass ihnen das bewusst wird auch« (Religionslehrerin M). Denn den Schüler*innen fehlt oft das Bewusstsein, »weil manche Kinder, die haben einfach keinen Blick für das« (Religionslehrerin M). Aber wenn es ihnen bewusst wird, dann achten sie auch darauf, erzählt Religionslehrerin M aus ihrer Erfahrung.

4.4.5 Kleine Veränderungen werden bei Schüler*innen angestoßen

In dieser Kategorie wird zusammengefasst, welche kleinen Veränderungen die befragten Religionslehrer*innen ihrer Meinung nach bei Schüler*innen anstoßen können. Es geht also um die Frage, wie der Religionsunterricht in Bezug auf Nachhaltigkeit auf Schüler*innen und ihren Alltag wirkt.

Dabei geht es bewusst nicht um die ganz großen Veränderungen, sondern »einfach dieses Bewusstsein: kleine Taten, große Wirkung« (Religionslehrer E). Schüler*innen sollen herausfinden, in welchen Bereichen sie selbst aktiv werden können und wollen und dort soll angesetzt werden.

> Darum geht's, also um Ansatzpunkte zu finden, wo ich bereit bin, was zu verändern. Ich würd auch nicht wollen, dass mir wer sagt, wohn bescheidener und schränk dich mehr ein. Aber grundsätzlich mal zu denken und nachzudenken, wo bei mir die Punkte sind, wo ich was ändere, das kann halt jeder und ich glaub auch, dass von den Kindern selber die Motivation kommen muss, um gewisse Dinge zu ändern. (Religionslehrerin L)

Der Ausgangspunkt für Veränderungen liegt bei einem selbst und das kann man mit Schüler*innen gut bearbeiten und herausfinden, wo für sie diese Punkte liegen. Das können mitunter banale Alltagsentscheidungen sein, wie »schmeiß ich jetzt das Papierl beim Fenster raus oder heb ichs auf und schmeiß es weg, auch wenn es vielleicht nicht von mir ist. So Kleinigkeiten glaub ich kann man da ganz gut den Kindern mitgeben« (Religionslehrerin M). Es geht um alltägliche Entscheidungen für nachhaltiges Handeln. Dabei soll Schüler*innen auch bewusst sein, dass nicht jeder alles sofort perfekt machen kann und muss.

> Wenn jeder ein bisschen was macht, dann ist es auch schon sehr viel und es kann nicht jede Familie alles machen. Und jeder muss das machen, was in sein Lebenskonzept passt und wenn sich Dinge etabliert haben zu Hause, dann kann man vielleicht noch einen Schritt mehr machen, wenn gewisse Dinge schon Gewohnheit sind. Also ich kann nicht

> von heute auf morgen einen ›mir ist alles egal‹-Haushalt auf den super nachhaltigen Haushalt umstellen, das kann nicht funktionieren. […] Und das ihnen eben auch vermitteln, dass das gemeinsam bekommen wir viel zusammen, wenn jeder ein bisschen was leistet. (Religionslehrerin H)

Die Veränderungen sollen in das jeweilige Lebenskonzept passen, Religionslehrerin H geht im weiteren Gesprächsverlauf noch näher darauf ein, dass Familien unterschiedliche sozio-ökonomische Hintergründe haben, die auch in diesen Fragen mitbedacht werden müssen. Man kann nicht von allen Schüler*innen das gleiche verlangen, da nicht alle dieselben Möglichkeiten haben. Religionslehrerin H vermittelt Schüler*innen, dass jeder und jede an seinem und ihrem Ort einen kleinen Schritt und einen Beitrag leisten kann. Die kleinen Veränderungen, die man anfängt, können unter Umständen auch größer werden und wachsen. Religionslehrerin C erklärt dazu:

> Das glaub ich, kann ich vermitteln, dass, egal welchen kleinen Schritt du machst, er der richtige und ein guter Schritt ist in die richtige Richtung, weil wenn ich nur das Papier aufheb, über das ich gerade drüber steigen hätte wollen, ist es schon ein Riesenschritt. Aber beim nächsten Mal nimmst vielleicht schon mehr mit oder bist aufmerksamer, weilst gemerkt hast, ja, das tut dir persönlich auch gut. Und ich glaub, das können wir den Kindern schon mitgeben. Jeder kleine Schritt, jeder kleiner Beitrag ist wertvoll.

Religionslehrer*innen können dafür auch »Gedankenimpulse« (Religionslehrerin J) mitgeben, die zu solchen Veränderungen anregen können. Religionslehrer*innen

> regen Lern- und Denkprozesse bei Kindern an, deren Entwicklung wir eigentlich nicht wirklich überprüfen können. Das Ganze ist eigentlich wie eine Pflanze, die man sät und die wächst und wächst und irgendwann einmal kommt sie zu voller Blüte. Aber wir können das weder steuern, noch können wir das beurteilen und wir könnens teilweise nicht einmal beobachten, weil das einfach ein Prozess ist, der lange dauert und die Schüler sind dann irgendwo in der Welt draußen und wir wissens eigentlich nicht, was wir, also ich glaub, wir können das nur anregen. (Religionslehrerin J)

Religionslehrerin J weist hier darauf hin, dass es oft gar nicht überprüfbar ist, was bei Schüler*innen ankommt oder was aus den Gedankenimpulsen wird, die im Religionsunterricht mitgegeben werden. Religionslehrerin J hat nicht die Erwartungshaltung, dass sie sehen kann, was sie konkret bei Schüler*innen bewirkt, sondern ihr ist bewusst, dass es sich um eine nicht vorhersehbare Entwicklung handelt.

4.4.6 Kritische Haltung und Kommunikations-Kompetenz werden vermittelt

Eine wichtige Kompetenz, die Schüler*innen im Religionsunterricht in Bezug auf Nachhaltigkeit lernen sollen, ist für vier der befragten Religionslehrer*innen das kritische Hinterfragen. Schüler*innen sollen »lernen zu hinterfragen. Also wirklich nachzudenken, zu fragen und zwischen den Zeilen zu lesen« (Religionslehrerin O). Und das ist nicht nur in Bezug auf Nachhaltigkeit und all die Themen, die damit in Zusammenhang stehen, wichtig, sondern das ist grundsätzlich eine wichtige Kompetenz für Religionslehrerin O. Religionslehrerin J ergänzt dazu das Problembewusstsein und die Lösungsorientierung. Beides gehört eng zum eigenständigen Denken dazu. Aber auch das Fragenstellen,

> dass sie [die Schüler*innen, Anm.] kritisch hinterfragen oder kritisch hinschauen, dass sie keine Tabus beim Fragen kennen. Es darf alles gefragt werden. Es gibt keine Frage, die man ›das darf ich ja gar nicht fragen‹, natürlich darfst du. Wenn ich so ›oh, das darf ich gar nicht fragen‹, sag ich ›beschäftigts dich?‹ – ›ja‹ – ›ja, dann musst du sogar fragen‹ (Religionslehrer D).

All die genannten Punkte haben mit einer Haltung, aber auch mit Kommunikation zu tun. Die befragten Religionslehrer*innen wollen vermitteln, dass Schüler*innen befähigt werden, die eigene Meinung zu sagen, über Missstände zu sprechen, zu diskutieren. Diese Kompetenzen stärken und fördern eine nachhaltige Entwicklung.

4.5 Reflexion von Chancen und Herausforderungen

Diese Hauptkategorie beschreibt vor allem Reflexionen des eigenen (nicht-)nachhaltigen Verhaltens der befragten Religionslehrer*innen. Dabei werden Grenzen deutlich und es wird spürbar, dass es nicht in allen Lebensbereichen möglich ist, nachhaltig zu leben. Doch es kommt auf die kleinen Schritte an, die möglich sind und durch die es auch möglich ist, die eigene Selbstwirksamkeit zu spüren.

4.5.1 Kleine Schritte werden gesetzt und Grenzen wahrgenommen

Die Dringlichkeit, nachhaltige Entscheidungen zu treffen und sich mit Nachhaltigkeit auseinanderzusetzen bringt Religionslehrerin L auf den Punkt: »Ich finde, es ist ja nix, was man aufschieben kann. Das ist ein Muss. Es ist einfach jetzt in der gegenwärtigen Situation ein Muss, sich damit auseinanderzusetzen. Punkt.« Und schon »kleine Schritte können etwas bewirken« (Religionslehrerin M). »Kleine Schritte« oder »Kleinigkeiten«, die man einfach umsetzen kann oder bei denen man anfangen kann, werden explizit von neun der befragten Religionslehrer*innen angesprochen. »Ich kann die Welt auch nicht retten«, meint Religionslehrerin A, »aber ich kann Schritt für Schritt anfangen was zu ändern.« Und diese kleinen Schritte wollen die befragten Religionslehrer*innen auch den Schüler*innen mitgeben.

> Die Kinder selber können sowieso nicht alles auf einmal ändern, weil sie sind abhängig von uns Erwachsenen. Aber wo könnten sie was ändern? Wo könnten sie aufmerksamer sein? Also das wünsch ich mir, dass sie sich das mitnehmen: Selber mit offenen Augen durch die Welt zu gehen, aber nicht, dass ich ihnen da einen riesigen Rucksack einen schweren mit rauf tu und was weiß ich und komm mir ja nicht mehr mit dem Plastiksackerl, dabei hats irgendwer anderer dem Kind in die Hand gedrückt, das ist es. Also kein schlechtes Gewissen machen aber schauen, was können wir selber machen. Das möchte ich ihnen mitgeben. (Religionslehrerin P)

Bei Nachhaltigkeit geht es Religionslehrerin P und auch anderen Religionslehrer*innen darum, dass Schüler*innen in ihrem eigenen Wirkbereich aktiv werden können und dort kleine Schritte setzen. Auf diese Weise kann auch erreicht werden, »den Druck rauszunehmen bei den Kindern« (Religionslehrerin O), damit sie sich nicht gezwungen fühlen, in allen Bereichen sofort ausschließlich nachhaltig zu leben.

4.5.2 Nachhaltigkeit wird als Pflicht ohne Zwang verstanden

Bei manchen alltäglichen Handlungen oder Entscheidungen sind keine nachhaltigen Alternativen möglich. Religionslehrer D ist Diabetiker und merkt kritisch an, dass er dadurch sehr viel Müll verursachen muss, da Tabletten nicht umweltfreundlich verpackt sind und auch die Insulin-Pens Wegwerfprodukte aus Kunststoff sind. »Das freut mich nicht sehr, ist gesundheitlich aber nicht anders vertretbar« (Religionslehrer D). Der Sohn, der sich glutenfrei ernähren muss, »muss eh so viele Abstriche machen« (Religionslehrer D), dass Religionslehrer D beim Einkauf dieser Produkte vordergründig darauf achtet, was ihm schmeckt und nicht, ob es nachhaltig ist, »das ist mir auch im Sinne der Lebensqualität meines Sohnes herzlich blunzn« (Religionslehrer D). Auch Religionslehrerin H erwähnt Einwegspritzen oder Corona-Tests, wo es nicht möglich ist, Kunststoff einzusparen. »Das sind für mich so Sachen, da geht's nicht anders« (Religionslehrerin H). Aber deswegen ist es für sie umso wichtiger, dort, wo es möglich ist, auf Einweg-Kunststoff zu verzichten.

Auf der anderen Seite gibt es aber auch Bereiche im Alltag oder Dinge, wo es nachhaltige Alternativen gäbe, man sie aber trotzdem nicht wählt. Religionslehrerin H beschreibt das folgendermaßen:

> Weil es bringt nix, wenn ich mich kasteie und Dinge, die ich gerne hab, gar nicht tu. Das ist für mich dann nicht Nachhaltigkeit, das ist nur mehr Folter. Das heißt aber jetzt nicht, dass ich alles mir erlaube, nur weils halt bequem ist. Es muss sich die Waage halten.

Wichtig ist den befragten Religionslehrer*innen in diesem Zusammenhang, authentisch zu sein und sich selbst und auch Schüler*innen gegenüber einzugestehen, dass ein nachhaltiger Lebensstil nicht immer gelingt oder man nicht immer die nachhaltige Entscheidung trifft. Schüler*innen gegenüber ehrlich zu sein und die »Hopplas« (Religionslehrerin I) nicht zu verheimlichen ist dabei wichtig. Gleichzeitig sollen Schüler*innen auch nicht zu einem nachhaltigen Lebensstil gezwungen werden.

> Also ich glaub, dass die Kinder ja dann die nächsten Verantwortlichen sind und wenn ich das in einer Art und Weise lerne und mitbekomme, dass das jetzt kein Muss ist, weil das ist das immer, dann streikt man ganz. Sondern immer wieder ein Versuch, was Gutes zu tun für mich, für meine Umwelt, für andere Menschen, das ist das Um und Auf. Immer versuchen, was Gutes zu tun. Nicht dieses, ich muss jetzt immer schauen, dass ich alles richtig mache. Das geht nicht. Das funktioniert nicht, das sag ich ihnen immer wieder. Man kann nicht jeden Tag alles super machen, das geht nicht, weil dann hat man so einen Gusto auf irgendwas und das gibts einfach da nicht. Man muss ja auch auf sich selber schauen. Also auch diese Waage auch zu halten, ja. Mir ist es lieber, dass es einen selber gut geht, also auch den Kindern, aber immer wieder das Wissen, wir müssen auch ein bisschen schauen. Wir haben auch eine Pflicht, auf das, was wir geschenkt bekommen haben, zu achten, genau. (Religionslehrerin C)

In diesem Abschnitt wird das Thema *Nachhaltigkeit wird als Pflicht ohne Zwang verstanden* sehr deutlich. Und auch der Zwiespalt, vor dem man steht, wenn man nachhaltige Entscheidungen treffen möchte. Es ist aus verschiedenen Gründen nicht immer möglich, aber es geht darum, grundsätzlich das Gute zu tun.

4.5.3 Eigene Selbstwirksamkeit wird spürbar

Einige Religionslehrer*innen (drei der befragten Personen) erwähnen vor allem auf der Gefühlsebene, dass sie die eigene Selbstwirksamkeit spüren, indem sie mit kleinen Schritten Nachhaltigkeit in ihrem (Schul-) Alltag integrieren. »Das ist etwas, was man selbst tun kann, weil man kann sehr viele Dinge nicht beeinflussen. Aber man kann das eigene Verhalten beeinflussen. Und das ist schon auch ein befriedigendes Gefühl« (Religionslehrerin J). Wenn man bei sich selbst anfängt, das eigene Verhalten zu reflektieren, wird bewusst, was man bewirken kann. Religionslehrerin K beschreibt dazu: »Ich hab das Gefühl, wirklich was tun zu können und das Gefühl, einfach ein Teil davon sein zu können.« Religionslehrer G knüpft die Erfahrung von Selbstwirksamkeit an ein konkretes Beispiel und berichtet:

> Man kann viel glaub ich im Persönlichen ändern und man merkt dann auch, dass sich dann trotzdem in der Industrie was ändert. Also das beste Beispiel find ich, vor vier Jahren vegetarisches Essen oder Fleischersatz zu kaufen war de facto unmöglich, es gab ein paar Kleinigkeiten zu einem sehr teuren Preis und mittlerweile gibts ein breites Angebot, das von no-name-Marken bis hin zu Nestle alle abdeckt und man kann wirklich auch einen breiteren Konsum hier wahrhaben, der zwar noch nicht das ist was Nachhaltigkeit sein sollte und was umweltschützend ist. Aber es geht in die richtige Richtung. Das Angebot, das da ist, bedeutet, es gibt Nachfrage, das bedeutet, mehr Menschen werden sich dessen bewusst und das ist etwas Positives.

An diesem Beispiel wird für Religionslehrer G deutlich, dass es sich lohnt darauf zu schauen, was man selbst tun kann und wo man sich für Nachhaltigkeit einsetzten kann. Alle der befragten Religionslehrer*innen, die das Thema Selbstwirksamkeit ansprechen, bringen es mit positiven Gefühlen in Verbindung.

4.6 Ergebnisse im Überblick

Die vorangehenden detaillierten Beschreibungen der einzelnen Kategorien geben Aufschluss über die konkreten Inhalte der jeweiligen Kategorien. Zum Abschluss des Kapitels und als Zusammenfassung werden die Kategorien an dieser Stelle übersichtlich dargestellt. Es wird eine Auflistung aller Kategorien vorgenommen, anschließend wird der Versuch unternommen, die Kategorien den jeweiligen Einstellungs-Dimensionen zuzuordnen. Außerdem wird eine Tabelle vorgestellt, die die Häufigkeiten der jeweiligen Kategorien zeigt und auf einige Details dazu eingegangen.

4.6.1 Übersicht aller Kategorien

Nach der vorangegangenen Beschreibung der einzelnen Kategorien und Hauptkategorien, werden im Folgenden alle Kategorien aufgelistet, um eine Übersicht über alle Kategorien und zugehörigen Hauptkategorien zu geben.[38]

---

38 Die Nummerierung der Kategorien soll dabei keine Hierarchie oder Wichtigkeit andeuten, sondern bezieht sich auf die Nummerierung der jeweiligen Kapitel, in denen die Kategorien ausführlich beschrieben wurden.

1 Persönliche Zugänge und Beschreibungen
　1.1 Nachhaltigkeit bedeutet, an die Zukunft zu denken
　1.2 Nachhaltigkeit hat mit Ressourcen, Umwelt, Mobilität, Konsum zu tun
　1.3 Nachhaltigkeit im Alltag ist wichtig
　1.4 Nachhaltigkeit ist herausfordernd
　1.5 Nachhaltigkeit weckt ambivalente Gefühle
　1.6 Religionslehrer*innen beeinflussen andere und werden beeinflusst
2 Beobachtungen im Schulalltag
　2.1 Es gibt (keinen) bewussten Umgang mit Ressourcen in der Schule
　2.2 Vorbildwirkung der Lehrer*innen/der Schule fehlt
　2.3 Religionslehrer*innen haben keinen Einfluss vor Ort
　2.4 Nachhaltigkeit ist (kein) Thema in den Schulen
　2.5 Nachhaltigkeit bedeutet fächerübergreifendes und vernetztes Denken
　2.6 Eigener Umgang mit Ressourcen im Schulalltag wird reflektiert
3 Nachhaltigkeit als Thema im Religionsunterricht
　3.1 Nachhaltigkeit hat mit Schöpfung zu tun
　3.2 Nachhaltigkeit hat mit sozialen Themen zu tun
　3.3 Nachhaltigkeit und Achtsamkeit gehören zusammen
　3.4 Nachhaltigkeit ist ein wichtiges Unterrichtsthema im Religionsunterricht
　3.5 Nachhaltigkeit ist ein interessantes Unterrichtsthema
　3.6 Nachhaltigkeit gehört zum täglichen Unterrichtsgeschehen
　3.7 Nachhaltigkeit ist Teil des Lehrplans und persönliches Anliegen
　3.8 Nachhaltigkeit gehört zur Lebenswelt von Schüler*innen
4 Aufgabe von Religionslehrer*innen und Funktion des Religionsunterrichts
　4.1 Im Religionsunterricht geht es um die persönliche Beziehung
　4.2 Religionslehrer*innen haben Vermittler- und Vorbildrolle
　4.3 Nachhaltigkeit ist Auftrag und Verantwortung
　4.4 Sorgsamer und respektvoller Umgang wird vermittelt
　4.5 Kleine Veränderungen werden bei Schüler*innen angestoßen
　4.6 Kritische Haltung und Kommunikations-Kompetenz werden vermittelt
5 Reflexion von Chancen und Herausforderungen
　5.1 Kleine Schritte werden gesetzt und Grenzen wahrgenommen
　5.2 Nachhaltigkeit wird als Pflicht ohne Zwang verstanden
　5.3 Eigene Selbstwirksamkeit wird spürbar

Die Auflistung zeigt auf einen Blick, welche einzelnen Kategorien zu den jeweiligen Hauptkategorien gehören. Auf Zusammenhänge und weitere Erklärungen wird im Folgenden näher eingegangen.

4.6.2 Einordnung in Einstellungs-Dimensionen

Zusammenfassend werden die gefundenen Kategorien an dieser Stelle gemäß den drei Dimensionen von Einstellungen geordnet, wie sie bei Eagly und Chaiken (1993) bzw. Rosenberg und Hovland (1960) beschrieben werden. Das heißt, die Kategorien werden in kognitive, verhaltensbezogene und affektive Einstellungen geordnet.

Die *kognitive Dimension* beinhaltet Gedanken und Meinungen der befragten Religionslehrer*innen zum Thema Nachhaltigkeit. In diese Dimension kann ein Großteil der gefundenen Kategorien eingeordnet werden. Dazu gehören die persönlichen Zugänge und Beschreibungen, in denen deutlich wird, dass Religionslehrer*innen Nachhaltigkeit mit der Zukunft verbinden, aber auch mit Ressourcen, Umwelt, Mobilität und Konsum. Im Schulalltag beobachten Religionslehrer*innen den Umgang mit Ressourcen, fehlende Vorbildwirkung von Lehrer*innen und Schule, die Präsenz des Themas und die Möglichkeit zum fächerübergreifenden und vernetzten Arbeiten. Im Religionsunterricht wird Nachhaltigkeit vor allem mit Schöpfung verbunden, aber auch mit sozialen Themen und Achtsamkeit. Es wird als wichtiges und interessantes Unterrichtsthema gesehen, das in der Lebenswelt von Schüler*innen verankert ist. Auch der Lehrplan und das persönliche Interesse führen zur Auseinandersetzung mit dem Thema im Religionsunterricht. Die befragten Religionslehrer*innen sind davon überzeugt, dass die persönliche Beziehung zu den Schüler*innen im Religionsunterricht eine Rolle spielt und sie selbst einen Auftrag und Verantwortung haben. Religionslehrer*innen haben ein Bewusstsein für kleine Schritte und eigene Grenzen, und spüren gleichzeitig ihre Selbstwirksamkeit.

Die *verhaltensbezogene Dimension* wurde nicht sehr ausführlich abgefragt in der vorliegenden Studie.[39] Dennoch wurden von den befragten Religionslehrer*innen einige Punkte genannt, die hier eingeordnet werden können, weil sie Aussagen über das Verhalten von Religionslehrer*innen beinhalten. Während das eigene Verhalten auch in anderen Kategorien mitschwingt, wird es explizit genannt in der Kategorie *Eigener Umgang mit Ressourcen im Schulalltag wird reflektiert*. Dabei reflektieren die befragten Religionslehrer*innen, wo sie selbst Ressourcen im Schulalltag schonen können bzw. ihren Einfluss auf den Umgang mit Ressourcen im Schulalltag. Vor allem in der Frage nach der Rolle von Religionslehrer*innen zeigt sich auch ihr Verhalten in Bezug auf Nachhaltigkeit. Sie vermitteln sorgsamen und respektvollen Umgang mit den Mitmenschen und der Mit- und Umwelt. Außerdem ist es ihnen wichtig, kritische Haltung und Kommunikations-Kompetenz zu vermitteln. Sie selbst sehen sich dabei als Vorbilder

---

[39] Die Schwierigkeiten hinsichtlich Selbstauskünfte und dem Heranziehen verschiedener Quellen, um Aussagen zum Verhalten machen zu können, wurden in den Kapiteln 2.4 und 3 beschrieben.

für Schüler*innen und auch für Kolleg*innen. Dabei ist es ihnen wichtig, bei Schüler*innen kleine Veränderungen anstoßen zu können. Mit ihrem Verhalten können Religionslehrer*innen auch Menschen in ihrem Umfeld beeinflussen, so wie sie teilweise auch von anderen beeinflusst werden.

Zur *affektiven Dimension* von Einstellungen gehört die Kategorie *Nachhaltigkeit weckt ambivalente Gefühle*. Dort werden sämtliche Gefühle beschrieben, die von den befragten Religionslehrer*innen mit Nachhaltigkeit in Verbindung gebracht werden. Positive Gefühle und Freude sind dabei überwiegend, aber auch gespaltene Gefühle werden häufig genannt. Die befragten Religionslehrer*innen beschreiben in den Interviews, dass es von der Situation abhängig ist, welche Gefühle überwiegen. Einzelne Religionslehrer*innen erwähnen auch Hilflosigkeit, Zorn, Wut und ein schlechtes Gewissen.

4.6.3 Häufigkeiten der Kategorien

Im Zuge der Datenauswertung erfolgte auch eine Zählung der Kodes und eine Zählung der Personen, die die jeweiligen Kodes verwendet haben. Auch wenn es sich beim vorliegenden Forschungsprojekt um eine qualitativ-empirische Studie handelt, soll zur besseren Veranschaulichung der Ergebnisse hier eine Tabelle angeführt werden, die die Häufigkeiten der Kategorien darstellt.[40]

Aus der Tabelle können noch weitere interessante Informationen abgelesen werden, die aus einer rein deskriptiven Darstellung der qualitativen Daten nicht hervorgehen. Es soll aber nicht der Eindruck einer Wertung im Sinne der Wichtigkeit einzelner Kategorien entstehen. Es soll lediglich verdeutlicht werden, in welchem Ausmaß die einzelnen Kategorien in den Interviews thematisiert wurden.[41]

So kann unter anderem festgestellt werden, dass die Kategorie *Nachhaltigkeit weckt ambivalente Gefühle* am häufigsten vorkommt mit 52 Fundstellen bzw. Kodes. Ein Blick auf den Interviewleitfaden macht deutlich, dass an mehreren Stellen explizit nach Gefühlen gefragt wurde. Die Ergebnisse zeigen, dass die befragten Religionslehrer*innen dazu auch Stellung bezogen haben, da eine große Anzahl an Kodes dazu in den Daten zu finden ist, im Vergleich zu den anderen Kategorien innerhalb der Ergebnisse. Außerdem sticht, verglichen mit

---

[40] Die entsprechende Argumentation für das Vorgehen wird in Kapitel 3 zur Datenauswertung vorgenommen. Hingewiesen werden soll außerdem darauf, dass sich auch aus dieser Quantifizierung keine Repräsentativität der Daten ableiten lässt. Sie dient lediglich der Veranschaulichung und besserem Verständnis der erhobenen Daten.

[41] Als Grundlage für die Erstellung der Tabelle dient ein Beispiel, das Mayring (2015) zur induktiven Kategorienbildung anführt (Mayring, 2015, S. 88). Die dort angeführte Tabelle (Mayring, 2015, S. 89) ist Vorlage für die Erstellung der vorliegenden Tabelle.

den anderen Kategorien, die Kategorie *Nachhaltigkeit hat mit Ressourcen, Umwelt, Mobilität, Konsum zu tun* mit 33 Kodes hervor.

Ablesbar ist an der Tabelle außerdem, dass es Kategorien gibt, die von nahezu allen befragten Religionslehrer*innen angesprochen wurden. Diese Kategorien sind *Nachhaltigkeit hat mit Ressourcen, Umwelt, Mobilität, Konsum zu tun, Nachhaltigkeit weckt ambivalente Gefühle, Religionslehrer*innen beeinflussen andere und werden beeinflusst* und *Nachhaltigkeit hat mit Schöpfung zu tun.* Die genannten Kategorien sind demnach für 15 der 16 befragten Religionslehrer*innen präsent, wenn sie von Nachhaltigkeit sprechen bzw. über Nachhaltigkeit nachdenken.

Dagegen lassen sich mit Hilfe der Tabelle auch Kategorien identifizieren, die nur wenige der befragten Religionslehrer*innen genannt haben und die nicht häufig thematisiert wurden. Das sind unter anderem *Vorbildwirkung von Lehrer*innen / der Schule fehlt, Nachhaltigkeit und Achtsamkeit gehören zusammen* und *Eigene Selbstwirksamkeit wird spürbar*. Das soll den Kategorien aber nicht ihren Wert absprechen. Sie sind wichtige Bestandteile der Ergebnisse.

Aus einer Gegenüberstellung dieser beiden Pole (am häufigsten genannte Kategorien und am wenigsten häufig genannte Kategorien) könnte unter anderem geschlossen werden, dass für die befragten Religionslehrer*innen der Zusammenhang zwischen Nachhaltigkeit und Schöpfung, den 15 der befragten Religionslehrer*innen benennen, offensichtlicher oder präsenter ist, als der Zusammenhang zwischen Nachhaltigkeit und Achtsamkeit, auf den drei von ihnen eingegangen sind. Die fehlende Vorbildwirkung von Schule und Lehrer*innen ist vermutlich für einige Religionslehrer*innen ein Thema, weil sie darauf bewusst achten oder es für sie aus irgendeinem Grund ein wichtiges Thema ist. Dasselbe kann auch für das Thema Selbstwirksamkeit gelten. Dadurch wird gut deutlich, dass es viele verschiedene Themen sind, die die befragten Religionslehrer*innen im Zusammenhang mit Nachhaltigkeit bewegen. Jede und jeder bringt hier seine und ihre Perspektive ein. Das spiegelt die Vielschichtigkeit des Nachhaltigkeitsbegriffes wider.

Tabelle 2: Häufigkeiten-Verteilung der Kategorien

Kategorie	K	% K	P	% P[42]
1.1 Nachhaltigkeit bedeutet, an die Zukunft zu denken	18	4	12	75
1.2 Nachhaltigkeit hat mit Ressourcen, Umwelt, Mobilität, Konsum zu tun	33	8	15	93
1.3 Nachhaltigkeit im Alltag ist wichtig	9	2	9	56
1.4 Nachhaltigkeit ist herausfordernd	14	3	5	31
1.5 Nachhaltigkeit weckt ambivalente Gefühle	52	13	15	93

---

42 K bedeutet Kodes, % K meint die Prozentanzahl aller Kodes, P bedeutet Personen und % P die Prozentanzahl aller Personen.

(Fortsetzung)

Kategorie	K	% K	P	% P
1.6 Religionslehrer*innen beeinflussen andere und werden beeinflusst	27	7	15	93
2.1 Es gibt (keinen) bewussten Umgang mit Ressourcen in der Schule	6	1	5	31
2.2 Vorbildwirkung von Lehrer*innen / der Schule fehlt	3	0	3	18
2.3 Religionslehrer*innen haben keinen Einfluss vor Ort	4	1	4	25
2.4 Nachhaltigkeit ist (kein) Thema in den Schulen	8	2	4	25
2.5 Nachhaltigkeit bedeutet fächerübergreifendes und vernetztes Denken	9	2	6	38
2.6 Eigener Umgang mit Ressourcen im Schulalltag wird reflektiert	12	3	8	50
3.1 Nachhaltigkeit hat mit Schöpfung zu tun	17	4	15	93
3.2 Nachhaltigkeit hat mit sozialen Themen zu tun	15	3	10	62
3.3 Nachhaltigkeit und Achtsamkeit gehören zusammen	4	1	3	18
3.4 Nachhaltigkeit ist ein wichtiges Unterrichtsthema im Religionsunterricht	10	2	8	50
3.5 Nachhaltigkeit ist ein interessantes Unterrichtsthema	8	2	8	50
3.6 Nachhaltigkeit gehört zum täglichen Unterrichtsgeschehen	8	2	5	31
3.7 Nachhaltigkeit ist Teil des Lehrplans und persönliches Anliegen	7	1	7	43
3.8 Nachhaltigkeit gehört zur Lebenswelt von Schüler*innen	21	5	11	68
4.1 Im Religionsunterricht geht es um die persönliche Beziehung	17	4	10	62
4.2 Religionslehrer*innen haben Vermittler- und Vorbildrolle	21	5	13	81
4.3 Nachhaltigkeit ist Auftrag und Verantwortung	24	6	14	87
4.4 Sorgsamer und respektvoller Umgang werden vermittelt	5	1	5	31
4.5 Kleine Veränderungen werden bei Schüler*innen angestoßen	15	3	8	50
4.6 Kritische Haltung und Kommunikations-Kompetenz werden vermittelt	4	1	4	25
5.1 Kleine Schritte werden gesetzt und Grenzen wahrgenommen	15	3	9	56
5.2 Nachhaltigkeit wird als Pflicht ohne Zwang verstanden	8	2	4	25
5.3 Eigene Selbstwirksamkeit wird spürbar	3	0	3	18

4.7 Zwischenfazit

In den 16 mit evangelischen Religionslehrer*innen geführten Interviews wurden 29 Kategorien gefunden, die die Einstellungen von Religionslehrer*innen dem breiten Themenfeld Nachhaltigkeit gegenüber zeigen.

Die Kategorien spiegeln vor allem die Meinungen und Gedanken von Religionslehrer*innen zu Nachhaltigkeit wider, die sehr vielfältig sind und sich über alle Lebensbereiche erstrecken. Besonders hervorzuheben ist dabei die Rolle von

Religionslehrer*innen, die ihrer Meinung nach in der Vermittlung und im Vorbild-Sein liegt. Erwähnt werden muss in diesem Zusammenhang aber auch die Verantwortung und der Auftrag den Religionslehrer*innen haben. Es zeigt sich, dass Nachhaltigkeit für Religionslehrer*innen ein präsentes Thema ist, das sich in unterschiedlichen Facetten in ihrer Arbeit und im Privatleben zeigt.

Die *Persönlichen Zugänge und Beschreibungen* beinhalten, was Religionslehrer*innen mit Nachhaltigkeit verbinden und wie sie es beschreiben würden. Dazu gehören unter anderem die Zukunft, Ressourcen, Umwelt, Mobilität und Konsum. Darüber hinaus werden Herausforderungen – wie etwa die Vielschichtigkeit des Begriffes oder der Zusammenhang mit finanziellen Fragen – ambivalente Gefühle und Einflüsse thematisiert.

Religionslehrer*innen machen unterschiedliche *Beobachtungen im Schulalltag* und nehmen wahr, dass bewusst oder nicht bewusst mit Ressourcen umgegangen wird. Dabei werfen sie auch einen kritischen Blick auf ihr eigenes Verhalten. Sie fragen nach der Vorbildwirkung von Schule und nach dem eigenen Einfluss. Hervorgehoben wird Nachhaltigkeit als vernetzendes und fächerübergreifendes Thema.

Nachhaltigkeit als Thema im Religionsunterricht spiegelt die Themen wider, die Religionslehrer*innen im Religionsunterricht mit Nachhaltigkeit in Verbindung bringen. Diese Themen sind unter anderem Schöpfung, Achtsamkeit und soziale Themen. Außerdem begründen die Religionslehrer*innen die Relevanz des Themas im Religionsunterricht mit Lehrplan und persönlichen Anliegen, aber auch weil es zur Lebenswelt von Schüler*innen gehört.

Die *Aufgabe von Religionslehrer*innen und Funktion von Religionsunterricht* beschreiben die befragten Religionslehrer*innen deutlich, wenn es um Nachhaltigkeit geht. Die Beziehungsebene zwischen Religionslehrer*innen und Schüler*innen spielt dabei eine wesentliche Rolle. Die Aufgabe von Religionslehrer*innen wird als Vermittler- und Vorbildrolle beschrieben, Nachhaltigkeit als Auftrag und Verantwortung gesehen. Religionslehrer*innen wollen bei Schüler*innen bestimmte Kompetenzen, wie Kommunikation und kritisches Denken, fördern, damit sie zu einer nachhaltigen Gesellschaft beitragen können.

Bei einer *Reflexion von Chancen und Hindernissen* wird deutlich, dass den befragten Religionslehrer*innen bewusst ist, dass kleine Schritte auch viel bewirken können und das eigene Handeln oder die eigene Handlungsfähigkeit manchmal Grenzen hat. Eine große Chance bietet es aber, wenn man die eigene Selbstwirksamkeit spüren kann.

Im nächsten Kapitel werden die Ergebnisse in Bezug zu vorangehender Forschung und theoretischen Grundlegungen diskutiert und noch einmal aufgegriffen.

5 Diskussion der Ergebnisse

Die umfangreichen Ergebnisse werden in der folgenden Diskussion eingebettet in den eingangs dargelegten Forschungsstand (Kapitel 1) und die zu Grunde gelegte Theorie (Kapitel 2). Dabei eröffnen sich neue Themen und weitere Fragen. Wichtig ist, die Ergebnisse an dieser Stelle in einen Deutungszusammenhang zu stellen und zu interpretieren. Für die Diskussion sind folgende zwei Fragen leitend:
- Was bedeuten die Ergebnisse für die Praxis des Religionsunterrichts?
- Was bedeuten die Ergebnisse für eine Bildung für nachhaltige Entwicklung?

Dabei werden die zentralen Themen der Ergebnisse der vorliegenden Forschung, aber auch aus den theoretischen Grundlegungen aufgegriffen, in Beziehung gesetzt und kritisch beleuchtet. Die Diskussion wird eingeleitet von der Kontextualisierung der Ergebnisse in frühere Studien, geht dann weiter über grundlegende Themen wie zum Beispiel Verantwortung und Schöpfung hin zur konkreten Praxis und damit Didaktik des Religionsunterrichts.

5.1 Die Ergebnisse vor dem Hintergrund früherer (Einstellungs-)Studien

Die Ergebnisse des vorliegenden Forschungsprojektes lassen sich gut mit den Ergebnissen der Studie von Lavery (2015), der katholische Religionslehrer*innen in Australien zu Nachhaltigkeit befragt hat, vergleichen.[43] Die von Lavery (2015, S. 120) befragten Religionslehrer*innen sahen es als ihre Verantwortung, Schüler*innen zu einem nachhaltigen Lebensstil anzuregen. Auch im vorliegenden Forschungsprojekt sprechen die befragten Religionslehrer*innen davon, dass sie hier eine Verantwortung oder einen Auftrag haben, den sie wahrnehmen. Es

---
43 Die Studie wurde in Kapitel 1.2 näher beschrieben.

bleibt die Frage offen, ob das ein Spezifikum von Religionslehrer*innen ist oder ob dem Lehrer*innen grundsätzlich zustimmen würden. Es ist davon auszugehen, dass im Unterschied zu literarischen Lehrer*innen, für Religionslehrer*innen die religiöse Dimension in dieser Frage eine wichtige Rolle spielt. Lavery (2015, S. 120) befragt Religionslehrer*innen außerdem nach Themenfeldern im Religionsunterricht, die sich für die Bearbeitung von Nachhaltigkeits-Themen eignen. Auch hier gibt es Parallelen. Während australische Religionslehrer*innen Schöpfungsgeschichten, die Vorstellung von Haushalterschaft[44], das Staunen über Gott und seine Schöpfung und soziale Gerechtigkeit (vgl. Lavery, 2015, S. 120) nannten, gaben Religionslehrer*innen im vorliegenden Forschungsprojekt an, dass sie vor allem Schöpfung mit allen möglichen Facetten mit Nachhaltigkeit verbinden, aber auch soziale Themen. Diese beiden Themenkomplexe dürften für den Religionsunterricht die wesentlichen Komplexe sein, die sich dafür eignen, Nachhaltigkeit zu thematisieren. Für die Umsetzung spielen für australische Religionslehrer*innen nicht nur didaktische Konzepte eine Rolle, sondern auch die konkreten Handlungen, die sie selbst setzen, wie zum Beispiel das Licht auszuschalten oder ihr eigenes Mobilitäts-Verhalten zu reflektieren. Das ist auch im vorliegenden Forschungsprojekt ein zentrales Thema, da die hier befragten Religionslehrer*innen immer wieder von den kleinen Schritten sprechen, die sie selbst im (Schul-)Alltag setzen und mit denen sie eine Vorbildwirkung den Schüler*innen gegenüber erzielen möchten.

In den in Kapitel 1 genannten Studien, die sich vor allem mit den Einstellungen von Lehramtsstudierenden auseinandersetzen, wird häufig vorgeschlagen, dass eine stärkere Verankerung von Bildung für nachhaltige Entwicklung in der Ausbildung von Lehrer*innen vorgenommen werden muss. Aus den Ergebnissen des vorliegenden Forschungsprojektes kann abgeleitet werden, dass evangelische Religionslehrer*innen ein Bewusstsein für die Dringlichkeit des breiten Themenfeldes haben, da sie es ohnehin laufend in ihren Unterricht einfließen lassen oder auch punktuell thematisieren. Wie stark sich die befragten Religionslehrer*innen mit dem Themenfeld Nachhaltigkeit in ihrer Ausbildung auseinandergesetzt haben, wurde hier nicht explizit abgefragt. Auffallend ist, dass sie ein hohes Bewusstsein für die Dringlichkeit und für ihre Vorbildrolle haben, kritisch zu hinterfragen ist dabei, wie es um das fundierte theoretische Fachwissen zu dem Themenfeld steht. Aus den Ergebnissen geht jedenfalls hervor, dass sich Religionslehrer*innen über das Themenfeld informieren. Aus der Studie zu Einstellungen von Lehramtsstudierenden zu Bildung für nachhaltige Entwicklung (vgl. Jakob, 2021, S. 311) wurde deutlich, dass die befragten

---

44 Im Original heißt es »the notion of stewardship« (Lavery, 2015, S.120). *Stewardship* als religiöser Begriff kann als *Haushalterschaft* übersetzt werden, kann aber auch *Führung* oder *Verwalteramt* bedeuten.

Lehramtsstudierenden kritisch anmerkten, es würde vor allem an den Einstellungen der Lehrer*innen hängen, ob Bildung für nachhaltige Entwicklung im eigenen Unterricht implementiert wird oder nicht. Für Religionslehrer*innen gilt dies wohl auch, denn es wird deutlich, dass sich die meisten der befragten Religionslehrer*innen privat mit dem Thema Nachhaltigkeit auseinandersetzen und es für wichtig erachten. Deswegen setzen sie sich auch im Religionsunterricht verstärkt damit auseinander und lassen es immer wieder einfließen. Dabei ist sicherlich auch ihre Prämisse entscheidend, dass sie davon ausgehen, dass Nachhaltigkeit ein zentrales Thema der Lebenswelt von Schüler*innen ist. Außerdem stellen einige auch fest, dass sich viele Themen des Religionsunterrichtes damit gut verbinden lassen und Nachhaltigkeit mit allen ihren Facetten damit ohnehin ein immer wiederkehrendes Thema ist.

5.2 Verständnis von Nachhaltigkeit

Für die befragten Religionslehrer*innen ist Nachhaltigkeit eng verbunden mit der Zukunft. Dabei haben sie nicht nur die eigene Zukunft im Blick, sondern auch die der kommenden Generationen. Damit überschneidet sich ihr Verständnis hier mit den allgemeinen Definitionen von nachhaltiger Entwicklung, wie sie zum Beispiel im Brundtland-Bericht (vgl. World Commission on Environment and Development, 1987, S. 41) beschrieben wird, wo es heißt, nachhaltige Entwicklung hat nicht nur die Bedürfnisse aktueller Generationen im Blick, sondern auch die von zukünftigen Generationen.

Betrachtet man die Beschreibungen von Religionslehrer*innen vor dem Hintergrund der drei Bereiche, in die Nachhaltigkeit eingeteilt werden kann, nämlich soziale, ökologische und ökonomische Nachhaltigkeit, kann festgehalten werden, dass sich die befragten Religionslehrer*innen vor allem auf die ökologische Nachhaltigkeit beziehen. Sie sprechen davon, dass Nachhaltigkeit mit Konsum zu tun hat oder mit Ressourcen. Damit sprechen sie im Wesentlichen die ökologische Dimension von Nachhaltigkeit an, wenngleich es hier auch Überschneidungen mit der ökonomischen Dimension gibt. Die ökonomische Dimension und die soziale Dimension sind angesprochen, wenn die befragten Religionslehrer*innen kritisch festhalten, dass ein nachhaltiger Lebensstil oft teurer ist im Vergleich zu einem konventionellen Lebensstil und sich hier die Frage nach Armut und Reichtum stellt. Konkret sprechen Religionslehrer*innen den Bereich soziale Nachhaltigkeit aber nicht an in den Interviews.

Auch wenn es um die Beobachtungen im Schulalltag geht, stehen vor allem die Ressourcen und der Umgang damit im Vordergrund. Das meistgenannte Thema in Bezug auf Nachhaltigkeit im Religionsunterricht ist Schöpfung und das vor allem in Bezug auf die ökologische Dimension von Nachhaltigkeit. Von den 16 befragten Religionslehrer*innen geben aber auch zehn an, dass sie Nachhaltigkeit mit sozialen Themen in Verbindung bringen, wenn sie an den Religionsunterricht denken. Hier werden auch explizit der soziale Aspekt oder Gerechtigkeit genannt. Es ist interessant, dass die soziale Dimension von Nachhaltigkeit durch Religionslehrer*innen erst genannt wird, wenn es um konkrete Unterrichtsthemen geht. Im (Schul-)Alltag scheint dieser Bereich nicht so präsent zu sein.

Gemeint ist damit die explizite Nennung dieser Dimension, die selbstverständlich auch beim Thema Umgang mit Ressourcen und bei sozialen Themen mitschwingt. Hier geht es den befragten Religionslehrer*innen aber vor allem um das große Thema Umweltschutz.

Der interdisziplinäre Charakter von Nachhaltigkeit ist Religionslehrer*innen bewusst. Das wird deutlich, wenn sie davon sprechen, dass viele Nachhaltigkeits-Themen fächerübergreifend bearbeitet werden können und der Religionsunterricht hier seine Perspektive einbringen kann. Gerade an den Nachhaltigkeits-Themen wird auch deutlich, wie verwoben und vielschichtig viele Themen sind. Auch das ist den befragten Religionslehrer*innen bewusst. Demnach ist es wichtig, dass in der Schule vernetztes und vernetzendes Denken gelernt und geübt wird. Außerdem erwähnen einige Religionslehrer*innen bei den Herausforderungen in Bezug auf Nachhaltigkeit deren Vielschichtigkeit. »Weils eben so viele Bereiche betrifft«, wie Religionslehrer G erklärt und Religionslehrerin H fügt hinzu, dass es gerade dadurch »ganz mühsam zum abwiegen« ist. Es ist kein einfach zu fassender Begriff und gerade das macht es im Alltag oft schwer. Die befragten Religionslehrer*innen sprechen unter anderem von den Zusammenhängen, die nicht immer so einfach durchschaut werden können. Vernetzung und Vielschichtigkeit des Nachhaltigkeits-Begriffes sind also einerseits eine Chance, gerade im Schulalltag, andererseits aber auch ein Hindernis, wenn es darum gehen kann, Zusammenhänge zu verstehen und Entscheidungen zu treffen.

Auffallend ist an den Ergebnissen, dass niemand der befragten Religionslehrer*innen über das Konzept *Bildung für nachhaltige Entwicklung* oder die *Sustainable Development Goals* gesprochen hat. Es wurde zwar nicht explizit danach gefragt, dennoch hätten das Konzept bzw. die Entwicklungsziele angesprochen werden können aufgrund ihrer Aktualität und Relevanz. Die Frage bleibt offen, ob diese den befragten Religionslehrer*innen nicht bekannt sind oder sie in diesem Moment einfach nicht präsent waren für sie. Fragen könnte man außerdem, ob es etwas ändern würde an den Einstellungen von Religionslehrer*innen, wenn sie das Konzept *Bildung für nachhaltige Entwicklung* oder die *Sustainable Development Goals* kennen würden, beziehungsweise es konkret abgefragt worden wäre. Darin liegt vielleicht eine interessante Möglichkeit für ein weiteres Forschungsprojekt.

5.3 Verantwortung und Auftrag

Ein zentrales Thema in den Ergebnissen ist die Verantwortung. Der Großteil der befragten Religionslehrer*innen spricht von einem Auftrag bzw. einer Verantwortung, die sie haben. Bezugspunkt ist dabei immer der christliche Glaube, zumeist in Verbindung mit dem Leitmotiv der Schöpfungsverantwortung. Im »nicht nur auf sich selbst schauen«, wie Religionslehrer E es formuliert, spiegelt sich der Gedanke von Meireis wider, dass Protestant*innen den Blick frei haben für den anderen, weil sie sich nicht ständig um Rechtfertigung bemühen müssen (vgl. Meireis, 2015). Diese Verantwortung ist gleichzeitig etwas Verbindendes, wenn die Rede vom Gemeinschaftsgefühl ist, wie Religionslehrerin H erklärt: »Wir alle gemeinsam sind dafür verantwortlich.« Es ist ein kollektiver Auftrag, der auch Gott und die Beziehung mit ihm einschließt. Hier lässt sich die biblische Begründung für Verantwortung verankern, in der auch das Beziehungsgeschehen zwischen Gott und Mensch im Zentrum steht (vgl. Schlag, 2017).

Für die befragten Religionslehrer*innen ist Verantwortung ein Grund-Thema im evangelischen Religionsunterricht. Gerade unter dem Aspekt der Schöpfungsverantwortung wird es etwas, das dem Religionsunterricht eigen ist und kein anderes Schulfach in dieser Art und Weise thematisieren kann. Denn im Religionsunterricht erfahren Schüler*innen, »dass Gott uns Verantwortung für diese Schöpfung übertragen hat« (Religionslehrerin L). Damit argumentieren einige der Religionslehrer*innen. Daraus kann sich eine besondere Stellung des Religionsunterrichts ergeben. Andere Schulfächer thematisieren Nachhaltigkeits-Themen auch, aber ohne den Hintergrund der Schöpfungsverantwortung. Für Religionslehrer*innen ist es selbstverständlich in ihrem Glauben verankert, dass sie sich um die Schöpfung, die Umwelt, die Natur kümmern und den Schüler*innen weitergeben, verantwortungsvoll damit umzugehen.

Aber auch literarische (angehende) Lehrer*innen sprechen von einer Bildungsverantwortung, die sie in Bezug auf Bildung für nachhaltige Entwicklung haben (vgl. Jakob, 2021, S. 308ff.). Sie sprechen zwar nicht von Schöpfungsverantwortung, fühlen sich aber genauso verantwortlich, sich mit Schüler*innen mit Nachhaltigkeits-Themen auseinanderzusetzen. Allerdings wird dieses Gefühl von Verantwortung von literarischen Lehrer*innen und Religionslehrer*innen unterschiedlich begründet. Daher liegt hier womöglich eine große Chance für gemeinsames Arbeiten an dem Themenfeld – sei es fächerübergreifend, im Projektunterricht oder auf andere Art und Weise.

Religionslehrer*innen übernehmen hier die Verantwortung, Schüler*innen ethisches Bewusstsein für Nachhaltigkeits-Themen zu erschließen. Dadurch erfüllen sie die Forderung, die Körtner (2002, S. 26) an Theologie und Kirche stellt, diese Bildungsaufgabe umzusetzen. Der Religionsunterricht ist einer der Orte, an dem junge Menschen unmittelbar dafür erreicht werden können, weshalb er für die Umsetzung dieser Bildungsaufgabe ideal geeignet ist.

5.4 Reflexionsebene

Die Aussagen der interviewten Religionslehrer*innen zeigen, dass sie sich bewusst mit ihrem Lebensstil in Bezug auf Nachhaltigkeit auseinandersetzen. In den Interviews haben sie viele Beispiele aufgezählt, die darauf schließen lassen. So gibt es Religionslehrer*innen, die versuchen, möglichst viel mit öffentlichen Verkehrsmitteln oder dem Fahrrad zu fahren; Religionslehrer*innen, die sich Gedanken um umweltschonenden Hausbau machen; Religionslehrer*innen, die auf regionalen und saisonalen Einkauf achten; Religionslehrer*innen, die sich auch politisch für mehr Nachhaltigkeit einsetzen. Diese Beispiele zeigen, dass sich Religionslehrer*innen mit ihrem Lebensstil und dessen Auswirkungen auseinandersetzen. Manchmal gibt es dafür Auslöser, wie bei der Religionslehrerin, die erzählt, dass ihre Freundin sie dazu gebracht hat, mehr über ihren Lebensstil nachzudenken, ihn zu reflektieren und sich zu fragen: »Lebe ich eigentlich nachhaltig?« (Religionslehrerin F).

Spahn-Skrotzki (2021, S. 217ff.) schlägt vor, dass eine bewusste Reflexion des eigenen Lebensstils bereits in der Ausbildung von Religionslehrer*innen geschehen soll. Sie sollen sich bereits früh damit auseinandersetzen, welche Auswirkungen der eigene Lebensstil hat, weil diese Auseinandersetzung ihre Handlungen in der Praxis beeinflussen würde. Es zeigt sich in den Ergebnissen des vorliegenden Forschungsprojektes, dass eine Auseinandersetzung mit dem eigenen Lebensstil tatsächlich Einfluss auf die Praxis des Religionsunterrichts hat und nicht nur auf den persönlichen Alltag. Die befragten Religionslehrer*innen betrachten Nachhaltigkeitsthemen als wichtig in ihrem Alltag und im Schulalltag.

Außerdem zeigt sich in den Ergebnissen, dass Religionslehrer*innen einen realistischen Blick für die nachhaltigkeits-orientierten Herausforderungen haben. Das lässt sich daran festmachen, dass sie davon sprechen, dass kleine Schritte schon viel bewirken, wie etwa Religionslehrerin A bemerkt: »Ich kann die Welt auch nicht retten, aber ich kann Schritt für Schritt anfangen was zu ändern.« Religionslehrer*innen merken dabei auch die eigenen Grenzen und sind sich dessen bewusst, wo sie was verändern und bewirken können. Die befragten Religionslehrer*innen haben in den Interviews keine utopischen, unrealistischen Szenarien davon gezeichnet, was sie bewirken können oder wollen. Auch daran lässt sich erkennen, dass sie sehr reflektiert sind, was die Herausforderungen und ihre eigene Rolle und Wirksamkeit betrifft.

Dazu gehört auch die Vermittler- und Vorbildrolle, derer sich die befragten Religionslehrer*innen bewusst sind und die sie aktiv gestalten im Religionsunterricht und auch im Schulalltag. Es ist für sie klar, dass sie das, was sie Schüler*innen vermitteln wollen, auch vorleben sollten, damit es wirkt. Authentizität ist in diesem Zusammenhang ein wichtiges Schlagwort. Dazu gehört auch, dass Religionslehrer*innen nicht nur in der Schule ihre Vorbildrolle leben, sondern auch privat im Alltag sich entsprechend verhalten. Das schließt mit ein, dass man zu seinen »Hopplas« (Religionslehrerin I) steht, und auch Schüler*innen vermittelt, dass man selbst auch nicht immer alles absolut perfekt machen kann. All das zeigt, dass auch die Vorbildrolle von Religionslehrer*innen für sie gut reflektiert ist oder sie diese auch immer wieder reflektieren und darüber nachdenken.

Auch wenn aus den Ergebnissen des vorliegenden Forschungsprojektes geschlossen werden kann, dass die befragten Religionslehrer*innen reflektiert mit dem Themenfeld Nachhaltigkeit in ihrem Schulalltag und Alltag umgehen, trifft dies vermutlich nicht auf alle zu. Deswegen ist es sinnvoll, die Forderung von Spahn-Skrotzki (2021, S. 217ff.) aufzugreifen, dass sich Religionslehrer*innen bereits in der Ausbildung mit dem Themenfeld auseinandersetzen und ihren Lebensstil reflektieren. Aus umweltpsychologischen Studien geht hervor, dass Wissen um die aktuellen Herausforderungen alleine nicht reicht, um eine Verhaltensänderung zu bewirken (vgl. Uhl-Hädicke, 2022). Vielmehr braucht es auch dringend diese Reflexionsebene und das Bewusstsein dafür, was der eigene Lebensstil für das Leben anderer Menschen und die Umwelt bedeutet. Gerade weil die befragten Religionslehrer*innen auch deutlich machen, dass Nachhaltigkeits-Themen stark in den Religionsunterricht verankert sind und immer wieder vorkommen, wäre für die Ausbildung von Religionslehrer*innen nicht nur eine Reflexion des eigenen Lebensstils notwendig, sondern auch das Aneignen von entsprechendem Fachwissen. Wie andere Studien in dem Bereich gezeigt haben, verändert schon ein Kurs zu Nachhaltigkeit oder Bildung für nachhaltige Entwicklung die Einstellung der Lehrer*innen und ihre Sicherheit im Umgang mit diesen Themen (vgl. u.a. Evans et al., 2012; Kyridis et al., 2005; Shaukat, 2016; Spiropoulou et al., 2007; Tomas et al., 2017). Damit könnte sichergestellt werden, dass sich tatsächlich alle Religionslehrer*innen mit dem Themenfeld befassen und nicht nur diejenigen, die es ohnehin als wichtig und dringend ansehen.

5.5 Schöpfung und Beziehung

Fast alle befragten Religionslehrer*innen (15 von 16 Personen) geben an, dass sie Nachhaltigkeit im Religionsunterricht in Verbindung mit dem Schöpfungs-Thema bringen. Das zeigt einerseits, dass Religionslehrer*innen theologisch argumentieren, weil die meisten der befragten Religionslehrer*innen das Thema

Nachhaltigkeit mit Schöpfung oder Schöpfungsverantwortung in Beziehung setzen. Und damit begründen sie ihre eigene Auseinandersetzung und Verantwortung das Thema betreffend aus einer theologischen Perspektive.

Andererseits zeigt diese Argumentation, dass für die befragten Religionslehrer*innen die Themenfelder Nachhaltigkeit und Schöpfung eng zusammenhängen. Im Fokus stehen dabei die Schwerpunkte Bewahrung der Schöpfung und Schöpfungsverantwortung. Die befragten Religionslehrer*innen bringen Schöpfung dabei auch in Bezug zu Umwelt- und Naturschutz. Dabei kann die Gefahr bestehen, dass der Schöpfungsbegriff zu kurz gegriffen verwendet wird, indem auf Fragen nach dem Anfang reduziert wird und synonyme Verwendung von Schöpfungsbewahrung und Naturschutz geschieht (vgl. Hunze, 2018). Eine solche Tendenz ist in den vorliegenden Interviews mit Religionslehrer*innen nicht klar auszumachen, in einem möglichen Folgeprojekt könnte das Verständnis des Schöpfungsbegriffes von Religionslehrer*innen erforscht werden.

Konkret spürbar wird im evangelischen Religionsunterricht der Beziehungsaspekt, der in der Schöpfungserzählung verankert ist. Beziehung meint dabei mehrere Ebenen: die Beziehung zwischen Mensch und Gott, die Beziehung zwischen Mensch und Umwelt und die Beziehung der Menschen untereinander.

Festzuhalten ist dazu aus den Interviews, dass die befragten Religionslehrer*innen die Beziehung zwischen Mensch und Gott in den Fokus rücken, wenn sie damit argumentieren, dass es einen Auftrag von Gott gibt, sich um die Schöpfung zu kümmern, wie Religionslehrerin P beschreibt: »Wir haben einen Auftrag von Gott, dass wir drauf [auf die Erde, Anm.] Acht geben sollen.« Ein persönliches Engagement für die Bewahrung der Schöpfung kann der Beziehung zwischen Mensch und Umwelt zugeordnet werden. Im Besonderen wird aber die Beziehung der Menschen untereinander angesprochen, wenn die befragten Religionslehrer*innen vermehrt davon erzählen, wie wichtig ihnen die Beziehungsarbeit im Religionsunterricht ist. Sie erzählen, dass sie Schüler*innen und ihre Lebenswelt, ihre Fragen und ihre Interessen wahr- und ernstnehmen und dass dies auch im Unterricht Platz haben muss. Ein Religionslehrer berichtet, wie wichtig ihm die Einstiegsrunden sind für die Beziehungsarbeit, weil er dann weiß, wie die einzelnen Schüler*innen gerade in dieser Stunde da sind und was sie gerade bewegt. Das ist ihm so wichtig, erzählt er, weil er dann direkt an das anknüpfen kann, was da ist. »Und das ist einmal schon die halbe Miete vom Unterricht,« erklärt Religionslehrer D. In diesem Nachfragen und ehrlichen Interesse liegt seiner Meinung nach der Schlüssel für die gute Beziehung und die Vertrauensbasis für die Arbeit mit Schüler*innen.[45] Die Beziehungsebene spielt im Religionsunterricht eine besondere Rolle, weil gerade im evangelischen Religionsunterricht meist Kleingruppen unterrichtet werden und hier Schüler*in-

---

45 Das ganze ausführliche Zitat von Religionslehrer D dazu findet sich in Kapitel 4.4.1.

nen viel Platz für ihre Fragen haben. Dieser Aspekt der Beziehungsebene bietet auch große Chancen für die Bearbeitung von Nachhaltigkeits-Themen, weil man hier wirklich individuell auf Fragen und Lebenswelten von Schüler*innen eingehen kann. Man erreicht sie auf einer anderen Ebene, weil mit den ausgewählten Themen direkt an die Interessen und Bedürfnisse von Schüler*innen angeknüpft werden kann. Über die Beziehungsebene kann eine andere Arbeitsatmosphäre im Religionsunterricht geschaffen werden, von der die Lehrenden und Lernenden profitieren können.

5.6 Macht, Ohnmacht und Schuld

Ein weiterer Themenblock, der sich aus den Ergebnissen ableiten lässt, fokussiert auf die Fragen nach Macht, Ohnmacht und den Umgang mit Schuld. Dabei geht es vor allem um die Frage nach den Auswirkungen des eigenen Handelns, nach den Grenzen der eigenen Handlungsfähigkeit, aber auch den Gefühlen, die das Handeln begleiten.

Diese Frage kommt zum Beispiel zum Tragen, wenn Religionslehrer*innen davon berichten, dass sie gern nachhaltige Kaufentscheidungen treffen würden, aber oft nicht wirklich wissen, ob die Produkte tatsächlich nachhaltig sind, oder es sich um Greenwashing handelt.[46] Gerade im Konsum-Bereich herrscht oft ein Gefühl von Ohnmacht, weil Transparenz fehlt oder Zusammenhänge so komplex sind, dass man nicht alles verstehen und durchschauen kann. Damit werden auch die eigenen Gewohnheiten vor die Herausforderung gestellt, sie kritisch zu hinterfragen und zu überlegen, ob der eigene Lebensstil nachhaltig gestaltet ist. Hier hat man selbst Macht über sein Handeln, kann sich aber ohnmächtig oder gar schuldig fühlen, wenn es nicht gelingt. Das Gefühl der Ohnmacht zeigt sich auch, wenn Religionslehrerin A, in Bezug auf die Mülltrennung im Konferenzzimmer, fragt: »Wenn wir das nicht schaffen, wie sollen es die Kinder schaffen?« Deutlich wird es auch, wenn Religionslehrer*innen berichten, sie hätten vor Ort in den einzelnen Schulen ohnehin keinen Einfluss auf das Schulleben und können daher auch nichts bewirken oder verändern, wie zum Beispiel Religionslehrerin A beschreibt: »Ich kanns nicht in die Hand nehmen, weil ich bin viel zu wenig dort.«

Dagegen haben Religionslehrer*innen Macht über ihr Handeln, wenn sie über ihren eigenen Umgang mit Ressourcen nachdenken und was dieser bewirkt. Denn wenn sie mit nachhaltigen Materialien arbeiten oder selbst zum Beispiel mit dem Fahrrad statt dem Auto fahren, nehmen sie eine Vorbildwirkung ein, die

---

46 Diese Aussagen beziehen sich auf die Beschreibung der Kategorie *Nachhaltigkeit ist herausfordernd*, siehe Kapitel 4.1.4.

Einfluss auf Schüler*innen, Kolleg*innen oder Eltern haben kann. Religionslehrer*innen haben außerdem die Macht, wenn man es so ausdrücken möchte, über die Schwerpunkte im Laufe des Schuljahres zu entscheiden. Innerhalb des Rahmenlehrplanes können sie selbstständig einen Fokus setzen und wenn Nachhaltigkeit ein wichtiges Thema für die Lehrperson ist, wird es sich auch dort wiederfinden. Und einige der befragten Religionslehrer*innen geben an, dass sie nachhaltigkeitsbezogene Themen verstärkt unterrichten, weil es für sie selbst ein persönliches Anliegen ist. Diese Religionslehrer*innen nutzen den Spielraum aus, den sie haben, und setzen hier Schwerpunkte innerhalb des Rahmenlehrplanes.

Auf der Gefühlsebene findet sich das Gegensatzpaar Macht-Ohnmacht im weiteren Sinne auch wieder. Die befragten Religionslehrer*innen sprechen davon, dass sie positive Gefühle haben, wenn etwas gut gelingt, aber negative Gefühle wie Wut, Zorn, Angst, Sorge oder auch Hilflosigkeit, wenn etwas nicht gelingt. Ohnmacht zeit sich also auch in Form von Hilflosigkeit. Hier werden Religionslehrer*innen die Grenzen des eigenen Einflusses bewusst. Das Handeln von anderen kann oft nicht direkt beeinflusst werden und man steht dann nur davor und kann nicht eingreifen.

Deswegen ist es für die befragten Religionslehrer*innen auch wichtig, dass sie realistische Schritte mit den Schüler*innen umsetzen. Sie sprechen oft von kleinen Schritten, die sich leicht im Alltag umsetzen lassen. Hier wird wieder deutlich, wie eng der Religionsunterricht mit der Lebenswelt von Schüler*innen verknüpft wird. Für Religionslehrer*innen ist es ein Anliegen, dass sich Schüler*innen Impulse für den Alltag mitnehmen können, um auch hier selbstständig nachhaltige Entscheidungen zu treffen. Dabei geht es ihnen um realistische Schritte, die von Schüler*innen umgesetzt werden können und direkt mit ihrer Lebenswelt zu tun haben.

Dazu gehört auch, dass die befragten Religionslehrer*innen sich selbst eingestehen können, wenn mal etwas nicht so gut gelingt, »Hopplas« (Religionslehrerin I) geschehen, oder sie eine nicht-nachhaltige Entscheidung getroffen haben. Einige von ihnen erzählen in den Interviews, dass sie dann ein schlechtes Gefühl haben oder gar ein schlechtes Gewissen, sich schuldig fühlen. Aber es ist für sie wichtig, dass sie das an Schüler*innen auch kommunizieren und dazu stehen. Hier streifen die Ergebnisse das Thema Umgang mit eigener Schuld. Für Religionslehrer*innen gehört es zur eigenen Authentizität, zu den nicht-nachhaltigen Handlungen, die sie ausführen, zu stehen und das auch zu kommunizieren. Religionslehrer*innen erzählen, dass sie den Schüler*innen zum Beispiel sagen, dass ihnen auch nicht immer alles gelingt, und geben konkrete Beispiele dafür an. Das zeigt den Schüler*innen auch, dass es nicht immer und in allen Bereichen möglich ist, nachhaltig zu handeln. Doch man kann mit kleinen Schritten, die jede und jeder in ihrem und seinem Handlungsspielraum setzen kann, schon viel bewirken. Hier wird ebenfalls wieder die Vorbildwirkung von Religionslehrer*innen auch in dieser Hinsicht deutlich.

Zusammenfassend kann zu diesem Themenblock festgehalten werden, dass die befragten Religionslehrer*innen im Zusammenhang mit dem Themenfeld Nachhaltigkeit, und da vor allem mit den Auswirkungen des eigenen Handelns, sowohl Macht als auch Ohnmacht spüren. Es scheint, als wären sie auch diesbezüglich gut reflektiert, da viele der befragten Religionslehrer*innen im Umgang mit der Ohnmacht, nicht die ganze Welt auf einmal retten zu können, eine gute Strategie gefunden haben, indem sie mit den Schüler*innen kleine Schritte für eine nachhaltigere Zukunft einüben. Als Besonderheit ist auch der Umgang mit Schuld bzw. nicht-gelingendem Handeln zu erwähnen. Dabei ist es für Religionslehrer*innen wichtig, ehrlich zu sein und auch an Schüler*innen zu kommunizieren, dass es einem selbst nicht immer gelingt, nachhaltig zu handeln.

5.7 Achtsamkeit und Wertschätzung

Wenn Religionslehrer D Achtsamkeit als den »Bruder oder die Schwester von der Nachhaltigkeit« beschreibt, wird deutlich, dass Achtsamkeit und Nachhaltigkeit eng miteinander verbunden sind. Auch andere Religionslehrer*innen stellen in den Interviews Verbindungen zwischen Achtsamkeit und Nachhaltigkeit her.

Das ist auch für Spahn-Skrotzki (2021) ein zentraler Punkt. In Hinblick auf eine Reflexion des eigenen Lebensstils stellt sie fest: »Tatsächlich gelebte Achtsamkeit und Wertschätzung können ja nur zu einem achtsameren Lebensstil führen, der die Auswirkungen des eigenen Handelns reflektiert und Konsequenzen folgen lässt« (Spahn-Skrotzki, 2021, S. 174). Insofern können Achtsamkeit und Wertschätzung als Basis für einen nachhaltigen Lebensstil verstanden werden. Dieser müsste aber ebenso als Grundlage im pädagogischen Handeln verstanden werden. Dazu bräuchte es tiefgreifende Veränderungen im Bildungssystem, die ein achtsames und wertschätzendes Miteinander grundlegen. Denn für die Vermittlung von Achtsamkeit und Wertschätzung ist es notwendig, dies selbst auch erfahren zu haben. Das würde bedeuten, die Veränderungen müssten sich durch alle Ebenen des Bildungssystems ziehen (vgl. Spahn-Skrotzki, 2021, 175f.). Demnach sollten angehende Lehrer*innen (auch Religionslehrer*innen) in ihrer Ausbildung Achtsamkeit und Wertschätzung erfahren. Das setzt voraus, dass die handelnden Personen in den jeweiligen Ausbildungsinstitutionen entsprechend handeln und ein solcher Umgang zur Selbstverständlichkeit gehört. So könnte es gelingen, dass Lehrer*innen, das was sie in ihrer Ausbildung erfahren, auch gut in der Schule vermitteln und leben können. Wenn Schüler*innen in der Schule Achtsamkeit und Wertschätzung als Basis für ein gutes Miteinander erleben, werden sie es vermutlich auch in ihren Alltag weitertragen. Und so würde sich dieser Kreis schließen beziehungsweise immer größere Kreise ziehen, auch in andere Bereiche hinein. Eine entscheidende Frage ist hier vermutlich, an welcher Stelle die Veränderung des Bildungssystems in dieser Hinsicht beginnen muss oder von wem der Impuls dafür ausgeht. Es könnte jedenfalls einer von vielen wichtigen Schritten sein, um nachhaltige Entwicklung noch viel stärker im Bildungssystem zu verankern.

Interessant zu beobachten ist, dass es für einige der befragten Religionslehrer*innen sehr klar und deutlich ist, dass es diese Verbindung von Achtsamkeit und Nachhaltigkeit gibt und braucht. Auch in den Interviews wird davon gesprochen, dass Achtsamkeit als Basis für Nachhaltigkeit verstanden wird. Vielleicht ist für manche Religionslehrer*innen diese Verbindung naheliegend aus ihrem Glauben und ihrer religiösen Verwurzelung heraus. Und vielleicht können Religionslehrer*innen hier Vorbilder sein, indem sie diesen Gedanken, dass Achtsamkeit eine wichtige Basis für Nachhaltigkeit ist, in die Schulen tragen und möglicherweise irgendwo eine Veränderung damit anstoßen.

5.8 Kompetenzen

Lohnend ist auch ein Blick auf das Thema Kompetenzen. In der Studie von Cebrián und Junyent (2015) gaben Lehramtsstudent*innen an, die wichtigsten Kompetenzen in Bezug auf Bildung für nachhaltige Entwicklung seien die Aneignung von Wissen und von praktischen Fähigkeiten. Im vorliegenden Forschungsprojekt betonen Religionslehrer*innen, dass sie Schüler*innen vermitteln wollen, wie sie sorgsam und respektvoll miteinander und mit der Umwelt umgehen. Außerdem wollen sie Schüler*innen eine kritische Haltung und Kommunikations-Kompetenz vermitteln. Dies kann vor allem unter den praktischen Fähigkeiten zusammengefasst werden. Das Aneignen von Wissen geschieht in der Schule vermutlich in anderen Fächern, wie dem Sachunterricht. Hier zeigt sich wieder, wie wichtig Vernetzung und auch fächerübergreifendes gemeinsames Arbeiten an dem Themenfeld Nachhaltigkeit ist. Denn jedes Fach kann hier seinen Blick und seinen Schwerpunkt auf die unterschiedlichen Kompetenzen einbringen. Gemeinsam ergibt sich ein großes Ganzes, das aus unterschiedlichen Perspektiven und Kompetenzschwerpunkten besteht.

Auch an die Analyse von Kompetenzmodellen in der Bildung für nachhaltige Entwicklung von Wiek et al. (2011) können die Ergebnisse anschließen. Die von den befragten Religionslehrer*innen genannten Kompetenzen können der *normativen Kompetenz* zugeordnet werden. Dabei geht es darum, dass Schüler*innen ihre Handlungen an Werten orientieren. Diese Werte können sich im Religionsunterricht auf die Wahrnehmung der Welt als Gottes Schöpfung beziehen – und all den Konsequenzen, sie sich daraus ergeben. Dies schließt kritisches Denken mit ein, genauso wie der sorgsame Umgang mit Mitmenschen und Umwelt. Damit ist ebenso die *zwischenmenschliche Kompetenz* angesprochen. Da die von Wiek et al. (2011) angegebenen Kompetenzfelder miteinander zusammenhängen, werden im weiteren Sinne sicher auch die anderen Kompetenzen angesprochen (systemdenkende Kompetenz, vorausschauende Kompetenz, strategische Kompetenz). Der Fokus des Religionsunterrichts liegt aber in der normativen und der zwischenmenschlichen Kompetenz. Hier hat der Religionsunterricht seine Stärke und kann seine Expertise einbringen.

Andere Schulfächer legen auch Wert auf diese Kompetenzbereiche und werden sie gezielt stärken, doch kann hier der Religionsunterricht seinen Beitrag leisten. Da es gerade bei Nachhaltigkeits-Themen immer um Querschnittthemen geht, werden auch andere Schulfächer sie behandeln und damit erwerben Schüler*innen in allen Schulfächern Teile der Kompetenzen in Bezug auf Nachhaltigkeit. Wie oben auch schon beschrieben wurde, liegt hier eine große Chance im fächerübergreifenden Arbeiten. Wenn der Religionsunterricht miteinbezogen wird in das gemeinsame Arbeiten an der Vermittlung einer nachhaltigen Entwicklung, liegt hier vermutlich großes Potential, da man gegenseitig von den Erfahrungen und Kompetenzen der einzelnen Fächer profitieren kann. Das sprechen auch einige der befragten Religionslehrer*innen an, wenn sie davon sprechen, dass Nachhaltigkeit mit vernetztem Denken zu tun hat und das große Ganze betrachtet werden soll. Das geschieht auch, wenn wahrgenommen wird, wie die einzelnen Fächer zum Erwerb der jeweiligen Kompetenzfelder beitragen und wie sie gemeinsam daran arbeiten können.

5.9 Chancen und Hindernisse

Aus den Ergebnissen wird deutlich, dass sich für den evangelischen Religionsunterricht im Pflichtschulbereich Chancen und Hindernisse in Bezug auf das breite Themenfeld Nachhaltigkeit ableiten lassen.

Die befragten Religionslehrer*innen nehmen ihre Vorbildrolle in Bezug auf Nachhaltigkeit ernst und wahr. Das zeigt sich unter anderem in ihrer reflektierten Herangehensweise, wie oben bereits beschrieben wurde. Im Religionsunterricht gelingt das besonders gut, weil in den kleinen Gruppen die Beziehung zwischen Schüler*innen und Religionslehrer*in zentral ist. Für die befragten Religionslehrer*innen ist vor allem die Beziehungsebene im Religionsunterricht wichtig. Religionslehrer*innen können auf die einzelnen Schüler*innen gut eingehen und ihre Themen, die sie in den Unterricht mitbringen, aufgreifen. Das sind oft auch aktuelle Themen aus den Nachrichten oder Sorgen von Schüler*innen, die im Zusammenhang mit Nachhaltigkeits-Themen stehen, wie Religionslehrer*innen erzählen. Hier ist der Religionsunterricht immer sehr nahe dran an der Lebenswelt von Schüler*innen, worin die große Chance besteht, dass Nachhaltigkeits-Themen gut bearbeitet werden. Es ist auch nicht von der Hand zu weisen, dass sich viele thematische Verbindungen zu Themen in den Lehrplänen ziehen lassen und die Behandlung der Themen auch daher begründet werden kann.

Eine Chance kann auch darin gesehen werden, dass Religionslehrer*innen nicht nur ihre eigene Verantwortung wahrnehmen, mit Schüler*innen das Themenfeld zu bearbeiten, ihnen unter anderem kritisches Denken beizubringen und einen sorgsamen Umgang mit Mitmenschen und Umwelt zu vermitteln, sondern, dass sie Schüler*innen auch einen verantwortungsvollen Umgang mit der Umwelt vermitteln, womit sie die Verantwortung auch weitertragen. Diese Verantwortung ist im evangelischen Religionsunterricht stets biblisch und aus dem Glauben heraus begründet. Dadurch ist es Religionslehrer*innen aber auch möglich, begründet zu handeln. Damit kann der Religionsunterricht im fächerübergreifenden Arbeiten ein starker Partner sein, indem er seine spezifische Perspektive einbringt, wenn es um das Themenfeld Nachhaltigkeit geht. Somit können im Religionsunterricht auch gewisse Kompetenzen gestärkt werden, wie oben bereits erwähnt, die andere Fächer wohl auch stärken, aber auf die sie sich nicht so stark fokussieren wie der Religionsunterricht.

Auch aus der Organisation des Religionsunterrichts lassen sich für das Themenfeld Nachhaltigkeit Chancen und Hindernisse ableiten. Durch die kleinen Gruppen, die es meist im evangelischen Religionsunterricht gibt, ist es möglich, viel individueller und spezifischer auf die Fragen und Bedürfnisse der einzelnen Schüler*innen einzugehen im Vergleich zu einer Gruppe in Klassenstärke von rund 20–25 Schüler*innen. Dadurch, dass evangelische Religionslehrer*innen in Österreich aber auch oft mehrere Schulen betreuen und an den einzelnen Schulstandorten nur wenige Stunden pro Woche verbringen, stellen einige selbst fest, dass sie keinen Einfluss vor Ort haben. Sie können kaum Initiativen starten, weil sie unter Zeitdruck schon in die nächste Schule müssen, oder an den Nachmittagsstunden kaum anderen Kolleg*innen an den Schulstandorten begegnen. Dadurch sind ihre Möglichkeiten, Einfluss auf die Gestaltung des Schullebens zu nehmen, stark begrenzt. Hier ist zu fragen, inwieweit Religionslehrer*innen überhaupt Ressourcen haben, sich an mehreren Schulstandorten dafür einzusetzen, dass Nachhaltigkeit in den Schulalltag und im Schulleben verankert wird. Kann das überhaupt von Religionslehrer*innen gefordert werden? Sinnvoll wäre, dass Religionslehrer*innen die Möglichkeit haben, an ihrer Stammschule gut ins Kollegium integriert zu werden und dort auch die Verantwortung wahrnehmen, sich für nachhaltige Initiativen im Sinne der Schöpfungsverantwortung einzusetzen. An den anderen Schulen sind sie oft zu wenig präsent, dennoch haben ihre Handlungen auch dort Vorbildwirkung und werden von Schüler*innen und Kolleg*innen wahrgenommen. In diesem Sinne können

Religionslehrer*innen jedenfalls Botschafter*innen für Schöpfungsbewahrung oder Schöpfungsverantwortung sein.

In Zusammenhang mit der Organisation des Religionsunterrichts und der Vorbildrolle von Religionslehrer*innen ist auch das Thema Mobilität anzusprechen. Viele der befragten Religionslehrer*innen geben an, dass sie mit dem Auto von Schulstandort zu Schulstandort fahren müssen, da die Zeit zwischen den einzelnen Unterrichtsblöcken begrenzt ist und/oder es keine alternativen Möglichkeiten gibt. Sie erwähnen, dass sie sich gerne mit öffentlichen Verkehrsmitteln oder umweltfreundlicheren Varianten als dem Auto fortbewegen wollen, es aber aufgrund der oben genannten Umstände nicht möglich ist. Ob es für diese Herausforderung in absehbarer Zeit eine Lösung geben kann und wird, ist fraglich, da hier viele (vor allem organisatorische) Faktoren zu bedenken sind. Eine wichtige Frage ist, ob die betreffenden Schulstandorte bereit wären, die Stundenpläne von Religionslehrer*innen so anzupassen, dass Fahrten mit Fahrrädern, mit öffentlichen Verkehrsmitteln oder ähnlichem bewältigbar sind. Damit verbunden ist die Frage, ob die Religionsstunden dann nicht allzu weit in den Nachmittag hinein verschoben werden, so dass es für Schüler*innen keine zusätzliche Belastung wird. Selbstverständlich hängt all dies auch an der Bereitschaft von Religionslehrer*innen. Doch erzählen einige von ihnen in den Interviews des Forschungsprojektes, dass es für sie eine Belastung ist, dass sie auf das Auto angewiesen sind. Denkbar wäre auch eine Art von Kompensation der Autofahrten in Form von Baumpflanz-Projekten oder ähnlichem. Dies könnte durch die Übernahme der Verantwortung der Kirchen und Religionsgemeinschaften geschehen, die sich um eine solche Kompensation kümmern.

Der evangelische Religionsunterricht bietet Chancen und stellt sich Herausforderungen, wenn es um das Themenfeld Nachhaltigkeit geht. Die Herausforderungen, die vor allem die Organisation des Religionsunterrichts betreffen, können teilweise schwer aufgelöst werden, aber es gibt zum Beispiel beim Thema Mobilität auch Möglichkeiten, alternative Wege anzudenken und zu finden. Die Beziehungsebene im Religionsunterricht und die Übernahme von Verantwortung können in jeder einzelnen Religionsunterrichts-Stunde gestärkt und weiter ausgebaut werden. Damit werden Nachhaltigkeits-Themen, wenn auch oft nicht explizit genannt oder im Vordergrund stehend, im Religionsunterricht laufend gefördert.

5.10 Spannungsfelder einer religiösen Bildung für nachhaltige Entwicklung

Wie in Kapitel 2.3 beschrieben, benennt Gärtner (2020, 131 ff.) Spannungsfelder, die sich aufgrund der Komplexität und Interdisziplinarität des Nachhaltigkeitsbegriffes und der politischen religiösen Bildung für nachhaltige Entwicklung auftun. Auch aus dieser Perspektive soll ein Blick auf die Ergebnisse geworfen und dabei die Frage gestellt werden: Lassen sich Teile der Ergebnisse in diesen Spannungsfeldern verorten?

1. Spannungsfeld zwischen Determinismus und Veränderungshoffnung
Auch wenn dieses Spannungsfeld in den Interviews mit Religionslehrer*innen nicht explizit angesprochen wurde, so kann es doch indirekt vor allem auf der Gefühlsebene verortet werden. Dort benennen die befragten Religionslehrer*innen Situationen, in denen sie sich zum Beispiel hilflos fühlen, weil Menschen oder Firmen nicht-nachhaltig handeln und so eine Veränderung, auf die sie hoffen, verhindert wird.
Damit ist allerdings nicht das Geschehen im Religionsunterricht angesprochen, sondern vielmehr die persönliche Wahrnehmung der befragten Religionslehrer*innen.

2. Spannungsfeld zwischen gesellschaftlich präformiertem und mündigem Subjekt
In diesem Spannungsfeld finden sich Teile der Ergebnisse des Forschungsprojektes wieder. Die befragten Religionslehrer*innen geben an, dass sie Schüler*innen eine kritische Haltung vermitteln wollen. Dies kann als Beitrag zur Erziehung zum mündigen Subjekt gesehen werden. Dass sich dieses mündige Subjekt in Spannung mit der Prädominanz gesellschaftlicher Strukturen befindet, wird deutlich, wenn Religionslehrer*innen von den Grenzen des eigenen Handelns sprechen. Es ist manchen von ihnen bewusst, dass Schüler*innen unterschiedliche Voraussetzungen mitbringen und unterschiedliche Möglichkeiten haben, daher ist der Fokus für viele von ihnen, auf kleine Schritte zu setzen, die Schüler*innen im Alltag bewältigen können. Auf diese Art und Weise können Religionslehrer*innen diesem Spannungsfeld begegnen und versuchen, die Spannung zwischen gesellschaftlich präformiertem und mündigem Subjekt zu bewältigen.

3. Spannungsfeld zwischen Selbstzweck und Funktionalisierung
In diesem Spannungsfeld lassen sich keine Teile der Ergebnisse des Forschungsprojektes verorten. Selbstzweck und Funktionalisierung waren keine Themen in den Interviews.

4. Spannungsfeld zwischen Normativität und Pluralität
   Auch dieses Spannungsfeld hat keine expliziten Anknüpfungspunkte zu den vorliegenden Ergebnissen. Daher kann dazu keine Aussage gemacht werden.
5. Spannungsfeld zwischen Gegenwart und antizipierter Zukunft
   Auch wenn die Zukunft in den Gesprächen mit Religionslehrer*innen immer wieder thematisiert wurde, war dieses Spannungsfeld zwischen Gegenwart und antizipierter Zukunft kein explizites Thema. Die Frage nach den Auswirkungen des Handelns in der Gegenwart auf die Zukunft schwingt zwar immer wieder mit, wird aber nicht explizit diskutiert und angesprochen.
6. Spannungsfeld zwischen Wahrheitsanspruch und Ideologieverdacht
   Auch dieses Spannungsfeld wird von den befragten Religionslehrer*innen nicht explizit benannt.

Es zeigt sich, dass es nur wenige Anknüpfungspunkte zwischen den Ergebnissen der Befragung und den von Gärtner (2020, S. 131) benannten Spannungsfeldern einer religiösen Bildung für nachhaltige Entwicklung gibt. Vieles wurde nicht explizit von den befragten Religionslehrer*innen benannt, doch mag es hier und da mitschwingen. Manche Spannungsfelder wurden in den Interviews nicht besprochen, weil es darin nicht explizit um die didaktische Umsetzung im Religionsunterricht ging. Möglicherweise wären die Spannungsfelder in den Ergebnissen präsenter, wenn in den Interviews deutlicher danach gefragt worden wäre. Jedoch muss festgehalten werden, dass hier nicht der Fokus des vorliegenden Forschungsprojektes liegt. Einige Themen der Spannungsfelder sind womöglich auch nicht relevant für den Religionsunterricht in der Primarstufe, in der die befragten Religionslehrer*innen hauptsächlich unterrichten. Es kann also festgehalten werden, dass für die Einstellungen von Religionslehrer*innen zu Nachhaltigkeit die benannten Spannungsfelder kaum eine Rolle spielen.

5.11 Didaktische Prinzipien und Umsetzung

Aufschlussreich ist außerdem ein Vergleich der Ergebnisse mit den didaktischen Prinzipien, die Bederna (2019, 257 ff.) entworfen hat.[47] Da dabei vor allem die Praxis des Religionsunterrichts im Fokus steht, stellt sich hier auch die Frage nach etwaigen Konsequenzen für die Praxis. Die didaktischen Prinzipien werden an dieser Stelle noch einmal aufgezählt und zur besseren Nachvollziehbarkeit mit den jeweiligen Beschreibungen ergänzt, um direkt dazu gleich mögliche Verbindungen zu den Ergebnissen des Forschungsprojektes diskutieren zu können.

---

[47] Diese zehn didaktischen Prinzipien werden in Kapitel 2.3 näher beschrieben und vorgestellt.

1. Religiöse Bildung für nachhaltige Entwicklung ist emanzipatorisch.
   »Lehrer*innen sollten sich also fragen, ob das Unterrichtsgeschehen ermutigt und anerkannt, Freiräume und Kreativität eröffnet und nahelegt, sich für andere einzusetzen.« (Bederna, 2019, S. 257).
   Zu diesem Prinzip kann keine Verbindung zu den Ergebnissen des Forschungsprojektes gezogen werden. Das heißt nicht, dass die befragten Religionslehrer*innen nicht entsprechend handeln. Es zeigt lediglich auf, dass es kein Thema in den Interviews war.
2. Religiöse Bildung für nachhaltige Entwicklung ist partizipationsorientiert.
   »Lehrer*innen sollten sich also fragen, ob das Unterrichtsgeschehen Selbstdenken fordert und fördert, ob es an den Fragen und Lösungswegen der Schüler*innen orientiert ist und Mitbestimmung übt.« (Bederna, 2019, S. 258).
   Dieses Prinzip findet sich vor allem in der Kategorie *Kritische Haltung und Kommunikations-Kompetenz werden vermittelt* wieder. Die befragten Religionslehrer*innen möchten Schüler*innen eine kritische Haltung vermitteln und sie dazu ermutigen, diese auch zu kommunizieren. Damit fordern Religionslehrer*innen Selberdenken von ihren Schüler*innen und fördern dieses zugleich auch.
   Es kann aber auch festgehalten werden, dass die Schüler*innen aktiv am Unterrichtsgeschehen partizipieren, da einige der befragten Religionslehrer*innen davon erzählen, dass sie die Themen der Schüler*innen aufgreifen, die diese in den Religionsunterricht mitbringen. Damit beeinflussen Schüler*innen das Unterrichtsgeschehen.
3. Religiöse Bildung für nachhaltige Entwicklung ist handlungsorientiert.
   »Lehrer*innen sollten sich also fragen, ob das Unterrichtsgeschehen aktiviert und die Vorbereitung, Durchführung und Evaluation transformierender Aktionen umfasst.« (Bederna, 2019, S. 259).
   Auch dieses Prinzip findet sich in den Ergebnissen des Forschungsprojektes wieder, wenn die befragten Religionslehrer*innen davon sprechen, dass sie bei Schüler*innen kleine Schritte anregen möchten, die diese einfach in ihren Alltag integrieren oder verändern können. Bederna (2019, S. 259) beschreibt dieses Prinzip umfangreicher und meint hier vor allem, dass Schüler*innen transformierende Aktionen auch selber planen und durchführen können. Trotzdem kann argumentiert werden, dass die hier befragten Religionslehrer*innen handlungsorientiert arbeiten, wenn sie davon berichten, dass sie Schüler*innen zum Beispiel näherbringen, dass sie ihren Müll nicht einfach auf die Straße werfen, sondern in den nächsten Mistkübel. Auch damit kann eine längerfristige Transformation angestoßen werden.

4. Religiöse Bildung für nachhaltige Entwicklung ist zukunftsorientiert.
»Lehrer*innen sollten sich also fragen, ob im Unterrichtsgeschehen die Erinnerung an das befreiende Handeln Gottes zum Ernstnehmen der Gegenwart und zu prospektiver Solidarität mit den Zukünftigen führt und ob die relevanten biblischen Texte in den Zusammenhang planetarer Grenzüberschreitung und Verantwortung gestellt werden.« (Bederna, 2019, S. 260).
Aus den Ergebnissen des Forschungsprojektes geht deutlich hervor, dass die meisten der befragten Religionslehrer*innen den Begriff Nachhaltigkeit mit Zukunft verbinden. Wie stark das auch in ihrem Handeln präsent ist, kann daraus nicht geschlossen werden und wurde auch in den Gesprächen nicht explizit thematisiert.

5. Religiöse Bildung für nachhaltige Entwicklung ist schöpfungsorientiert.
»Lehrer*innen sollten sich also fragen, ob im Unterrichtsgeschehen die Mitwelt eine angemessene Rolle spielt, ob theologisierend nach ihrem Eigenwert und ihrer Verbindung zu Gott gefragt wird (›Schöpfung‹), ob das Lernen leiblich und erfahrungsbezogen ist, die relevanten Texte performativ entfaltet werden und ob Lob und Klage, das ›Siehe, sehr gut!‹ und das ›Wo bleibst du, Gott?‹ ihren Raum haben.« (Bederna, 2019, S. 261).
Ebenso verbinden fast alle der befragten Religionslehrer*innen den Begriff Schöpfung mit Nachhaltigkeit, vor allem dann, wenn es um konkrete Inhalte im Religionsunterricht geht. Aber auch hier wurde nicht konkret nach der didaktischen Umsetzung gefragt, wie sie in der Beschreibung des Prinzipes bei Bederna (S. 261) ausgeführt ist.

6. Religiöse Bildung für nachhaltige Entwicklung vernetzt und ist vernetzend.
»Lehrer*innen sollten sich also fragen, ob Themen bei aller nötigen didaktischen Reduktion hinreichend vernetzt, komplex und interdisziplinär erarbeitet werden, ob alle – insbesondere die, die ursprünglich nicht wollten – beteiligt sind und ob die Retinität allen Seins reflektiert wird.« (Bederna, 2019, S. 262).
Dass Nachhaltigkeit mit Vernetzung in Verbindung gebracht wird, nennen die befragten Religionslehrer*innen vor allem bei den Herausforderungen des Nachhaltigkeits-Begriffes. Auch hierzu wurden keine Aussagen über die didaktische Umsetzung im Religionsunterricht gemacht und es sollen an dieser Stelle keine Spekulationen darüber angestellt werden.

7. Religiöse Bildung für nachhaltige Entwicklung ist ethisch orientiert.
»Lehrer*innen sollten sich fragen, ob die verschiedenen Wege ethischen Lernens in religiöser BNE alters- und sachgemäß zum Tragen kommen, ob also z. B. die Lerngemeinschaften nachhaltig agieren, die Faktoren Natur und Zukunft bei Fragen guten Lebens eine angemessene Rolle spielen, ob moralische Gefühle reflektiert werden, ob eine kritisch-reflexive Distanz zu Vorbildern, Geschichten und geteilten Lebensformen eingenommen wird

und ob Dilemmata der Nachhaltigkeit begründet beurteilt werden.« (Bederna, 2019, S. 264).
Zwischen der Beschreibung dieses Prinzipes und den Ergebnissen des Forschungsprojektes lassen sich keine expliziten Verbindungen ziehen. Es ist gut möglich, dass die befragten Religionslehrer*innen entsprechend dem Prinzip in ihrem Religionsunterricht handeln, doch war es im Rahmen der geführten Gespräche kein Thema.
8. Religiöse Bildung für nachhaltige Entwicklung ist politisch dimensioniert.
»Lehrer*innen sollten sich fragen, ob im Unterrichtsgeschehen Perspektivdifferenzen eingebunden werden (inklusive Nachhaltigkeitskritik), ob geübt wird, Lösungen zu finden gemeinsam mit Menschen, die ganz andere Interessen haben, und ob die politischen Dimensionen der jeweiligen Fragen analysiert werden.« (Bederna, 2019, S. 265).
Dieses Prinzip wird auch angesprochen in der Kategorie *Kritische Haltung und Kommunikations-Kompetenz werden vermittelt*. Denn hier geht es unter anderem um die verschiedenen Perspektiven (auch kritische), die eingenommen werden können, um eine Lösung zu finden. Allerdings steht in den Aussagen der befragten Religionslehrer*innen die politische Dimension dabei nicht im Vordergrund.
9. Religiöse Bildung für nachhaltige Entwicklung ist korrelativ.
»Lehrer*innen sollten sich also fragen, ob die Botschaft des Reiches Gottes und der Schöpfung von Nachhaltigkeitsfragen und diesbezüglichen Erfahrungen der Schüler*innen her neu gelesen und als relevant für diese erschlossen werden.« (Bederna, 2019, S. 265).
Viele der befragten Religionslehrer*innen beziehen sich darauf, dass sie Nachhaltigkeitsthemen deshalb im Religionsunterricht behandeln, weil sie zur Lebenswelt von Schüler*innen gehören. Sie beziehen die Inhalte des Religionsunterrichts und die Lebenswelt von Schüler*innen aufeinander. Dementsprechend ist dieses Prinzip hierbei angesprochen, wobei nicht explizit erwähnt wird, dass die befragten Religionslehrer*innen die Botschaft vom Reich Gottes und der Schöpfung in diesem Kontext neu lesen und erschließen, wie es Bederna (2019, S. 265) in der Beschreibung des Prinzipes fordert.
10. Religiöse Bildung für nachhaltige Entwicklung ist ästhetisch und spirituell.
»Lehrer*innen sollten sich also fragen, ob das Unterrichtsgeschehen eine sinnen- und sinnorientierte Weltdeutung ermöglicht und ob nachhaltigkeitsrelevante Formen ästhetischen, performativen und mystagogischen Lernens genutzt werden.« (Bederna, 2019, S. 266).
Mit welchen ästhetischen und spirituellen didaktischen Möglichkeiten das Themenfeld im Religionsunterricht erschlossen wird, wurde nicht in den Interviews thematisiert.

Zwischen den Ergebnissen des Forschungsprojektes und den didaktischen Prinzipien von Bederna (2019, S. 257ff.) finden sich mehrere thematische Überschneidungen. Viele der Themen wurden explizit in den Interviews angesprochen. Da jedoch der Fokus der Forschungsfrage nicht auf der konkreten didaktischen Umsetzung des Themenfeldes Nachhaltigkeit im Religionsunterricht liegt, sondern auf den Einstellungen von Religionslehrer*innen dem Themenfeld gegenüber, kann über die konkrete Umsetzung im Religionsunterricht keine sichere Aussage gemacht werden. Dies könnte in einem weiterführenden Forschungsprojekt mit entsprechendem Fokus untersucht werden und würde eine weitere Perspektive in den Diskurs einbringen.

5.12 Religionsunterricht und Bildung für nachhaltige Entwicklung

Aus der Beschreibung der Ergebnisse und deren Diskussion kann abgeleitet werden, dass es einen Zusammenhang zwischen evangelischem Religionsunterricht und dem Konzept *Bildung für nachhaltige Entwicklung* gibt, der im Folgenden näher beschrieben wird. An dieser Stelle können allerdings keine konzeptionellen Aussagen dazu gemacht, sondern aus der Sicht der befragten Religionslehrer*innen beschrieben werden, wie Religionsunterricht und *Bildung für nachhaltige Entwicklung* zusammenhängen.

Aus einem Vergleich der Ergebnisse dieses Forschungsprojektes mit den theoretischen Grundlagen zu *Bildung für nachhaltige Entwicklung*, die in Kapitel 2.1 beschrieben wurden, ergeben sich die im Folgenden beschriebenen Gemeinsamkeiten und Unterschiede.

Ein zentraler Aspekt in der *Bildung für nachhaltige Entwicklung* ist die Ganzheitlichkeit. Diese wird auch von den befragten Religionslehrer*innen angesprochen, wenn sie über vernetztes und vernetzendes Denken sprechen, im Speziellen hier auch das fächerübergreifende Lernen erwähnen. Einige der befragten Religionslehrer*innen nennen auch konkret die Frage danach, wie alles zusammenhängt und dass es für Schüler*innen wichtig ist, diese Zusammenhänge zu verstehen. Gleichzeitig benennen Religionslehrer*innen diese Vernetzung und Zusammenhänge als herausfordernd, da damit auch die Schwammigkeit und Interdisziplinarität des Nachhaltigkeit-Begriffes angesprochen sind.

Ein anderer wesentlicher Aspekt in der *Bildung für nachhaltige Entwicklung* ist der sogenannte whole-institution-approach, der aufzeigt, dass es nicht nur um Unterrichtsinhalte geht, sondern darum, Nachhaltigkeit auf allen Ebenen des Schul- und Bildungssystems zu verankern. Darauf gehen Religionslehrer*innen ein, wenn sie darüber reflektieren, wie sie selbst oder die Schulen, an denen sie unterrichten, mit den verschiedenen Ressourcen umgehen. Denn auch das gehört zu Nachhaltigkeit und *Bildung für nachhaltige Entwicklung* dazu. Die befragten Religionslehrer*innen beschränken ihren Blick nicht auf die eigenen Unterrichtsinhalte.[48] Sie sehen auch, was in der Schule geschieht oder nicht geschieht. Und sie verbinden auch das eigene Verhalten und ihre Vorbildrolle damit. Es ist ihnen bewusst, dass auch sie als Personen hier Einfluss haben können.

Die Überschneidungen der Kompetenzen einer *Bildung für nachhaltige Entwicklung* mit den Forschungsergebnissen wurde bereits in Kapitel 5.8 thematisiert. Hervorgehoben werden soll an dieser Stelle aber noch einmal die Vermittlung von kritischem Denken, da dies auch ein zentraler Bestandteil von *Bildung für nachhaltige Entwicklung* ist. Und gerade diesen Aspekt benennen auch die befragten Religionslehrer*innen explizit. Es ist ihnen wichtig, kritisches Denken zu vermitteln und gleichzeitig Kommunikationskompetenz zu fördern, damit Schüler*innen sich auch ausdrücken können. Damit ist eine weitere Überschneidung mit Merkmalen von *Bildung für nachhaltige Entwicklung* gegeben, da eine solche Schüler*innen dazu ermutigen soll, zu einer nachhaltigen Entwicklung beizutragen. Das können sie, wenn sie kritisches Denken und Kommunikation eingeübt haben. Aber auch die kleinen Schritte, die Religionslehrer*innen Schüler*innen mitgeben möchten, tragen dazu bei.

Das aktuelle Weltaktionsprogramm *BNE 2030* stellt die 17 Entwicklungsziele (SDGs) in den Fokus. Damit wird betont, dass Bildung ein entscheidender Schlüssel dafür ist, um diese Ziele zu erreichen. Im Mittelpunkt des Weltaktionsprogrammes stehen die Schlüsselbegriffe transformative Handlungen, strukturelle Veränderungen und die technologische Zukunft. Transformationsprozesse sind auch in den Forschungsergebnissen abzulesen, vor allem wenn Religionslehrer*innen darauf eingehen, dass sie bei Schüler*innen kleine Veränderungen anstoßen möchten. Hier geht es den befragten Religionslehrer*innen nicht um die großen Transformationsprozesse, aber doch um Transformationen, die Schüler*innen tatsächlich in ihrem Alltag direkt betreffen und wo sie Einfluss haben, Veränderungen vorzunehmen. Strukturelle Veränderungen dagegen werden kaum explizit thematisiert in den Ergebnissen des Forschungsprojektes. Es wird am Rande erwähnt, wenn die befragten Religionslehrer*innen darüber reflektieren, wie ihnen Nachhaltigkeit im Alltag und vor allem im Schulalltag begegnet. Hier erwähnen sie aus ihrer Sicht notwendige strukturelle Veränderungen. Der dritte Schlüsselbegriff, die technologische Zukunft, ist in den Forschungsergebnissen gar kein Thema. Das mag an den Interessen der befragten Religionslehrer*innen liegen oder an dem Fach des Re-

---

48 An dieser Stelle muss allerdings auch festgehalten werden, dass explizit in den Interviews danach gefragt worden ist, ob und wie den Religionslehrer*innen Nachhaltigkeit im Schulalltag begegnet. Der Fokus wurde damit bewusst auf den gesamten Schulalltag an sich gelenkt und nicht nur auf das Unterrichtsgeschehen beschränkt.

ligionsunterrichts an sich. Dennoch kann kritisch angefragt werden, warum die technologische Zukunft kein explizites Thema war. Gerade dieser Bereich gehört heute eng zur Lebenswelt von Schüler*innen dazu und begleitet sie ständig in ihrem Alltag.

Es kann festgehalten werden, dass es einige thematische Überschneidungen mit dem Konzept der *Bildung für nachhaltige Entwicklung* und den Ergebnissen des Forschungsprojektes gibt. Daraus kann geschlossen werden, dass der Religionsunterricht an der Umsetzung einer *Bildung für nachhaltige Entwicklung* aktiv mitwirkt, es aber noch unerschlossene oder kaum erschlossene Themenfelder gibt. Dabei kann hier kritisch angefragt werden, ob es denn überhaupt notwendig ist, dass sich der Religionsunterricht aller Themenbereiche annimmt. Im Sinne der Vernetzung, Ganzheitlichkeit und des whole-institution-approaches kann jede Person im Bildungssystem, jede Organisation und Institution und auch jedes Fach seine Expertise einbringen beziehungsweise einen gewissen Bereich abdecken. Wie bereits weiter oben erwähnt, liegt in der Zusammenarbeit aller beteiligten Akteure im Bildungsbereich, die ihre Perspektive einbringen, großes Potential für die gelingende Umsetzung einer *Bildung für nachhaltige Entwicklung*.

5.13 Zwischenfazit

Zusammenfassend kann festgehalten werden, dass sich aus den Ergebnissen eine Vielzahl an Diskussions-Themen ergeben. Das hängt damit zusammen, dass bereits in den Ergebnissen des Forschungsprojektes eine breite Themenvielfalt zu finden ist, die in vorangehende Forschung und theoretische Grundlegungen eingeordnet werden kann. Die Themenvielfalt ergibt sich nicht zuletzt aus den Fragestellungen im Interviewleitfaden und aus der Vielschichtigkeit des Nachhaltigkeits-Begriffes.

Im Vergleich mit den Ergebnissen früherer (Einstellungs-)Studien können Unterschiede und Gemeinsamkeiten festgestellt werden. Gemeinsamkeiten finden sich vor allem in der Studie, in der ebenfalls Religionslehrer*innen befragt wurden (vgl. Lavery, 2015). Unterschiede gibt es zu anderen Studien vor allem dahingehend, dass die befragten Religionslehrer*innen nicht thematisieren, dass sie in ihrer Ausbildung gerne mehr über Nachhaltigkeit und Bildung für nachhaltige Entwicklung gelernt hätten. Hier muss aber auch angemerkt werden, dass dies nicht explizit abgefragt wurde.

In ihrem Verständnis von Nachhaltigkeit beziehen sich die befragten Religionslehrer*innen vor allem auf die ökologische Dimension von Nachhaltigkeit. Diese wird oft und explizit angesprochen, die anderen Dimensionen kommen aber auch vor. Vor allem die Interdisziplinarität des Nachhaltigkeitsbegriffes ist

Religionslehrer*innen bewusst. Die soziale Dimension findet sich unter anderem auch dort wieder, wo Religionslehrer*innen über die Verbindung von Achtsamkeit und Nachhaltigkeit sprechen und die damit verbundene Wertschätzung ansprechen oder wenn sie explizit Themen wie Gerechtigkeit, ein gutes Miteinander oder Leben in der Gemeinschaft nennen.

Außerdem finden sich Überschneidungen in den von den befragten Religionslehrer*innen benannten Kompetenzen, die sie in Bezug auf Nachhaltigkeit vermitteln möchten und den in Studien herausgefilterten Kompetenzen in Bezug auf *Bildung für nachhaltige Entwicklung*.

Grundthemen für Religionslehrer*innen sind vor allem ihre persönliche Verantwortung in ihrer Rolle und der Auftrag, den sie als zu erfüllen sehen. Beides hängt für sie eng mit Nachhaltigkeit zusammen. In diesem Zusammenhang kann auch festgehalten werden, dass die befragten Religionslehrer*innen sich reflektierend mit ihrem Tun auseinandersetzen und auch reflektiert in dieses Themenfeld hineingehen. Dies spiegelt sich ebenso auf der Gefühlsebene, die Religionslehrer*innen immer wieder benennen, wider, vor allem auch, wenn es um die Fragen nach den Auswirkungen des eigenen Handelns geht, um die Fragen nach Macht, Ohnmacht und Schuld.

Die zentralen Themen im Religionsunterricht sind Schöpfung und Beziehung. Diese Themen verbinden die befragten Religionslehrer*innen mit Nachhaltigkeit und sie heben vor allem den Beziehungsaspekt des Schöpfungsbegriffes hervor. Insofern verstehen Religionslehrer*innen mehr als bloße Geschichten über den Anfang unter dem Schöpfungsbegriff. Interessant ist an der Argumentation außerdem, dass die befragten Religionslehrer*innen theologisch argumentieren, indem sie den Schöpfungsbegriff mit Nachhaltigkeit in Verbindung bringen.

Zum Themenbereich Nachhaltigkeit bietet der evangelische Religionsunterricht Chancen und Hindernisse. Die Hindernisse auf organisatorischer Ebene können schwer aufgelöst werden, als große Chance wird vor allem die Beziehungsebene wahrgenommen.

Deutlich wurde außerdem, dass die konkrete Umsetzung von Nachhaltigkeitsthemen nicht explizit abgefragt wurde und daher wenig konkrete Aussagen zur Didaktik gemacht werden können. Das betrifft einerseits einen Vergleich der Ergebnisse mit den Spannungsfeldern einer religiösen Bildung für nachhaltige Entwicklung von Gärtner (2020) und andererseits einen Vergleich mit den didaktischen Prinzipien von Bederna (2019). Allerdings werden einige Themen, die vor allem in den didaktischen Prinzipien angesprochen werden, auch von den befragten Religionslehrer*innen genannt.

Es zeigt sich aus einem Vergleich der Ergebnisse mit dem Konzept der *Bildung für nachhaltige Entwicklung*, dass es hier einige Überschneidungen und Anknüpfungspunkte gibt. Damit ist der evangelische Religionsunterricht aus Sicht der befragten Religionslehrer*innen ein Teil von Bildung für nachhaltige Entwicklung und leistet auch einen Beitrag, um Schüler*innen dazu zu ermutigen, zu einer nachhaltigen Zukunft beizutragen. Dazu muss allerdings angemerkt werden, dass die befragten Religionslehrer*innen das Konzept *Bildung für nachhaltige Entwicklung* nicht erwähnt haben in den Gesprächen, aber auch nicht explizit danach gefragt wurde.

Aus der Vielfalt der Diskussions-Themen und den Diskussionen an sich kann geschlossen werden, dass es eine Reihe an Möglichkeiten gibt für weitere Forschungsfragen in diesem großen Themenbereich der religiösen Bildung für nachhaltige Entwicklung, um weitere Perspektiven in den Diskurs einfließen zu lassen oder auch um ein differenzierteres Bild davon zu erhalten, wie Nachhaltigkeit bzw. *Bildung für nachhaltige Entwicklung* und Religionsunterricht zueinanderstehen. Einige davon wurden bereits angedeutet oder konkret genannt. Das zeigt auch, dass in diesem Themenfeld noch viele Fragen offen sind und es weiterer Erschließung in den nächsten Jahren bedarf. Denn Nachhaltigkeit ist angesichts der aktuellen Herausforderungen, wie der multiplen Krisen, ein Zukunfts-Thema, das nicht vernachlässigt werden kann und darf, auch nicht von der Religionspädagogik.

Denn auch das wird in der Vielfalt der Diskussions-Themen deutlich: Religionslehrer*innen haben nicht zur was zu sagen zum Thema Nachhaltigkeit, sie sind auch aktiv, wenn es darum geht, das Thema im Religionsunterricht einzubringen oder aufzugreifen, wenn es von Schüler*innen eingebracht wird.

6 Fazit und Ausblick

Das vorliegende Forschungsprojekt untersucht Einstellungen von evangelischen Religionslehrer*innen zu Nachhaltigkeit. Nach Durchführung der Forschungsarbeit und Darstellung und Diskussion der Ergebnisse soll der Frage nachgegangen werden, welches Fazit sich daraus ziehen lässt. Wichtig ist auch der Blick darauf, was offengeblieben ist und was sich aus den Ergebnissen ableiten lässt. Somit wird ein Ausblick gegeben auf mögliche folgende Forschungsprojekte und Anregungen für die Praxis der Aus- und Fortbildung von Religionslehrer*innen. Die Anregungen beschränken sich auf diesen Aspekt des Religionsunterrichts, da Religionslehrer*innen mit ihren Einstellungen zu Nachhaltigkeit im Fokus des Forschungsprojektes stehen. Am Ende der Ausführungen wird schließlich die Perspektive der Hoffnung in den Fokus gerückt.

6.1 Fazit zu den Forschungsfragen

Zunächst wird ein Fazit in Bezug auf die Forschungsfragen gezogen. Die zu Grunde liegenden Forschungsfragen für dieses Forschungsprojekt lauten:
a) Welche Einstellungen haben evangelische Religionslehrer*innen an allgemeinbildenden Pflichtschulen in Österreich gegenüber Nachhaltigkeit?
b) Wie sehen sie ihre Rolle als Religionslehrer*innen in Bezug auf Bildung für nachhaltige Entwicklung?

6.1.1 Einstellungen von Religionslehrer*innen in Bezug auf Nachhaltigkeit

Es zeigt sich, dass bei den befragten Religionslehrer*innen eine Vielfalt an Themen und Einstellungen vorhanden sind. Die Themen reichen unter anderem von verschiedenen Facetten von Zukunft über Mobilität und Ressourcen bis hin zum Schöpfungsbegriff und dem Thema Achtsamkeit. Die befragten Religionslehrer*innen setzen unterschiedliche Schwerpunkte, wenn sie von Nachhaltigkeit sprechen. So ist zum Beispiel für einen Religionslehrer das Thema nachhaltiger Hausbau wichtig, eine andere Religionslehrerin beschäftigt sich mit dem Thema Konsum. Auch im Religionsunterricht setzen die befragten Religionslehrer*innen unterschiedliche Fokusse auf das Thema Schöpfung. Dies spiegelt wider, dass Nachhaltigkeit ein schwer zu fassender und vor allem auch interdisziplinärer Begriff ist.[49]

Festzuhalten ist, dass die befragten Religionslehrer*innen Nachhaltigkeit im Großen und Ganzen positiv gegenüberstehen. Das lässt sich daran festmachen, dass es für sie nicht nur im Alltag, sondern auch im Religionsunterricht ein wichtiges Thema ist, sie setzen sich aktiv mit dem Thema auseinander. Ein wichtiger Punkt ist dabei ebenso die Vorbildrolle, die viele der befragten Religionslehrer*innen ansprechen und die Verantwortung, die sie in Bezug auf das Themenfeld wahr- und ernstnehmen. Doch gibt es auch Kritik an dem Konzept (die sich vor allem in den vielen Herausforderungen zeigt, die die befragten Religionslehrer*innen beschreiben) und negative Gefühle, die geäußert werden. Zudem sei es im Schulalltag nicht immer einfach, als Religionslehrer*in für Nachhaltigkeit aktiv zu sein. Dennoch ist es den befragten Religionslehrer*innen wichtig, Nachhaltigkeitsthemen im Religionsunterricht zu thematisieren, weil es einerseits im Lehrplan vorkommt, aber auch ein persönliches Anliegen ist. Ein weiterer entscheidender Grund ist, dass Nachhaltigkeits-Themen für die Lebenswelt von Schüler*innen relevant sind und deswegen auch im Religionsunterricht Platz haben sollen.

Die befragten Religionslehrer*innen versuchen, Aspekte in ihrem Alltag nachhaltig zu gestalten und dies auch im Schulalltag und ihrem Handeln in der Schule weiterzugeben. Für viele ist es ein sehr wichtiges Thema, weil es dabei um die Zukunft geht.

6.1.2 Rolle von Religionslehrer*innen in Bezug auf Bildung für nachhaltige Entwicklung

Die befragten Religionslehrer*innen betonen in den Gesprächen vor allem ihre Rolle als Vermittler*innen und Vorbilder für Schüler*innen, Kolleg*innen und auch Eltern. Damit ist ihre Rolle einerseits eine, die durch diese Vorbildfunktion Wirkung zeigt. Gerade in der Vermittlerrolle nehmen Religionslehrer*innen die Aufgabe wahr, Schüler*innen wertvolle Kompetenzen weiterzugeben, die diese

---

49 In Kapitel 2.1 wird auf den Nachhaltigkeits-Begriff näher eingegangen. In Kapitel 5.2. wird das Verständnis der befragten Religionslehrer*innen von Nachhaltigkeit diskutiert und auf den Aspekt der Vielschichtigkeit des Begriffes eingegangen.

dazu befähigen und ermutigen, zu einer nachhaltigen Entwicklung beizutragen.[50] Dabei geht es unter anderem um kritisches Hinterfragen, Kommunikationskompetenzen, aber auch die eigene Authentizität und das Bewusstsein, dass auch kleine Schritte und Veränderungen Wirkung zeigen können.[51] Das alles sind wichtige Bausteine einer Bildung für nachhaltige Entwicklung. Damit setzen Religionslehrer*innen einige Aspekte dieses Konzeptes bewusst oder unbewusst um. Soll die Bezeichnung der Rolle von Religionslehrer*innen auf den Punkt gebracht werden, lässt sie sich am ehesten als Vermittler- und Vorbildrolle beschreiben, wie es die befragten Religionslehrer*innen selbst tun. Dazu gehören all die wertvollen Kompetenzen, die sie vermitteln möchten. Außerdem schwingt in der Vorbildrolle die Beziehungsebene mit, die im Religionsunterricht immer wieder im Zentrum steht. Ein weiterer zentraler Punkt dieser Vermittler- und Vorbildrolle ist die Wahrnehmung der Verantwortung, von der fast alle befragten Religionslehrer*innen sprechen. Der Zusammenhang zwischen Verantwortung und Vermittler- und Vorbildrolle ist ihnen bewusst. Häufig argumentieren die befragten Religionslehrer*innen auch mit einem Auftrag, den sie hier in Bezug auf Nachhaltigkeit umsetzen.[52]

6.2 Ausblick und Empfehlungen

Am Ende der Auseinandersetzung mit den oben genannten Fragen ist zu überlegen, wie diese Ergebnisse verarbeitet werden können und was sich davon ableiten lässt. Außerdem stellt sich die Frage, was offengeblieben ist und welche möglichen Folgeprojekte angedacht werden können.

6.2.1 Ausblick auf und Vorschläge für Folgeprojekte

Im Laufe der Erörterungen wurde deutlich, dass es noch viel Raum für die Bearbeitung weiterer Forschungsfragen in diesem Feld gibt. Im vorliegenden Forschungsprojekt wurde nur die Sicht von evangelischen Religionslehrer*innen als wichtige Akteur*innen im Religionsunterricht in den Blick genommen.

Offen bleibt unter anderem die Frage, welche Einstellungen jene Religionslehrer*innen zu Nachhaltigkeit haben, die nicht am Forschungsprojekt teilge-

---

50 Die Vermittler- und Vorbildrolle wird einerseits in Kapitel 4.4.2 beschrieben und andererseits in Kapitel 5.3 diskutiert.
51 Die Beschreibungen der befragten Religionslehrer*innen zu den genannten Kompetenzen finden sich in den Kapiteln 4.4.5 und 4.4.6, in Kapitel 5.8 werden sie diskutiert.
52 Die Diskussion zu Verantwortung und Auftrag findet sich in Kapitel 5.3.

nommen haben.⁵³ Haben sie sich nicht gemeldet, weil ihnen Nachhaltigkeit kein Anliegen ist? Oder haben sie eine negative Sicht auf das Themenfeld und wollten deswegen nicht teilnehmen? Oder hatten sie einfach keine Zeit oder keine Lust, sich dazu befragen zu lassen? Spannend wäre, herauszufinden, ob und wenn ja, inwiefern die Ergebnisse anders ausfallen, wenn auch diese Religionslehrer*innen befragt werden würden. Es würde im Weiteren die Frage klären, ob am vorliegenden Forschungsprojekt vor allem die in Bezug auf Nachhaltigkeit sehr engagierten Religionslehrer*innen teilgenommen haben, oder ob dieses Engagement tatsächlich auf einen Großteil der Religionslehrer*innen zutrifft.

In der Diskussion der Ergebnisse hat sich außerdem gezeigt, dass die Frage nach der konkreten didaktischen Umsetzung im Religionsunterricht offengeblieben ist. Im Rahmen dieses Forschungsprojektes wurde sie nicht explizit gestellt, weil es für die Einstellungen von Religionslehrer*innen nicht zentral ist. Dennoch kann ein weiteres Folgeprojekt mit dem Fokus auf das konkrete Unterrichtsgeschehen mit Vergleich zu den didaktischen Prinzipien von Bederna (2019, S. 256 ff.) noch mehr Einblick in die tatsächliche Praxis des Religionsunterrichts in Bezug auf Nachhaltigkeit geben. Damit könnte aufgezeigt werden, was tatsächlich im Religionsunterricht geschieht und wie dieses Geschehen zu den didaktischen Prinzipien einer religiösen Bildung für nachhaltige Entwicklung (Bederna, 2019, S. 256 ff.) in Bezug steht. Finden sich diese Prinzipien tatsächlich wieder in der Praxis? Wie intensiv sind die einzelnen Prinzipien ausgeprägt?

Gewinnbringend für das Forschungsfeld ist sicher auch, der Frage nachzugehen, welche Kompetenzen sich Schüler*innen konkret aus dem Religionsunterricht mitnehmen, die für sie dazu beitragen, dass sie an einer nachhaltigen Gesellschaft mitwirken können. Wie sehen Schüler*innen das aus ihrer Perspektive?

Bei den empirischen Erhebungen zu verschiedenen Fragen, wie etwa das Empfinden der Vorbildrolle in Bezug auf Nachhaltigkeit, den Gefühlen Nachhaltigkeits-Themen gegenüber oder auch anderen Fragen, kann eine Gegenüberstellung von Ergebnissen aus Befragungen von Religionslehrer*innen und literarischen Lehrer*innen oder auch speziell Biologie- oder Geografie-Lehrer*innen interessant sein und weitere Einblicke zur Rolle des Religionsunterrichts im Vergleich mit anderen Fächern geben. Ebenso könnten Religionslehrer*innen anderer Religionen und Konfessionen zu ihren Einstellungen zu Nachhaltigkeit befragt werden, um herauszufinden, ob diese sehr ähnliche Zugänge und Meinungen haben, oder sie sich stark unterscheiden.

Zu einzelnen Aspekten des Nachhaltigkeits-Themenfeldes ließen sich noch viele weitere Ideen für Folge-Forschungsprojekte finden. Das macht deutlich,

---

53 Die Beschreibung des Samples findet sich in Kapitel 3.4.

dass hier noch viele Fragen offen sind, denen in weiteren Forschungsprojekten nachgegangen werden kann.

6.2.2 Resümee zur Praxis des Religionsunterrichts

Neben den Vorschlägen für weitere Forschungsprojekte soll überlegt werden, was sich aus den Ergebnissen des Forschungsprojektes für die Praxis des Religionsunterrichts ableiten lässt.

Festgehalten werden kann, dass die befragten Religionslehrer*innen sensibel auf Schüler*innen, deren Fragen, Erfahrungen und Erlebnisse eingehen. Es ist ihnen wichtig, an die Lebenswelt und Lebenswirklichkeit von Schüler*innen anzuknüpfen. Dazu gehören auch Zukunftsfragen, die mit Herausforderungen in Bezug auf Nachhaltigkeit in Zusammenhang stehen. Im Religionsunterricht steht neben Inhalten vor allem auch das Beziehungsgeschehen im Fokus, wodurch gelebte Schöpfungstheologie praktiziert wird.

Außerdem sind sich die befragten Religionslehrer*innen ihrer Vorbildrolle bewusst und sehen ihre Aufgabe als Verantwortung und Auftrag, die es zu erfüllen gilt. Sie wollen Kompetenzen vermitteln, die Schüler*innen dazu befähigen, an einer nachhaltigen Entwicklung mitzuwirken. Damit leistet der Religionsunterricht einen wichtigen Beitrag zu einer Bildung für nachhaltige Entwicklung. Dazu gehört auch, dass die befragten Religionslehrer*innen in ihrem Handeln authentisch sind und das auch Schüler*innen vermitteln.

Auf der inhaltlichen Ebene bringen die befragten Religionslehrer*innen vor allem das Thema Schöpfung in Verbindung mit Nachhaltigkeit, sie nennen aber auch soziale Themen und Achtsamkeit als nachhaltigkeitsbezogene Themen. Der Lehrplan biete ebenfalls Anknüpfungspunkte, um das Themenfeld Nachhaltigkeit im Religionsunterricht zu behandeln.

Die Hindernisse, die sich vor allem aus der Organisation des Religionsunterrichts ergeben, werden nicht einfach beseitigt werden können und werden sich möglicherweise in den kommenden Jahren sogar verschärfen.[54] Zu überlegen ist deshalb, wie dem entgegengewirkt werden kann, welche Möglichkeiten es geben könnte, dass sich Religionslehrer*innen stärker an den Nachhaltigkeits-Fragen in den Schulen einbringen können. Denn letztendlich setzt Religionsunterricht das um, was nach Körtner (2002, S. 26) Auftrag von Kirchen und Theologie ist, nämlich die Bildungsaufgabe, ethisches Bewusstsein zu bilden und zu erziehen und damit Vorbild zu sein.

---

54 Hier wird vor allem auf das Thema Mobilität Bezug genommen. Die entsprechende Diskussion findet sich in Kapitel 5.9.

Zusammenfassend kann festgehalten werden, dass das Themenfeld Nachhaltigkeit aus Perspektive der befragten Religionslehrer*innen in der Praxis des Religionsunterrichts vor allem im Beziehungsgeschehen zu finden ist, wenn Religionslehrer*innen die Lebenswelt der Schüler*innen wahr- und ernstnehmen. Außerdem lässt es sich an der Wahrnehmung der Vorbildrolle von Religionslehrer*innen festmachen und an den Themen, die im Religionsunterricht in Verbindung mit Nachhaltigkeit gebracht werden.

6.2.3 Anregungen für die Aus- und Fortbildung von Religionslehrer*innen

Aus den Ergebnissen des Forschungsprojektes können außerdem Anregungen für die Aus- und Fortbildung von Religionslehrer*innen abgeleitet werden.

Für den Bereich der Aus- und Fortbildung von Religionslehrer*innen kann angeregt werden, Bildung für nachhaltige Entwicklung in der Ausbildung von Religionslehrer*innen zu verankern. Auch wenn in der Praxis bereits vieles geschieht, rüstet eine theoretisch fundierte und praktisch erprobte Auseinandersetzung mit dem Konzept der Bildung für nachhaltige Entwicklung gezielt für die Umsetzung im Religionsunterricht. So können zukünftige Religionslehrer*innen selbstbewusst und bewusst in diesem Themenfeld arbeiten und den Religionsunterricht an den einzelnen Schulen auch bewusst ins Gespräch zu den Nachhaltigkeitsthemen bringen. Gerade für den Aspekt der Vernetzung und des ganzheitlichen Lernens kann auch angeregt werden, dass Religionslehrer*innen lernen, wie fächerübergreifendes Arbeiten funktioniert. Sie sollen Konzepte und Ideen an die Hand bekommen, die sie dazu befähigen, solche Zusammenarbeit zu forcieren und gut umsetzen zu können. Auch das würde den Religionsunterricht insgesamt stärken. Natürlich kommt hier die Problematik der Organisation des Religionsunterrichts zu tragen, dennoch ist es wert, daran zu arbeiten. Und an manchen Schulen wird es auch organisatorisch möglich sein, solche Projekte zu initiieren und umzusetzen.

Neben Grundlagenwissen zu Bildung für nachhaltige Entwicklung und Konzepten zu fächerübergreifendem Lernen, sollten Religionslehrer*innen auch im Rahmen ihrer Ausbildung lernen, sich bewusst mit ihrem Lebensstil auseinanderzusetzen. Damit wird die Empfehlung von Spahn-Skrotzki (2021, S. 217ff.) aufgenommen, die festhält, dass es wichtig ist, dass sich Religionslehrer*innen bewusst mit Zusammenhängen insgesamt auseinandersetzen, aber auch vor allem mit dem Zusammenhängen ihres eigenen Lebensstiles und den multiplen Krisen der Welt. Es geht hier nicht um einen moralischen Zeigefinger, der sagt, wie man leben soll, sondern darum, ein Bewusstsein dafür zu schaffen, welche Auswirkungen manche Verhaltensweisen eigentlich haben. Denn eine bewusste Reflexion dessen wird das pädagogische Handeln im Alltag beeinflussen.

All diese Vorschläge und Themen können selbstverständlich auch in Fortbildungsangebote für Religionslehrer*innen gepackt werden. Hier kann es unter anderem auch um konkrete Umsetzungsmöglichkeiten gehen, wie das breite Themenfeld Nachhaltigkeit speziell im Religionsunterricht behandelt werden kann, welchen Beitrag, welche Perspektive der Religionsunterricht zu konkreten Zukunftsfragen bieten kann. Auch in diesem Zusammenhang ist die Frage interessant, wie und ob gemeinsam mit anderen Fächern zu bestimmten Themen gearbeitet werden kann. Dann gibt es sicher Religionslehrer*innen, die sich in die eine oder die andere Frage aus diesem breiten Themenfeld konkreter vertiefen möchten und zum Beispiel theoretische Grundlagen zum Klimawandel erarbeiten. Diese könnten in den Zusammenhang mit Schöpfungsbewahrungs-Fragen gestellt werden. Hier gäbe es viele Möglichkeiten für thematisch fokussierte Fortbildungsangebote. Außerdem wäre auch im Bereich der Fortbildung zu fragen, ob hier bewusst ein Raum geschaffen werden kann, für Reflexionen des eigenen Lebensstils, um sich bewusst zu machen, welche Rolle die eigene Person im globalen Kontext spielt und inwiefern man selbst teilhat an den multiplen Krisen und deren Lösungen.

Zusammenfassend sei an dieser Stelle noch einmal gesagt, dass es um große Fragen der Zukunft geht, wenn von Nachhaltigkeit oder Bildung für nachhaltige Entwicklung die Rede ist. Fragen nach der Zukunft sind auch religiöse Fragen und es sind Fragen, die Schüler*innen beschäftigen. Deswegen sei hier nochmal angeregt, in Aus- und Fortbildungsagenden für Religionslehrer*innen diese Thematik in den Blick zu nehmen, Religionslehrer*innen in ihrem Handeln zu bestärken und weiteren Forschungsfragen in diesem weiten Feld nachzugehen. Denn wie dieses Forschungsprojekt zeigt, sind es Fragen, die Religionslehrer*innen beschäftigen, weil sie sie für relevant halten und weil sie Schüler*innen und ihre Lebenswelt stark betreffen.

6.3 Perspektive: Hoffnung

Abschließend kann festgehalten werden, dass es aus Sicht der befragten Religionslehrer*innen Überschneidungen mit Nachhaltigkeits-Themen und Evangelischem Religionsunterricht gibt. Nachhaltigkeit ist ein bewusster und unbewusster Bestandteil des Evangelischen Religionsunterrichts, der sich aber nicht immer in Unterrichtsthemen – wie zum Beispiel Schöpfung, Achtsamkeit oder soziale Themen – ausdrückt. Man findet sie auch im Verhalten und Handeln von Religionslehrer*innen, die zum Beispiel ihren Umgang mit Ressourcen bewusst reflektieren und ihre Vorbildrolle in Bezug auf Nachhaltigkeit wahrnehmen.

Die Frage ist, ob es eine strukturelle Verankerung von Bildung für nachhaltige Entwicklung etwa in einem Lehrplan für Evangelischen Religionsunterricht bräuchte. Blickt man auf die Ergebnisse dieses Forschungsprojektes, könnte man diese Frage verneinen. Denn es wird deutlich, dass von den befragten Religionslehrer*innen ohnehin Vieles als selbstverständlich angesehen wird und ohnehin geschieht in der Praxis. Es muss hier aber nochmal angemerkt werden, dass im Sample des Forschungsprojektes[55] deutlich wird, dass nahezu alle der befragten Religionslehrer*innen sich aktiv für Nachhaltigkeit einsetzen und anzunehmen ist, dass jene Religionslehrer*innen, die das nicht tun, sich nicht angesprochen gefühlt haben bei der Suche nach Interviewpartner*innen für das Forschungsprojekt. Gerade deshalb kann es lohnend sein, wenn hier auch eine bewusste Auseinandersetzung mit dem breiten Themenfeld Nachhaltigkeit geschieht und ebenso die Rolle von Religionsunterricht diesbezüglich reflektiert wird – was zum Beispiel in Aus- und Fortbildung von Religionslehrer*innen geschehen könnte.

Denn Kirche und Theologie haben bezüglich Nachhaltigkeit einen Bildungsauftrag zu erfüllen, wie es Körtner (2002, S. 26) formuliert und sie haben aus ihrer Perspektive etwas beizutragen, wenn es um die Frage nach der Zukunft geht, um die Frage nach dem guten Leben für alle oder um die Frage nach der Bewältigung der multiplen Krisen. Das tun Religionslehrer*innen, unter anderem indem sie Schüler*innen Kommunikationskompetenzen vermitteln, indem sie ihnen zeigen, dass auch kleine Schritte zu Veränderungen führen können, indem sie Schüler*innen vorleben, wie nachhaltiges Handeln geschehen kann. Eine wesentliche Perspektive, die Religionsunterricht hierzu einbringen kann, was kaum von einem anderen Fach in dieser Form geleistet wird, ist die Perspektive der Hoffnung. Für Christ*innen ist diese Perspektive vertraut und vielleicht ist auch eine der Stärken des Glaubens, dass sie hoffen können und es tun. Auch oder gerade, wenn es um die genannten Fragen geht. Hoffnung auf Gottes Wirken, Hoffnung auf ein gutes Leben für alle, Hoffnung auf eine gute Zukunft der Schöpfung und all ihrer Geschöpfe – diese Perspektive kann der Religionsunterricht immer wieder einbringen, um angesichts der Lage der Welt, der multiplen Krisen und der vielen Herausforderungen, Mut zu machen und zum Handeln zu motivieren. Eine Religionslehrerin hat in den Interviews gesagt, dass es natürlich nicht möglich sei, die ganze Welt auf einmal zu verändern. Aber man könne Schritte für Schritt dazu beitragen, dass sich etwas verändert. Das kann der Religionsunterricht mit seinen engagierten Religionslehrer*innen leisten und ein Ort dafür sein, wo diese Veränderungen nicht nur gemeinsam erträumt werden, sondern auch praktische Schritte dafür gesetzt werden, hoffnungsvoll und mutig.

---

55 Die entsprechende Beschreibung des Samples findet sich in Kapitel 3.4.

Literaturverzeichnis

Ajzen, I. & Fishbein, M. (1977). Attitude-behavior relations: A theoretical analysis and review of empirical research. *Psychological Bulletin, 84*(5), 888–918. https://doi.org/10.1037/0033-2909.84.5.888.

Altmeyer, S. (2021). Religious education for ecological sustainability: an initial reality check using the example of everyday decision-making. *Journal of Religious Education, 69*(1), 57–74. https://doi.org/10.1007/s40839-020-00131-5.

Altner, G. (1989). *Ökologische Theologie: Perspektiven zur Orientierung*. Kreuz-Verlag.

Andersson, K., Jagers, S., Lindskog, A. & Martinsson, J. (2013). Learning for the Future? Effects of Education for Sustainable Development (ESD) on Teacher Education Students. *Sustainability, 5*(12), 5135–5152. https://doi.org/10.3390/su5125135.

aus der Au, C. (2003). *Achtsam wahrnehmen: Eine theologische Umweltethik*. Neukirchener Verlag.

Barth, M. & Bürgener, L. (2020). Bildung für nachhaltige Entwicklung in der schulischen Praxis verankern. Beispiel: Kollaborative Ko-Konstruktion von Unterrichtskonzepten. *Weiterbildung*(2), 21–23.

Baumert, J. & Kunter, M. (2006). Stichwort: Professionelle Kompetenz von Lehrkräften. *Zeitschrift für Erziehungswissenschaft, 9*(4), 469–520. https://doi.org/10.1007/s11618-006-0165-2.

Becker, H. S. (1970). *Sociological work: Method and substance*. Transaction Books.

Bederna, K. (2019). *Every day for future: Theologie und religiöse Bildung für nachhaltige Entwicklung*. Matthias Grünewald Verlag.

Bederna, K. (2020a). *Bildung für nachhaltige Entwicklung* (Mirjam Zimmermann und Heike Lindner im Wissenschaftlich-Religionspädagogisches Lexikon, Hg.). Deutsche Bibelgesellschaft. https://doi.org/10.23768/wirelex.Bildung_fr_nachhaltige_Entwicklung.200572.

Bederna, K. (2020b). Die Klimakrise im Lichte der Coronakrise oder: Kann Religionsunterricht zu zukunftsfähigem Handeln motivieren? *Österreichisches Religionspädagogisches Forum, 28*(2), 28–46. https://doi.org/10.25364/10.28:2020.2.3.

Bederna, K. (2021). Didaktik religiöser Bildung für nachhaltige Entwicklung. In U. Kropac & U. Riegel (Hrsg.), *Kohlhammer Studienbücher Theologie. Handbuch Religionsdidaktik* (1. Aufl., S. 325–331). Verlag W. Kohlhammer.

Bederna, K. & Gärtner, C. (2020). Wenn zur Demo die Glocken läuten: Können die Kirchen und »Fridays for Future« Bündnispartner werden? *Herder Korrespondenz: Monatshefte für Gesellschaft und Religion, 74*(Spezial 2), 40–42.

Bederna, K. & Gärtner, C. (2022). Dramatisch! Irrelevant? Gott suchen, erfahrungsbezogen theologisieren und solidarisch unterbrechen. Fünf Thesen zu religiöser Bildung für nachhaltige Entwicklung. *Loccumer Pelikan*(2), 18–24.

Bederna, K. & Vogt, M. (2018). Ökologische Ethik (Mirjam Zimmermann und Heike Lindner im Wissenschaftlich-Religionspädagogisches Lexikon, Hg.). Deutsche Bibelgesellschaft. https://doi.org/10.23768/wirelex.kologische_Ethik.200340.

Behr, A. (2022). Siebzehn Lobgesänge – ein Psalm: Psalm 104 und die Nachhaltigkeitsziele der Vereinten Nationen. Ideen für die Konfi-Arbeit und für den Unterricht in der Sek I. *Loccumer Pelikan*(2), 40–43.

Benk, A. (2019). *Globales Lernen: Bildung unter dem Leitbild weltweiter Gerechtigkeit.* Matthias Grünewald Verlag.

Bergman, S. (2013). Environmental Theology. In A. Runehov & L. Oviedo (Hrsg.), *Encyclopeadia of Science and Religions.* Springer.

Beringer, A. (2018). *Reformation – Transformation – Nachhaltigkeit: Schöpfungsverantwortung als Christusnachfolge.* oekom.

Bertelmann, B. & Heidel, K. (Hrsg.). (2018). *Leben im Anthropozän: Christliche Perspektiven für eine Kultur der Nachhaltigkeit.* oekom.

Birkel, S. (2002). *Zukunft wagen – ökologisch handeln: Grundlagen und Leitbilder kirchlichökologischer Bildung im Kontext nachhaltiger Entwicklung.* LIT Verlag.

Birkel, S. (2016). Die Sorge für das gemeinsame Haus: Herausforderungen für die Religionspädagogik durch die Mitwelt-Enzyklika Laudato si'. *Religionspädagogische Beiträge: Zeitschrift der Arbeitsgemeinschaft Katholische Religionspädagogik und Katechetik (AKRK), 75*, 5–13.

Birkel, S. (2021). »Generation Greta«– Herausforderungen für Religionsunterricht und Schule im Kontext eines Whole Institution Approach (WIA). *Religionspädagogische Beiträge, 44*(2), 117–126. https://doi.org/10.20377/rpb-143.

Böhme, T., Fischer, R., Keßler, H., Mulia, C. & Oesselmann, D. (Hrsg.). (2022). *Weltverantwortung: Entwicklungen im globalen Horizont als gemeindepädagogische Herausforderungen.* Comenius Institut.

Brieden, N., Mendl, H., Reis, O. & Roose, H. (Hrsg.). (2022). *Nachhaltige Wirkung von Religionsunterricht.* LUSA.

Bundesministerium für Bildung, Wissenschaft und Forschung. *Bildung für Nachhaltige Entwicklung.* https://bildung.bmbwf.gv.at/schulen/unterricht/ba/bine.html.

Carson, R. (1962). *Silent Spring.* Fawcett Publication.

Cebrián, G. & Junyent, M. (2015). Competencies in Education for Sustainable Development: Exploring the Student Teachers' Views. *Sustainability, 7*(3), 2768–2786. https://doi.org/10.3390/su7032768.

Chancel, L., Piketty, T., Saez, E., Zucman, G. & et al. (2021). *World Inequality Report 2022.* wir2022.wid.world.

Dann, H.-D. & Haag, L. (2017). Lehrerkognitionen und Handlungsentscheidungen. In M. K. Schweer (Hrsg.), *Lehrer-Schüler-Interaktion* (S. 89–120). Springer Fachmedien Wiesbaden. https://doi.org/10.1007/978-3-658-15083-9_4.

Deutsche UNESCO-Kommission. *Was ist BNE?* https://www.bne-portal.de/de/einstieg/was-ist-bne#.

Dierksmeier, C. (2015). Die wahre Buntheit der Enzyklika »Laudato si«: Nicht nur grün! *Herder Korrespondenz: Monatshefte für GEsellschaft und Religion, 69*(8), 433–435.

Dixson-Declève, S., Gaffney, O., Ghosh, J., Randers, J., Rockström, J. & Stoknes, P. E. (2022). *Earth for All: Ein Survivalguide für unseren Planeten. Der neue Bericht an den Club of Rome, 50 Jahre nach »Die Grenzen des Wachstums«* (R. Seuß & B. Steckhan, Übers.). oekom.

Eagly, A. H. & Chaiken, S. (1993). *The psychology of attitudes.* Harcourt Brace Jovanovich College Publishers.

Ellis, E. C. (2018). *Anthropocene – A very short introduction.* Oxford University Press.

Espelage, C. & Schober, M. (2020). Religiöse Bildung: Viel Potenzial für nachhaltige Entwicklung. *Grundschule: Ideen, Erfahrungen, Konzepte, 52*(2), 52–55.

Evangelische Kirche A. u. H.B. in Österreich. (2018). *Chanc(g)e: Auf dem Weg zur zukunftsfähigen Pfarrgemeinde. Einladung zu einer Weggemeinschaft im Glauben.* https://cdn.evang.at/wp-content/uploads/2018/05/180502_nachhaltigkeitsleitfaden.pdf.

Evangelische Kirche A. u. H.B. in Österreich. (2022). *Schöpfungsglaube in der Klimakrise.* https://evang.at/wp-content/uploads/2022/12/221012_generalsynode_schoepfungspapier.pdf.

Evangelische Kirche in Deutschland. (2019). *Nutztier und Mitgeschöpf! Tierwohl, Ernährungsethik und Nachhaltigkeit aus evangelischen Sicht: Ein Impulspapier der Kammer der EKD für Nachhaltige Entwicklung.* https://www.ekd.de/ekd_de/ds_doc/ekd_texte_133_2019.pdf.

Evangelische Kirche in Österreich. *Jahr der Schöpfung.* https://evang.at/projekte/schoepfung2022/.

Evangelischer Oberkirchenrat A. u. H.B. (2019). *Evangelischer Religionsunterricht. Ein Lehrplan für alle.*

Evans, N., Whitehouse, H. & Hickey, R. (2012). Pre-service Teachers' Conceptions of Education for Sustainability. *Australian Journal of Teacher Education, 37*(7). https://doi.org/10.14221/ajte.2012v37n7.3.

Fakis, A., Hilliam, R., Stoneley, H. & Townend, M. (2014). Quantitative Analysis of Qualitative Information From Interviews. *Journal of Mixed Methods Research, 8*(2), 139–161. https://doi.org/10.1177/1558689813495111.

Fischer, P., Jander, K. & Krueger, J. (2018). *Sozialpsychologie für Bachelor.* Springer. https://doi.org/10.1007/978-3-662-56739-5.

Foucault, M. (2001). *Essential works of Foucault 1954–1984 / Michel Foucault: Volume 3. Power* (J. D. Faubion & M. Foucault, Hg.). Penguin Books.

Fox, A. E. M., Iriste, S. & Bezeljak, P. (2019). Detecting a Sustainable Mindset through Using Content Analysis of Teacher-produced Learning Journals. *Journal of Teacher Education for Sustainability, 21*(1), 35–47. https://doi.org/10.2478/jtes-2019-0003.

Franziskus. (2015). *Enzyklika Laudato si': Über die Sorge für das gemeinsame Haus.*

Gärtner, C. (2020). *Klima, Corona und das Christentum: Religiöse Bildung für nachhaltige Entwicklung in einer verwundeten Welt. Religionswissenschaft.* transcript.

Gottlieb, R. S. (Hrsg.). (2010). *The Oxford Handbook of Religion and Ecology.* Oxford University Press.

Grober, U. (2013). *Die Entdeckung der Nachhaltigkeit: Kulturgeschichte eines Begriffs.* Antje Kunstmann Verlag.

Haan, G. de. (2008). Gestaltungskompetenz als Kompetenzkonzept der Bildung für nachhaltige Entwicklung. In I. Bormann & G. de Haan (Hrsg.), *Kompetenzen der Bildung für nachhaltige Entwicklung: Operationalisierung, Messung, Rahmenbedingungen, Befunde* (S. 23–43). VS Verlag für Sozialwissenschaften | GWV Fachverlage GmbH Wiesbaden.

Hanisch, A., Rank, A. & Seeber, G. (2015). Wie »grün« sind europäische Lehrpläne? Eine vergleichende Studie mit fünf europäischen Curricula. In D. Blömer, M. Lichtblau, A.-K. Jüttner, K. Koch, M. Krüger & R. Werning (Hrsg.), *Jahrbuch Grundschulforschung: Band 18. Perspektiven auf inklusive Bildung: Gemeinsam anders lehren und lernen* (S. 168–173). Springer VS. https://doi.org/10.1007/978-3-658-06955-1_25.

Harder, C. (2022). Das weiße Gold der Energiewende: Ein Planspiel mit dem neuen kategorischen Imperativ von Hans Jonas für die Jahrgänge 9 und 10. *Loccumer Pelikan*(2), 43–48.

Helmers, E. & Schlaak, M. (2020). BNE an Hochschulen. Eine Situationsanalyse mit Handlungsempfehlungen. *Die neue Hochschule*(3), 6–9. https://www.hlb.de/fileadmin/hlb-global/downloads/dnh/full/2020/DNH_2020-3.pdf.

Hermisson, S. (2020). Forschung zu Einstellungen und Präkonzepten von Schüler*innen und Lehrpersonen in der Religionsdidaktik. *Theo-Web. Zeitschrift für Religionspädagogik*, 126. https://doi.org/10.23770/tw0125.

Herms, E. (2018). Der Beitrag der christlichen Kirchen zu einer Kultur der Nachhaltigkeit. oder: Die christliche Kultur der Nachhaltigkeit. *Zeitschrift für Evangelische Ethik*, 62(2), 115–128. https://doi.org/10.14315/zee-2018-0206.

Hisch, J. (2005). Das Thema Nachhaltigkeit als gemeinsame religionspädagogische Herausforderung. *Österreichisches Religionspädagogisches Forum*, 15(1), 33–34.

Hisch, J. (2011a). Bildung für Nachhaltige Entwicklung und Spiritualität. *rabs Religionsunterricht an berufsbildenden Schulen*(1), 22–23.

Hisch, J. (2011b). PILGRIM-Schule – ein Modell der Bildung für Nachhaltigkeit. *Panorama: Intercultural Annual of Interdisciplinary Ethical and Religious Studies for Responsible Research*, 23, 12–18.

Hisch, J. (2020). Spiritualität und Bildung für Nachhaltige Entwicklung bei PILGRIM. *Österreichisches Religionspädagogisches Forum*, 28(2), 82–99. https://doi.org/10.25364/10.28:2020.2.6.

Holzwieser, M. (2020). Grüne Pädagogik und konstruktivistische Religionspädagogik. Ein Vergleich zweier konstruktivistischer pädagogischer Konzepte. *Österreichisches Religionspädagogisches Forum*, 28(2), 100–116. https://doi.org/10.25364/10.28:2020.2.7.

Hübner, J. (2016). *Nachhaltigkeit: Reformation Heute.* creo-media GmbH.

Hunze, G. (2018). *Schöpfung* (Mirjam Zimmermann und Heike Lindner im Wissenschaftlich-Religionspädagogisches Lexikon, Hg.). Deutsche Bibelgesellschaft. https://doi.org/10.23768/wirelex.Schpfung.100284.

Huppenbauer, M. (2000). *Theologie und Naturethik: Eine schöpfungstheologische Auseinandersetzung mit ethisch-normativen Ansätzen umweltverantwortlichen Handelns.* Kohlhammer.

Ideland, M. & Malmberg, C. (2015). Governing ›eco-certified children‹ through pastoral power: critical perspectives on education for sustainable development. *Environmental Education Research, 21*(2), 173–182. https://doi.org/10.1080/13504622.2013.879696.

IPCC. *Der Weltklimarat IPCC.* https://www.de-ipcc.de/119.php.

IPCC. (2021). *Climate Change 2021: The Physical Science Basis. Contribution of Working Group I to the Sixth Assessment Report of the Intergovernmental Panel on Climate Change.* Cambridge University Press.

IPCC. (2022). *Climate Change 2022: Impacts, Adaptation, and Vulnerability. Contribution of Working Group II to the Sixth Assessment Report of the Intergovernmental Panel on Climate Change.* Cambridge University Press.

Jäggle, M. & Klutz, P. (2013). Religiöse Bildung an Schulen in Österreich. In P. Klutz, M. Solymar, M. Jäggle, M. Rothgangel & T. Schlag (Hrsg.), *Religiöse Bildung an Schulen in Europa. 1, MItteleuropa.* V&R unipress, Vienna University Press.

Jakob, J. (2020). Diakonisches Lernen – Lernen für die Zukunft? *Das Wort: Evangelische Beiträge zu Bildung und Unterricht, 74*(2), 12–14.

Jakob, J. (2021). »Ich hab da halt eine Aufgabe zu erfüllen.«: Einstellungen von Lehramtsstudierenden der KPH Wien/Krems zu Bildung für nachhaltige Entwicklung. In T. Krobath, D. Lindner & S. Scherf (Hrsg.), *Brücken bauen: Migration – Flucht – Bildung* (S. 299–316). LIT Verlag.

Jickling, B. (1994). Why I Don't Want my Children to be Educated for Sustainable Development: Sustainable Belief. *Trumpeter, 11*(3), 114–116.

Kessler, T. & Fritsche, I. (2018). *Sozialpsychologie.* Springer Fachmedien Wiesbaden. https://doi.org/10.1007/978-3-531-93436-5.

Kirchenamt der EKD. (2009). *Umkehr zum Leben: Nachhaltige Entwicklung im Zeichen des Klimawandels. Eine Denkschrift des Rates der Evangelischen Kirche in Deutschland.* Gütersloher Verlagshaus.

Körtner, U. H. J. (1997). *Solange die Erde steht: Schöpfungsglaube in der Risikogesellschaft. Mensch – Natur – Technik: Bd. 2.* Luth. Verl.-Haus.

Körtner, U. H. J. (2002). Ethische Reflexionen auf den Klimawandel: Zur Operationalisierbarkeit des Leitbildes der Nachhaltigkeit. *ETHICA, 10*(1), 5–31.

Körtner, U. H. J. (2019). *Evangelische Sozialethik: Grundlagen und Themenfelder* (4. Aufl.). utb.

Kruip, G. (2015). Ein dramatischer Appell: Die neue Umwelt Enzyklika des Papstes. *Herder Korrespondenz: Monatshefte für GEsellschaft und Religion, 69*(7), 341–344.

Kruse, J. (2015). *Qualitative Interviewforschung: Ein integrativer Ansatz* (2. Aufl.). *Grundlagentexte Methoden.* Beltz Juventa.

Kubitschek, J. (2019). *»Wir brauchen eine grüne Reformation«: Der Theologe Jürgen Moltmann über Umweltschutz, Atheismus und sexuellen Missbrauch in der Kirche.* https://chrismon.evangelisch.de/artikel/2019/43477/der-theologe-juergen-moltmann-ueber-umweltschutz-atheismus-und-sexuellen-missbrauch-der-kirche.

Kyridis, A., Mavrikaki, E., Tsakiridou, H., Daikopoulos, J. & Zigouri, H. (2005). An analysis of attitudes of pedagogical students towards environmental education in Greece. *International Journal of Sustainability in Higher Education, 6*(1), 54–64. https://doi.org/10.1108/14676370510573131.

Lampert, I. & Niebert, K. (2019). Den globalen Wandel verstehen: Vorstellungen zur Stabilität und Instabilität der Erdsysteme. *Zeitschrift für Didaktik der Biologie (ZDB) – Biologie Lehren und Lernen*(23), 39–58. https://doi.org/10.4119/ZDB-1739.

Lavery, S. (2015). Religious Educators: Championing the Concept of Sustainable Living. In M. T. Buchanan & A.-M. Gellel (Hrsg.), *Global Perspectives on Catholic Religious Education in Schools* (S. 115–129). Springer International Publishing. https://doi.org/10.1007/978-3-319-20925-8_10.

Leewe, H. (2010). *Lust auf Begegnung mit der Welt: Globales Lernen an evangelischen Schulen. Edition Paideia: Bd. 10*. IKS Garamond.

Lenglet, F. (2015). ESD and Assessing the Quality of Education and Learning. In V. W. Thoresen, D. Doyle, J. Klein & R. J. Didham (Hrsg.), *Responsible Living* (S. 57–72). Springer International Publishing. https://doi.org/10.1007/978-3-319-15305-6_5.

Liedke, G. (1979). *Im Bauch des Fisches: Ökologische Theologie*. Kreuz-Verlag.

Lienkamp, A. (2009). *Klimawandel und Gerechtigkeit: Eine Ethik der Nachhaltigkeit in christlicher Perspektive*. Schöningh.

Lipowsky, F. (2006). *Auf den Lehrer kommt es an. Empirische Evidenzen für Zusammenhänge zwischen Lehrerkompetenzen, Lehrerhandeln und dem Lernen der Schüler*. Beltz.

Littig, B. (2004a). Religion und Nachhaltige Entwicklung: Ein weites Feld im Überblick. In B. Littig (Hrsg.), *Religion und Nachhaltigkeit: Multidisziplinäre Zugänge und Sichtweisen* (S. 15–39). LIT Verlag.

Littig, B. (Hrsg.). (2004b). *Religion und Nachhaltigkeit: Multidisziplinäre Zugänge und Sichtweisen*. LIT Verlag.

Maxwell, J. A. (2010). Using Numbers in Qualitative Research. *Qualitative Inquiry, 16*(6), 475–482. https://doi.org/10.1177/1077800410364740.

Mayring, P. (2015). *Qualitative Inhaltsanalyse: Grundlagen und Techniken* (12., überarbeitete Auflage). Beltz Verlag. http://d-nb.info/1063369835/04.

McGregor, C. & Christie, B. (2021). Towards climate justice education: views from activists and educators in Scotland. *Environmental Education Research, 27*(5), 652–668. https://doi.org/10.1080/13504622.2020.1865881.

Meadows, D. L. (2000). *Die Grenzen des Wachstums: Bericht des Club of Rome zur Lage der Menschheit* (17. Aufl.). Dt. Verl.-Anst.

Meireis, T. (2015, 27. Mai). *On the road. Der Pilgerweg der Gerechtigkeit und des Friedens als transformative Herausforderung*, Frankfurt am Main. https://boris.unibe.ch/75832/1/On_the_roadMeireis15_05_27.pdf.

Meireis, T. (2016). Schöpfung und Transformation: Nachhaltigkeit in protestantischer Perspektive. In T. Jähnichen, T. Meireis & et al (Hrsg.), *Nachhaltigkeit: Jahrbuch sozialer Protestantismus Band 9*. Gütersloher Verlagshaus.

Mette, N. (2016). *Gerechtigkeit* (Mirjam Zimmermann und Heike Lindner im Wissenschaftlich-Religionspädagogisches Lexikon, Hg.). Deutsche Bibelgesellschaft. https://doi.org/10.23768/wirelex.Gerechtigkeit.100209.

Michalik, K. (2021). Philosophieren mit Kindern als Pädagogik für eine offene und ungewisse Zukunft. *Religionspädagogische Beiträge, 44*(2), 141–153. https://doi.org/10.20377/rpb-152.

Moltmann, J. (1985). *Gott in der Schöpfung: Ökologische Schöpfungslehre*. Gütersloher Verlagshaus.

Moltmann, J. (2014). Die Hoffnung der Erde: Die ökologische Wende der christlichen Theologie und der christlichen Spiritualität. *Evang. Theol.*, *74*(3), 216–226.

Müller-Salo, J. (2020). *Klima, Sprache und Moral: Eine philosophische Kritik* [*Was bedeutet das alles?*]. Reclam.

Nausner, M. (2021). Ökogerechtigkeit als gegenseitige Teilhabe? Versuch einer theologischen Vision der gegenseitigen Durchdringung alles Erschaffenen. *Amt und Gemeinde*, *70*(1), 12–22.

Nikel, J. (2007). Making sense of education ›responsibly‹: findings from a study of student teachers' understanding(s) of education, sustainable development and Education for Sustainable Development. *Environmental Education Research*, *13*(5), 545–564. https://doi.org/10.1080/13504620701430778.

Nohl, A.-M. (2017). *Interview und dokumentarische Methode: Anleitungen für die Forschungspraxis* (5. Aufl.). *Lehrbuch*. Springer VS. http://www.springer.com/ https://doi.org/10.1007/978-3-658-16080-7.

Pemsel-Maier, S. (2021). Kein Katastrophenszenario: Zum Potential apokalyptischen Denkens in der ökologischen Krise. *Religionspädagogische Beiträge*, *44*(2), 97–106. https://doi.org/10.20377/rpb-134.

Platschke, K. (2022). *Das Anti-Greenwashing-Buch: Eine Schritt-für-Schritt-Anleitung für ehrliche Nachhaltigkeit in Unternehmen* (2. Aufl.). *Springer eBook Collection*. Springer Gabler. https://doi.org/10.1007/978-3-658-38067-0.

Pramer, P. (2022). *Der CO2-Fußabdruck wurde von Ölkonzernen großgemacht – ist er deshalb schlecht?* https://www.derstandard.de/story/2000132608301/der-co2-fussabdruck-wurde-von-oelkonzernen-grossgemacht-ist-er-deshalb.

Pufé, I. (2017). *Nachhaltigkeit* (3. Aufl.). *utb: Bd. 8705*. UVK Verlagsgesellschaft mbH; UVK/Lucius. http://www.utb-studi-e-book.de/9783838587059.

Rat der Evangelischen Kirche in Deutschland & Deutsche Bischofskonferenz. (1997). *Für eine Zukunft in Solidarität und Gerechtigkeit. Gemeinsame Texte: Bd. 9*.

Raworth, K. (2017). *Doughnut economics: Seven ways to think like a 21st-century economist*. Penguin Books.

Recknagel, L. (2019). *Buen Vivir als Konzept einer Bildung für nachhaltige Entwicklung?: eine nachhaltigkeitsorientierte Diskursanalyse*. https://doi.org/10.25673/13911.

Reis, O. (2003). *Nachhaltigkeit – Ethik – Theologie: Eine theologische Beobachtung der Nachhaltigkeitsdebatte*. Zugl.: Dortmund, Univ., Diss., 2003. *Forum Religion & Sozialkultur Abteilung B, Profile und Projekte: Bd. 18*. Lit-Verl.

Richardson, J., Clarke, D., Grose, J. & Warwick, P. (2019). A Cohort Study of Sustainability Education in Nursing. *International Journal of Sustainability in Higher Education*, *20* (4), 747–760. https://doi.org/10.1108/IJSHE-02-2019-0064.

Richter, S. (2015). Bildung für nachhaltige Entwicklung und Globales Lernen: Transformatives Lernen in evangelischer Bildungsverantwortung. *CI-Informationen*(2), 1–3.

Rockström, J., Steffen, W., Noone, K., Persson, A., Chapin, F. S., Lambin, E. F., Lenton, T. M., Scheffer, M., Folke, C., Schellnhuber, H. J., Nykvist, B., Wit, C. A. de, Hughes, T., van der Leeuw, S., Rodhe, H., Sörlin, S., Snyder, P. K., Costanza, R., Svedin, U., … Foley, J. A. (2009). A safe operating space for humanity. *Nature*, *461*(7263), 472–475. https://doi.org/10.1038/461472a.

Rosenberg, M. J. & Hovland, C. I. (1960). Cognitiv, Affective and Behavioral Components of Attitudes. In M. J. Rosenberg, C. I. Hovland, W. J. McGuire, Abelson R. P. & J. W. Brehm

(Hrsg.), *Attitude Organization and Change. An analysis of consistency among attitude components*. Yale University Press.

Rosenberg, M. J., Hovland, C. I., McGuire, W. J., Abelson R. P. & Brehm, J. W. (Hrsg.). (1960). *Attitude Organization and Change. An analysis of consistency among attitude components*. Yale University Press.

Rothgangel, M. & Hermisson, S. (2019). Schöpfung. In M. Rothgangel, H. Simojoki & U. H. J. Körtner (Hrsg.), *Theologie für Lehrerinnen und Lehrer (TLL): Bd. 1. Theologische Schlüsselbegriffe: Subjektorientiert – biblisch – systematisch – didaktisch* (6. Aufl., S. 368–378). Vandenhoeck & Ruprecht.

Schafhauser, K. & Görtler, M. (2020). Bildung für nachhaltige Entwicklung in der Jugendarbeit: Didaktische und methodische Zugänge am Beispiel eines Projekts für benachteiligte Zielgruppen in der Kinder- und Jugendhilfe. *Deutsche Jugend, 68*(3), 116–122.

Schellenberg, A. (2016). *Schöpfung (AT): in: Das Wissenschaftliche Bibellexikon im Internet (www.wibilex.de)* (M. Bauks & K. Koenen, Hg.). Deutsche Bibelgesellschaft.

Scheunpflug, A. (2022). Die globale Dimension einer Bildung für nachhaltige Entwicklung. *Loccumer Pelikan*(2), 9–13.

Schimmel, A. & Krahn, A. (2021). »Klima nervt!« – Zum didaktischen Umgang mit Widerständen bei der Thematisierung des Klimawandels im Religionsunterricht. *Religionspädagogische Beiträge, 44*(2), 85–96. https://doi.org/10.20377/rpb-154.

Schlag, T. (2017). *Verantwortung* (Mirjam Zimmermann und Heike Lindner im Wissenschaftlich-Religionspädagogisches Lexikon, Hg.). Deutsche Bibelgesellschaft. https://doi.org/10.23768/wirelex.Verantwortung.100170.

Schlag, T. (2018). Unverfügbare Nachhaltigkeit – nachhaltige Unverfügbarkeit. Wovon religiöse Bildung ausgehen sollte. Eine Response auf Carsten Gennerich und über ihn hinaus. *Theo-Web, 2*(17), 97–102. https://doi.org/10.23770/tw0061.

Schmid, K. (Hrsg.). (2012). *UTB Evangelische Theologie: Bd. 3514. Schöpfung*. Mohr Siebeck.

Schmitz, M. & Schmidpeter, R. (Hrsg.). (2020). *CSR in Rheinland-Pfalz*. Springer.

Schneidewind, U. (2019). Die Kirche als Mahnerin, Mittlerin und Motor: die Rolle der Kirchen und der Diakonie bei der Umsetzung der Nachhaltigkeitsziele. *Dokumentation / Evangelischer Pressedienst, EPD*(28), 11–14.

Schoenfeld, A. H. (1998). Toward a theory of teaching-in-context. *Issues in Education, 4*(1), 1–94.

Shaukat, S. (2016). Prospective Teachers' Attitudes towards Social and Environmental Aspects of Education for Sustainable Development. *Pakistan Journal of Social and Clinical Psychology, 14*(1), 36–41.

Shephard, K. & Furnari, M. (2013). Exploring what university teachers think about education for sustainability. *Studies in Higher Education, 38*(10), 1577–1590. https://doi.org/10.1080/03075079.2011.644784.

Smaniotto, C., Brunelli, L., Miotto, E., Del Pin, M., Ruscio, E. & Parpinel, M. (2022). Sustainable Development Goals and 2030 Agenda – Survey on Awareness, Knowledge and Attitudes of Italian Teachers of Public Mandatory Schools, 2021. *Sustainability, 14*(12), 7469. https://doi.org/10.3390/su14127469.

Spahn-Skrotzki, G. (2021). *Klimakrise, externalisierender Lebensstil und Religionspädagogik* (1. Aufl.). *klinkhardt forschung*. Verlag Julius Klinkhardt. https://elibrary.utb.de/doi/book/10.35468/9783781559318.

Spiropoulou, D., Antonakaki, T., Kontaxaki, S. & Bouras, S. (2007). Primary Teachers' Literacy and Attitudes on Education for Sustainable Development. *Journal of Science Education and Technology*, *16*(5), 443–450. https://doi.org/10.1007/s10956-007-9061-7.

Steffen, W., Grinevald, J., Crutzen, P. & McNeill, J. (2011). The Anthropocene: conceptual and historical perspectives. *Philosophical transactions. Series A, Mathematical, physical, and engineering sciences*, *369*(1938), 842–867. https://doi.org/10.1098/rsta.2010.0327.

Steffen, W., Richardson, K., Rockström, J., Cornell, S. E., Fetzer, I., Bennett, E. M., Biggs, R., Carpenter, S. R., Vries, W. de, Wit, C. A. de, Folke, C., Gerten, D., Heinke, J., Mace, G. M., Persson, L. M., Ramanathan, V., Reyers, B. & Sörlin, S. (2015). Planetary boundaries: guiding human development on a changing planet. *Science*, *347*(6223). https://doi.org/10.1126/science.1259855.

Stückelberger, C. (1997). *Umwelt und Entwicklung: Eine sozialethische Orientierung*. Kohlhammer.

Südwind. (2021). *Wie Europas Jugend die Zusammenhänge zwischen Klimawandel und Migration wahrnimmt: Länderbericht Österreich*. https://www.suedwind.at/fileadmin/user_upload/suedwind/Presseaussendungen/Dateien/Climate_of_Change_Report_Umfrageergebnisse_OEsterreich.pdf.

Tacke, L. (2020). »Nur noch kurz die Welt retten«? Ermutigung und Befähigung zu einem nachhaltigen Lebensstil durch den Religionsunterricht. Eine Unterrichtsidee. *Österreichisches Religionspädagogisches Forum*, *28*(2), 117–131. https://doi.org/10.25364/10.28:2020.2.8.

Taylor, N., Kennelly, J., Jenkins, K. & Callingham, R. (2006). The impact of an education for sustainability unit on the knowledge and attitudes of pre-service primary teachers at an Australian university. *Geographical Education*, *19*, 46–59.

Tomas, L., Girgenti, S. & Jackson, C. (2017). Pre-service teachers' attitudes toward education for sustainability and its relevance to their learning: implications for pedagogical practice. *Environmental Education Research*, *23*(3), 324–347. https://doi.org/10.1080/13504622.2015.1109065.

Tribula, C. (2018). Interview. In M. L. Pirner & M. Rothgangel (Hrsg.), *Religionspädagogik innovativ: Band 21. Empirisch forschen in der Religionspädagogik: Ein Studienbuch für Studierende und Lehrkräfte* (1. Aufl., S. 71–94). Verlag W. Kohlhammer.

Uhl-Hädicke, I. (2022). *Warum machen wir es nicht einfach? Die Psychologie der Klimakrise*. Molden.

UNESCO. (2017). *Education for Sustainable Development Goals: Learning Objectives*. UNESCO.

Vereinte Nationen. (1992). *Agenda 21: Konferenz der Vereinten Nationen für Umwelt und Entwicklung*. https://www.un.org/depts/german/conf/agenda21/agenda_21.pdf.

Vereinte Nationen. (2015). *Transformation unserer Welt: die Agenda 2030 für nachhaltige Entwicklung*. http://www.un.org/Depts/german/gv-70/band1/ar70001.pdf.

Vogl, S. (2017). Quantifizierung: Datentransformation von qualitativen Daten in quantitative Daten in Mixed-Methods-Studien. *KZfSS Kölner Zeitschrift für Soziologie und Sozialpsychologie*, *69*(S2), 287–312. https://doi.org/10.1007/s11577-017-0461-2.

Vogt, M. (2008). Das Konzept der Nachhaltigkeit. In A. Rauscher (Hrsg.), *Handbuch der Katholischen Soziallehre: Im Auftrag der Görres-Gesellschaft zur Pflege der Wissenschaft und der Katholischen Sozialwissenschaftlichen Zentralstelle* (1. Aufl., S. 411–420). Duncker & Humblot.

Vogt, M. (2009a). Bildung für nachhaltige Entwicklung. In E. Arens (Hrsg.), *Theologische Berichte: Bd. 32. Kirche, Theologie und Bildung* (S. 149–182). Paulusverl.

Vogt, M. (2009b). *Prinzip Nachhaltigkeit: Ein Entwurf aus theologisch-ethischer Perspektive. Hochschulschriften zur Nachhaltigkeit.* oekom.

Vogt, M. (2014). Praktizierter Schöpfungsglaube: Die Umweltkrise als Herausforderung für Theologie und Ethik. *RelliS: Zeitschrift für den katholischen Religionsunterricht SI/SII, 4* (14), 12–15.

Vogt, M. (2022). Das Prinzip Nachhaltigkeit in theologisch-ehtischer Perspektive. *Loccumer Pelikan*(2), 4–8.

Weber, M. (1919). *Politik als Beruf. Geistige Arbeit als Beruf: Vortrag 2.* Duncker & Humblot.

Weiß, T. (2018). Qualitative Inhaltsanalyse. In M. L. Pirner & M. Rothgangel (Hrsg.), *Religionspädagogik innovativ: Band 21. Empirisch forschen in der Religionspädagogik: Ein Studienbuch für Studierende und Lehrkräfte* (1. Aufl., S. 127–145). Verlag W. Kohlhammer.

Weizsäcker, E. U. von & Wijkman, A. (2019). *Wir sind dran: Was wir ändern müssen, wenn wir bleiben wollen. Club of Rome: Der große Bericht. Erstellt für das 50-jährige Bestehen des Club of Rome 2018.* Pantheon.

White, L. (1967). The Historical Roots of Our Ecological Crisis. *Science, 155,* 1203–1207.

Wiek, A., Withycombe, L. & Redman, C. L. (2011). Key competencies in sustainability: a reference framework for academic program development. *Sustainability Science, 6*(2), 203–218. https://doi.org/10.1007/s11625-011-0132-6.

Wild, R. (2013). *Bildung für nachhaltige Entwicklung in kirchlichen Lernarrangements: Abschlussbericht.* Evangelische Arbeitsstelle Fernstudium im Comenius-Institut. https://www.dbu.de/OPAC/ab/DBU-Abschlussbericht-AZ-26864.pdf.

Winkler, K. & Carroll, S. (2021). Solastalgia and Hope: Theological and Postcolonial Perspectives from Europe and the Pacific responding to the ecological crisis in (religious) education. *Religionspädagogische Beiträge, 44*(2), 49–60. https://doi.org/10.20377/rpb-150.

World Commission on Environment and Development. (1987). *Our common future.* http://www.un-documents.net/our-common-future.pdf.

World Council of Churches. (2022). *The Living Planet: Seeking a Just and Sustainable Global Community.* https://www.oikoumene.org/sites/default/files/2022-10/ADOPTED-PIC01.2 rev-The-Living-Planet-Seeking-a-Just-and-Sustainable-Global-Community.pdf.

Zentralanstalt für Meteorologie und Geodynamik. (2022). *2022 unter den drei wärmsten Jahren der Messgeschichte.* https://www.zamg.ac.at/cms/de/klima/news/2022-unter-den-drei-waermsten-jahren-der-messgeschichte.

Ziegler, B. (2020). Umgang mit Normativität und Komplexität im Kontext globaler Probleme. Impulse für den Religionsunterricht aus der allgemeinpädagogischen Theoriedebatte zum Globalen Lernen. *Österreichisches Religionspädagogisches Forum, 28*(2), 65–81. https://doi.org/10.25364/10.28:2020.2.5.

Ziegler, B. (2021). Globale Gerechtigkeit und Nachhaltigkeit im Religionsunterricht. *Religionspädagogische Beiträge*, *44*(2), 155–164. https://doi.org/10.20377/rpb-119.

Anhang: Interviewleitfaden

Einleitung

1. Wie geht es dir heute? Erzähl doch mal ein bisschen über dich: Wie lange bist du schon Religionslehrer*in, an wie vielen Schulen unterrichtest du?…
2. Was verbindest du mit Nachhaltigkeit?

    Oder: zu Nachhaltigkeit fällt mir ein…

3. Wie würdest du Nachhaltigkeit beschreiben?

Hauptteil

4. Denk bitte an deine üblichen Tages- und Wochenabläufe. Kommt das Thema Nachhaltigkeit in deinem Alltag (außerhalb der Schule) vor?
    a) Wenn ja: in welcher Form?
    b) Wie wichtig ist dir das Thema? Wie kam es dazu?
    c) Welche Gefühle verbindest du damit?
5. Denk bitte an deine üblichen Tages- und Wochenabläufe in der Schule. Kommt da das Thema Nachhaltigkeit vor? (abgesehen von Unterrichts-Themen)
    a) Wenn ja: in welcher Form?
    b) Wie wichtig ist dir das Thema? Warum?
    c) Welche Gefühle verbindest du damit?
6. Kommen in deinem Religionsunterricht Themen vor, die du mit dem Bereich Nachhaltigkeit verbindest?
    a) Welche Schwerpunkte setzt du dabei? Welche Themen sind das?
    b) Wer bringt die Themen ein? (Lehrplan, Schüler*innen, Lehrperson, spezieller Anlass)

c) Wie wichtig ist dir das Thema Nachhaltigkeit im Religionsunterricht? Warum?
d) Findest du die Themen, die du im Religionsunterricht in Verbindung mit Nachhaltigkeit bringst, interessant oder uninteressant? Warum?
e) Welche Gefühle verbindest du mit diesen Themen? Warum

7. Nachhaltigkeit ist als Querschnittsthema auch in anderen Schulfächern präsent. Welche Perspektive oder welchen Zugang bietet der Religionsunterricht zu diesem Themenbereich?
    a) Unterscheidet sich dieser Zugang deiner Meinung nach vom Zugang anderer Schulfächer?
    b) Warum? / Warum nicht?
    c) Welche Rolle spielen Religionslehrer*innen deiner Meinung nach für diese Perspektive/diesen Zugang?
8. Wenn du nochmal an deinen Religionsunterricht denkst: Welche Fähigkeiten oder Kompetenzen vermittelst du deinen Schüler*innen, die ihnen dabei helfen an einer nachhaltigen Gesellschaft mitzuwirken?
    a) Wie wichtig ist dir die Vermittlung dieser Fähigkeiten oder Kompetenzen? Warum?
    b) Welche Gefühle verbindest du mit diesen Fähigkeiten oder Kompetenzen?

Abschluss

9. Würdest du sagen, dass deine private Einstellung in Bezug auf die angesprochenen Themen deine Einstellung als Lehrer*in beeinflusst oder eher umgekehrt?
10. Möchtest du noch einen wichtigen Aspekt zu dem Thema einbringen, den wir nicht angesprochen haben?

Vielen Dank für deine Zeit und das Gespräch.